reinhardt

Karla Schneider • Vanessa Köneke

Warum manchmal ein Brett vorm Kopf klebt und wieso man im Sitzen miteinander gehen kann

Ratgeber für Jugendliche mit Autismus

Mit einem Nachwort von Gerd Lehmkuhl

Mit Illustrationen von Ruth Baum

3., aktualisierte Auflage

Ernst-Reinhardt-Verlag München

Dr. iur. Dr. rer. medic. *Karla Schneider* ist Richterin und Psychologin und betreute ehrenamtlich Menschen mit Autismus am Autismustherapiezentrum Köln. Sie war außerdem in der International Research Training Group „Brain-Behavior Relationship of Emotion and Social Cognition in Schizophrenia and Autism" am Universitätsklinikum Aachen tätig.

Vanessa Köneke ist Journalistin und hat außerdem als Wissenschaftliche Mitarbeiterin in der Medizin und Psychologie gearbeitet.

Bibliografische Information der Deutschen Nationalbibliothek

Die Deutsche Nationalbibliothek verzeichnet diese Publikation in der Deutschen Nationalbibliografie; detaillierte bibliografische Daten sind im Internet über <http://dnb.d-nb.de> abrufbar.

ISBN 978-3-497-03270-9 (Print)
ISBN 978-3-497-61902-3 (PDF-E-Book)
ISBN 978-3-497-61903-0 (EPUB)
3., aktualisierte Auflage

Printed in EU
Cover unter Verwendung eines Fotos von © oneinchpunch / Fotolia
Satz: Sabine Ufer, Leipzig

Ernst Reinhardt Verlag, Kemnatenstr. 46, D-80639 München
Net: www.reinhardt-verlag.de   E-Mail: info@reinhardt-verlag.de

Inhalt

Einleitung

Was ist das für ein Buch?

Autismus – Was bedeutet das?

Was ist das für ein Buch?

Hallo,

schön, dass du dich entschlossen hast, dieses Buch zu lesen. Vielleicht haben deine Eltern es dir gegeben, vielleicht hast du es dir selbst gekauft. Nun bist du sicher neugierig und gespannt, worum es genau geht und ob dir das Buch bei Fragen, die du hast, weiterhelfen kann.

Für wen ist dieses Buch also gedacht und was soll es bringen?

Menschen sind unterschiedlich. Das klingt selbstverständlich, denn natürlich gibt es unterschiedliche Menschen: Menschen mit blonden Haaren oder mit dunklen, mit lauter Stimme und mit leiser, große Menschen und kleine Menschen. Es mag dir unnötig vorkommen, dass wir es hier extra aufschreiben. Aber es ist wichtig, dass du dir das noch mal vergegenwärtigst. Kein Mensch ist richtig oder falsch – Menschen sind nur unterschiedlich. Sie denken anders, fühlen anders, wissen unterschiedlich viel und haben unterschiedliche Erwartungen und Wünsche. Sie haben unterschiedliche Schwächen und Stärken und sie nehmen Dinge unterschiedlich wahr. Das gilt auch für Menschen mit Autismus und Menschen ohne Autismus. Vermutlich wirst du in diesem Buch etliche Fragen und Situationen finden, die du kennst und die du genau nachvollziehen kannst. Mit manchen der beschriebenen Situationen wirst du aber auch nichts anfangen können. Denn selbstverständlich unterscheiden sich autistische Menschen untereinander ebenfalls. Dennoch machen sie viele ähnliche Erfahrungen und stoßen auf ähnliche Probleme. Das Buch soll dir dabei helfen, zu verstehen, woher die Probleme kommen, und die Erfahrungen besser einordnen zu können. Außerdem werden wir dir zeigen, wie du lernen kannst, mit verschiedenen schwierigen Situationen besser umzugehen.

Vielleicht bist du schon mit dem Wissen, „autistisch" zu sein, aufgewachsen. Vielleicht haben du und deine Eltern gerade erst von dieser Diagnose erfahren. Aber vermutlich haben sowohl deine Eltern als auch du immer schon gespürt, dass du „irgendwie anders" bist als Gleichaltrige. Philipp, ein Asperger-Autist, schreibt zum Beispiel, er habe dieses Gefühl wahrscheinlich das erste Mal in der Schule gehabt, weil er im Sportunterricht nicht so gut den Ball fangen konnte wie die anderen und weil er Witze, über die die anderen gelacht haben, nicht verstanden habe (*Persönliches Interview, Fragebogen*).

Als würden sie von einem anderen Planeten oder zumindest aus einem fremden Land stammen, so beschreiben viele Menschen mit einer autistischen Störung dieses Gefühl, das Philipp in der Schule hatte. Für sie scheint es, als sprächen sie eine andere Sprache als die Menschen in ihrer Umgebung. Manche mögen deshalb Figuren aus Science-Fiction-Filmen und -Serien, zum Beispiel den Androiden Data aus „Star Trek" oder Mr. Spock aus „Raumschiff Enterprise" – sie fühlen sich ihnen mehr verbunden als den Menschen.

Umgekehrt stehen aber auch viele Eltern, Geschwister, Freunde und Lehrer erstaunt und unsicher vor einem autistischen Kind. Genauso, wie ein autistischer Mensch seine Umwelt nicht (immer) versteht, so sind autistische Verhaltensweisen nichtautistischen Menschen oft unverständlich.

Dieses Buch ist deshalb gedacht für „Betroffene beider Seiten" – für Autisten und für Nichtautisten. Es ist für dich und alle anderen Kinder und Jugendlichen, die wegen einer autistischen Störung „ein bisschen anders" sind und die genauer wissen wollen, was mit ihnen los ist. Es ist aber auch für deine Familie und deine Freunde, wenn sie erfahren möchten, wie du manche Situationen wahrnimmst. Wir möchten dir gerne helfen, deine Umwelt besser zu verstehen – und umgekehrt deiner Umwelt zeigen, dass du keine Androiden-Figur aus „Star Trek" bist, sondern ein ganz „normaler" Mensch, der sich nur manchmal ein bisschen anders verhält als erwartet.

Manche Autisten fühlen sich sehr wohl und empfinden den Autismus nicht als Behinderung, sondern als eine besondere Begabung. Anderen geht es mit dem Autismus nicht so gut. Sie möchten gerne mit Gleichaltrigen mithalten, Freunde haben, einfach „normal" sein. Doch sie können es nicht. Sie empfinden sich als „behindert". Wieder andere schwanken je nach Situation zwischen dem einen und dem anderen hin und her.

Wie auch immer du dich fühlst, nichts daran ist verkehrt. Daher werden wir in diesem Buch den Autismus weder als etwas besonders Wertvolles noch als Behinderung darstellen. Wir versuchen, offen und sachlich zu reden und werden an den Stellen, an denen es uns angemessen erscheint, nichts beschönigen, sondern durchaus auch einmal von „Störung" oder „Behinderung" sprechen.

Wir wollen damit niemandem ein „schlechtes Etikett" aufdrücken und niemanden in eine Richtung drängen, mit der er sich nicht identifizieren kann. Vielmehr möchten wir dir und jedem, der dieses Buch liest, mögliche Schwierigkeiten und

Fähigkeiten gleichermaßen aufzeigen und so zu einem besseren Verständnis von allen und allem beitragen.

Auch die im Buch verwendeten Begriffe „Betroffene" sowie „Autist", „autistische Menschen" und „Menschen mit Autismus" sollen keine Etiketten sein. Manche Menschen mit Autismusdiagnose mögen einen Ausdruck davon lieber oder finden einen unpassend. Zum Beispiel finden einige Betroffene, dass „Autist" sie zu sehr auf den Autismus beschränkt. Schließlich sind sie ein Mensch mit ganz vielen Eigenschaften, von denen nur eine Autismus ist. Andere hingegen mögen den Ausdruck „Autist", weil sie finden, dass der Autismus sie stark ausmacht und vielleicht sogar etwas Gutes ist. Im Buch verwenden wir meist den Begriff „Autist" – einfach weil er kürzer ist als die anderen Varianten.

Das Buch ist, wie du im Inhaltsverzeichnis sehen kannst, eine Zusammenstellung von Fragen ähnlich der FAQ (Frequently Asked Questions, häufig gestellte Fragen), die du vielleicht von Internetseiten kennst. Kinder und Jugendliche mit Autismus haben sie uns im Laufe der Arbeit an dem Buch gestellt. Die Fragen sind nach Themen geordnet, aber es ist nicht notwendig, sie der Reihe nach zu lesen. Du kannst stattdessen die Abschnitte auswählen, die dich besonders interessieren, und immer wieder nachlesen. Ebenso kannst du andere, die du nicht lesen magst, auslassen.

Neben der Erklärung autistischer „Eigenheiten" findest du in jedem Kapitel Beispiele und Zitate, die alle von Betroffenen und ihren Angehörigen oder Freunden stammen. Dinge, die wir für besonders wichtig halten, findest du gesondert markiert in den einzelnen Kapiteln, zum Beispiel als ganz konkrete Tipps für deinen Alltag.

Am Ende fast aller Kapitel stehen außerdem (Literatur-)Tipps für alle, die mehr zu einem Thema lesen und erfahren wollen.

Zudem haben wir für dich im Anhang einige Redewendungen und Begriffe, die eine übertragene Bedeutung haben, zusammengestellt und erklärt. Denn viele autistische Menschen haben Schwierigkeiten, diese übertragenen Bedeutungen zu erkennen. Einige der Redewendungen haben wir bereits im Buch verwendet. Du erkennst sie an diesem Sternchen „*".

Nun aber genug der Einleitung – wir wünschen dir viel Spaß beim Lesen!

Karla und Vanessa

PS: Wir verwenden im Text überwiegend männliche Formen (zum Beispiel im Kapitel „Mobbing" „der Täter"). Das soll nur der Übersichtlichkeit und Einfachheit dienen. Damit sind ebenso alle Personen gemeint.

PPS: Eine Anmerkung besonders für Eltern und Therapeuten: In dem Buch finden sich immer wieder kleine Tipps für den Umgang miteinander und mit Schwierigkeiten im Alltag. Sie stammen aus unserer persönlichen Erfahrung beziehungsweise aus den Erfahrungen, die Betroffene uns berichtet haben. Die Tipps haben sich im Einzelfall als hilfreich erwiesen. Aber keinesfalls sind sie als therapeutische Ratschläge zu verstehen oder können gar eine Therapie ersetzen!

Autismus – Was bedeutet das?

„Autismus“ ist ein Wort, das aus dem Altgriechischen (von auto = selbst) abgeleitet ist und hatte zunächst gar nichts mit einer Diagnose zu tun. Zunächst meinte es in der Psychiatrie eine „Selbstbezogenheit“ in einem ganz anderen Zusammenhang. Doch heute wird der Begriff Autismus hauptsächlich für einen Kreis von Auffälligkeiten verwendet, die sich vor allem in Problemen im Umgang mit anderen Menschen äußern – zum Beispiel darin, Freunde zu finden.

„Den“ Autismus gibt es allerdings nicht. Hast du im Physikunterricht schon mal etwas über Spektren und Spektralfarben gelernt? So ähnlich ist es bei autistischen Störungen auch: „Autismus“ bezeichnet ein Spektrum an verschiedenen Syndromen. Ein Syndrom besteht aus mehreren gleichzeitig vorhandenen Merkmalen (Symptomen) einer „Störung“ oder Krankheit. Und manche Syndrome lassen sich zu einer Familie zusammenfassen. So wie mit dem Wort „Farben“ alle unterschiedlichen Farbtöne zusammengefasst sind, von Gelb über Rot bis Blau und Grün. Alles sind Farben, aber alle sind unterschiedlich.

Die „Farben“ des Autismus waren bisher vor allem drei autistische Phänomene, nämlich der **frühkindliche Autismus,** auch **Kanner-Autismus** genannt, der **atypische Autismus** und das **Asperger-Syndrom (AS).** Oft findet man außerdem noch den Begriff **hochfunktionaler Autismus (HFA).** Dabei handelt es sich aber nicht um eine offizielle diagnostische Kategorie. In der Regel werden damit Personen bezeichnet, die als Kind die Merkmale für den frühkindlichen Autismus erfüllt haben, beim Älterwerden aber „nur“ noch die des Asperger-Syndroms. Hieran sieht man schon, dass eine genaue Trennung zwischen den verschiedenen autistischen Syndromen manchmal nur schwer möglich ist.

Viele Wissenschaftler und Experten sprechen daher lieber von **Autismus-Spektrum-Störung,** als sich auf eine Autismuskategorie festzulegen. Inzwischen ist das auch im sogenannten DSM V (= die 5. Auflage des „Diagnostic and Statistical Manual of Mental Disorders“, der Beschreibung von Erkrankungen in der Psychiatrie) umgesetzt. In dem in Deutschland vor allem verwendeten „Diagnosehandbuch“ ICD 10 (= 10. Auflage der Internationalen Klassifikation der Krankheiten) werden die oben genannten drei „autistischen Farben“ aber noch getrennt. In der Folgeversion, dem ICD 11 wird dann zwar auch vom Spektrum gesprochen. Doch in Deutschland verwendet man derzeit (2024) weiter die 10er-Version. Und im allgemeinen Sprachgebrauch vieler Autisten und Autismus-Therapeuten sind die Unterformen ohnehin noch weitverbreitet.

Der **frühkindliche (oder Kanner-) Autismus** wurde erstmals von einem Psychiater namens Leo Kanner beschrieben. Er kommt dem Bild am nächsten, das viele Leute von Autisten haben. Menschen, die sich noch nie mit Autismus beschäftigt haben, denken meist, dass ein Autist nicht spricht und nur allein in einer Ecke sitzt und schreit, wenn man ihn oder sie anfasst. Tatsächlich können viele frühkindliche Autisten nicht sprechen und nehmen zumindest auf den ersten Blick keinen oder nur ganz wenig Kontakt mit anderen Menschen auf. Viele sind außerdem geistig behindert, jedenfalls soweit es mit den heute zur Verfügung stehenden Intelligenztests feststellbar ist. Wenn man ganz aufmerksam ist, spürt man aber oft ziemlich schnell, dass frühkindliche Autisten nur auf eine ganz besondere Art mit anderen Menschen umgehen und Nähe suchen. Manche haben sogar besondere Begabungen. Zum Beispiel können sie ausgezeichnet Klavier spielen oder bemerkenswert gut rechnen – und zwar ohne dass sie jemals Klavierstunden oder Mathematikunterricht gehabt haben. In diesem Zusammenhang spricht man von **Inselbegabungen** (auch: „Savant-Fähigkeiten"). Solche Fähigkeiten sind aber sehr selten und finden sich nicht nur bei Menschen mit Autismus.

Vom **Asperger-Syndrom** Betroffene – nach dem österreichischen Kinderarzt Hans Asperger – sind meist normal intelligent, manche sogar hochbegabt, und besitzen gute Sprachfähigkeiten. Wenn diese Diagnose bei dir gestellt wurde, bist du vielleicht auch schon einmal „kleiner Professor" oder „sprechendes Lexikon" genannt worden, weil du eine so genaue Sprache hast.

Der **atypische Autismus** unterscheidet sich von den anderen Formen dadurch, dass er entweder später beginnt, man also erste Symptome erst nach dem dritten Lebensjahr findet. Oder es werden nicht alle Diagnosekriterien erfüllt, die in den „Diagnosehandbüchern" stehen, zum Beispiel Schwierigkeiten in der Interaktion und Kommunikation mit den Menschen in der Umgebung oder die Neigung zu gleichförmigen Verhaltensweisen. Was genau darunter zu verstehen ist, erfährst du in diesem Buch.

Trotz der unterschiedlichen Namen haben alle autistischen Erscheinungsformen bestimmte Gemeinsamkeiten, zum Beispiel Schwierigkeiten in der Interaktion und Kommunikation mit den Menschen in ihrer Umgebung und die Neigung zu gleichförmigen Verhaltensweisen. Was genau darunter zu verstehen ist, erfährst du in diesem Buch. Anhand solcher Gemeinsamkeiten diagnostizieren Ärzte und Psychologen eine Autismus-Spektrum-Störung.

Im medizinischen Sprachgebrauch gehört Autismus beziehungsweise gehören autistische Störungen zu den tiefgreifenden Entwicklungsstörungen. So wurden sie zumindest in den Diagnosehandbüchern bisher genannt; ab dem DSM-V und dem ICD 11 wird von „neurologische Entwicklungsstörungen" gesprochen. Das hört sich erst mal sehr schlimm an, denn wer will schon „gestört" oder sogar „tiefgreifend gestört" sein? Es bedeutet aber zunächst nur, dass in der Entwicklung eines Kindes mit einer autistischen Störung etwas anders ist als bei anderen Kindern. Dieses Anderssein äußert sich vor allem in folgenden Bereichen:

Vielleicht hast du schon selbst bemerkt, dass du nicht so ein großes Interesse an anderen Menschen hast, wie sie es vielleicht von dir erwarten, oder wie du es bei anderen, zum Beispiel deinen Geschwistern, bemerkst. Oder dir kommt es manchmal fast so vor, als würden die Menschen um dich herum eine ganz fremde Sprache sprechen, die du nicht beherrschst. Vielleicht haben dich andere schon mal als „unhöflich" bezeichnet oder sich darüber beschwert, dass du sie beim Sprechen nicht ansiehst. Ärzte fassen diese Auffälligkeiten unter dem Diagnosepunkt der **qualitativen oder andauernden Beeinträchtigungen der sozialen Interaktion** zusammen. Das heißt, das Miteinander mit anderen Menschen ist „unnormal" und für beide Seiten schwierig. Diese Schwierigkeiten im Miteinander liegen unter anderem daran, dass autistische Menschen sich nicht gut in einen anderen Menschen hineinversetzen können. Es fällt ihnen schwer, nachzuvollziehen, wie die Welt wohl aus Sicht des anderen aussieht, welche Wünsche, Absichten und Gefühle derjenige vermutlich hat. In der Fachsprache sagt man, Autisten besäßen nur eingeschränkte **Theory of Mind**- oder **Mentalizing**-Fähigkeiten. Unter anderem diese Mentalizing-Fähigkeiten untersuchen Ärzte, wenn sie eine autistische Störung diagnostizieren wollen. Dabei bekommen die Kinder zum Beispiel Fotos von Personen oder auch nur von Gesichtern vorgelegt und sollen anhand der Abbildungen verschiedene Stimmungen oder Absichten der abgebildeten Personen erkennen. Autistische Menschen schneiden hier meist nur unterdurchschnittlich ab.

Häufig wirst du auch hören, Autisten seien nicht empathisch, das heißt nicht mitfühlend. Das stimmt allerdings nicht unbedingt. **Empathie** und Theory of Mind hängen eng zusammen. Aber der Autismus erschwert es Betroffenen vor allem, sich in andere Menschen hineinzudenken. Dennoch können sie mitfühlen. So verstehst du vielleicht manchmal nicht, warum dein Vater, dein Bruder oder dein Freund gerade traurig ist (oder wütend oder glücklich). Doch wenn du weißt, dass er traurig (oder wütend oder glücklich) ist, werden dich die Gefühle oft anstecken, so dass du dich mit dem anderen traurig (wütend, glücklich) fühlst.

Ein weiteres Merkmal für Autismus ist eine Vorliebe für immer gleiche Verhaltensweisen, wie **Rituale und Routinen.** Ist es dir auch wichtig, dass Dinge immer gleich ablaufen, zum Beispiel wann gegessen wird? Oder möchtest du, dass in deinem Zimmer nichts verändert wird? Dass zum Beispiel deine Geschwister nicht einfach ein Buch aus dem Regal nehmen und es irgendwo ablegen? Das ist typisch für Menschen mit Autismus. Ihr Tagesablauf folgt oft bestimmten Gewohnheiten. Manche autistische Menschen haben außerdem sogenannte **Stereotypien,** das heißt, sie vollführen immer gleiche Bewegungsmuster.

Besonders auffallend, vor allem beim Asperger-Syndrom (AS), ist außerdem ein ganz besonderes Interesse an bestimmten Themen. Wofür interessierst du dich? Für Eisenbahnen, physikalische Fragen oder Pflanzen? Oder für Pferde, Hunde oder einen bestimmten Star? Was auch immer dich besonders interessiert, es fällt dir vermutlich schwer aufzuhören, dich damit zu beschäftigen. Vielleicht wirst du unruhig, wenn man dir sagt, du solltest dich etwas anderem zuwenden und zum Beispiel etwas mit Gleichaltrigen unternehmen. Diese besonderen Themen nennt man **Spezialinteressen.**

Die sozialen Schwierigkeiten und die festen Gewohnheiten bzw. Verhaltensweisen sind für eine Autismus-Diagnose entscheidende Merkmale. Aber es gibt darüber hinaus noch einige „Eigenheiten" autistischer Menschen, manchmal zum Beispiel die Sprache oder besondere Ausprägungen der Sinneswahrnehmung.

Die **Sprache** ist vor allem beim frühkindlichen Autismus und beim HFA gestört. Diese Gruppe von Autisten vertauscht beispielsweise oft die Pronomen wie „du" und „ich". Manche wiederholen auch wie ein Echo das, was gerade zu ihnen gesagt wurde (sogenannte Echolalie). Beim Asperger-Syndrom finden sich diese Auffälligkeiten nur selten. Meistens lernen die Betroffenen früh und schnell, fließend zu sprechen. Dennoch gibt es manche Besonderheit: Asperger-Autisten entwickeln zum Beispiel manchmal eigene fantasievolle Worte und Wendungen, zum Beispiel „Augenwasser" für Tränen. Das nennt man **idiosynkratischer Wortgebrauch** (übersetzt in etwa „Eigenmischung" von Worten).

Typisch für Autismus aller Arten ist eine besondere Art der **Reizverarbeitung,** das bedeutet eine ungewöhnliche Wahrnehmung und Verarbeitung von Sinneseindrücken, zum Beispiel von Geräuschen, Gerüchen und Berührungen. Zur besonderen Wahrnehmung gehört auch, dass Autisten sich meist auf kleine Einzelheiten, auf „Details", konzentrieren. Eigentlich ist das eine positive Begabung. Das Problem ist aber, dass diese „Detailfokussierung" oft zulasten der Fähigkeit geht, eine Situation im Ganzen zu überblicken. Man nennt das eine **mangelnde zentrale Kohärenz,** das heißt, Einzelheiten werden gesehen, aber nur für sich und nicht im Zusammenhang miteinander (sie werden als nicht „kohärent", also als nicht zusammenhängend wahrgenommen).

Die mangelnde Kohärenz kann nicht nur die Wahrnehmung, sondern auch das Verhalten erschweren. So sprechen Psychologen von einer Störung der exekutiven Funktionen, wenn jemand nicht gut in der Lage ist, Dinge vorauszuplanen, etwa weil er oder sie entsprechend einer mangelnden zentralen Kohärenz nicht in der Lage ist, eine Situation zu überschauen. Fällt es dir manchmal schwer aufzuräumen, weil du einfach nicht weißt, wie du am besten vorgehen sollst, ob es besser ist, zuerst die Bücher, dann die Kleidung, dann die Stofftiere wegzuräumen oder umgekehrt? Das gehört genau hierhin.

Nicht immer liegt allein eine autistische Störung vor. Manchmal ist sie begleitet von weiteren Besonderheiten oder Krankheiten. Das können zum einen positive Dinge sein wie eine Hochbegabung, also eine besonders hohe Intelligenz, oder ein fotografisches Gedächtnis, das heißt die Fähigkeit, sich Gesehenes haargenau* zu merken und dadurch zum Beispiel Bilder ganzer Städte genau aus dem Gedächtnis nachzeichnen zu können. Es können aber auch negative Dinge sein, zum Beispiel häufig auftretende Angst oder Aufmerksamkeitsprobleme wie bei der sogenannten Aufmerksamkeitsdefizitstörung, die außerdem manchmal mit Hyperaktivität, also vor allem einem besonderen Bewegungsdrang, verbunden ist (AD[H]S). Auch eine besondere Empfindlichkeit, etwa gegenüber Nahrungsmitteln (Allergien, Unverträglichkeiten), kommt vor. Das sind alles keine Merkmale speziell des Autismus, aber sie begleiten ihn oft. Man spricht dann von **Komorbiditäten**.

Warum aber werden manche Menschen autistisch und andere nicht?

So genau weiß man das heute noch nicht. Früher nahm man an, die Mütter würden ihre Kinder nicht genug lieben, aber heute weiß man, dass das nicht der Grund ist. Stattdessen haben Wissenschaftler herausgefunden, dass die Gene eine große Rolle spielen. Gene enthalten Informationen darüber, wie ein Mensch später einmal sein wird, also zum Beispiel ob er blonde oder schwarze Haare haben wird. Gene werden von Eltern, Großeltern, Urgroßeltern usw. vererbt. Daher haben viele Autisten weitere autistische Verwandte. Das Auffinden eines „Autismusgens" oder mehrerer „Autismusgene" ist bisher allerdings nicht gelungen. Forscher gehen daher davon aus, dass noch weitere Umstände hinzu kommen müssen, damit jemand autistisch wird, etwa eine Erkrankung im Säuglingsalter oder eine Abweichung im Hormonsystem.

Eine einzige Antwort auf die Frage, warum jemand autistisch wird und ein anderer nicht, gibt es bis heute nicht. Vielleicht findet man sie auch nie. Die Erscheinungsformen des Autismus sind zu unterschiedlich: Auf der einen Seite gibt es geistig schwer behinderte Betroffene, die nie in ihrem Leben selbstständig leben können. Auf der anderen Seite stehen hochbegabte Autisten, die von ihrer Umgebung vielleicht als etwas ungewöhnlich wahrgenommen werden, aber geniale Leistungen in der Wissenschaft vollbringen. Und es gibt ganz viele, die irgendwo dazwischen liegen.

Zum Weiterlesen

Bücher

- Attwood, T. (2022): Das Asperger-Syndrom. 5. Aufl. TRIAS, Stuttgart
- Attwood, T. (2019): Leben mit dem Asperger-Syndrom: Von Kindheit bis Erwachsensein – alles was weiterhilft. 3. Aufl. TRIAS, Stuttgart
- Hofmann, A. (2013): Menschen mit Meer. Kleine Wege, Nordhausen
- Schreiter, D. (2014): Schattenspringer: Wie es ist, anders zu sein. Panini, Stuttgart

Kapitel 1

Wahrnehmung

1.1 Wahrnehmung – Warum ist alles so laut?

1.2 Gefühle – Wie erkenne und zeige ich sie?

1.1 Wahrnehmung – Warum ist alles so laut?

„Eine Überempfindlichkeit ist einfach auf allen Gebieten da. Ich kann ein wenig zu viel hören und zu viel sehen, aber die Sinnesorgane sind o. k. Einfach innen geht alles durcheinander. [...] Die Lautstärke und das Durcheinander sind einfach unzumutbar."

Birger Sellin

Autistische Störungen äußern sich, wie du im Kapitel „Autismus" lesen kannst, sehr unterschiedlich. Es gibt Betroffene, die geistig behindert sind und nie alleine leben können. Und es gibt andere, die auf ihre Umgebung, auf Freunde und Familie vielleicht „merkwürdig" oder „still" wirken. Aber sie besuchen wie alle anderen Kinder auch eine normale Schule, studieren oder machen eine Ausbildung. Trotz dieser Unterschiede haben alle Autisten einen Gemeinsamkeit: eine besondere Wahrnehmung der Welt, wie zum Beispiel Birger Sellin sie im obigen Zitat beschreibt. Autisten scheinen die Welt anders wahrzunehmen als Nichtautisten. Genauer gesagt läuft bei Menschen mit Autismus vermutlich die „Reizverarbeitung" ein bisschen anders ab, also das „Sortieren" von dem, was täglich auf das Gehirn einwirkt. Von Musik bis zum Signal „Ich habe Bauchschmerzen".

Was ist eigentlich „Wahrnehmung"? Wahrnehmung setzt sich aus verschiedenen Sinnen zusammen: **Sehen, Riechen, Hören, Schmecken** und **Tasten** beziehungsweise Fühlen. Für jeden Sinn ist ein Organ zuständig – die Augen fürs Sehen, die Nase fürs Riechen, die Haut fürs Tasten. Fürs Schmecken ist der Mund beziehungsweise die Zunge zuständig, und die Ohren regeln gleichzeitig das Hören sowie den Gleichgewichtssinn.

Bei manchen Menschen funktioniert eines der Organe nicht richtig oder gar mehrere. Dann sind sie blind oder taub und ihre Wahrnehmung ist verändert. Die Wahrnehmung kann aber auch dann anders funktionieren, wenn alle Organe vollkommen gesund sind. Denn zur Wahrnehmung gehört nicht nur, dass man einen Reiz spürt, etwa einen Geschmack oder eine Berührung, sondern der Reiz muss auch ins Gehirn geleitet und dort richtig verarbeitet werden. Genau hier liegt vermutlich ein Problem beim Autismus.

Normalerweise werden Reize im Gehirn „gefiltert". Nicht alles von dem, was um einen herum vorgeht, nimmt man tatsächlich bewusst wahr. Bewusst bedeutet in etwa, von der Wahrnehmung wissen und darüber reden können. Vielleicht kennst du aus dem Chemie-, Biologie- oder Physikunterricht eine semipermeable Membran, durch die nur bestimmte Stoffe hindurchkommen, andere dagegen nicht. So ungefähr funktioniert der Hirnfilter auch – ein Teil der Wahrnehmung wird durchgelassen und wird „bewusst". Der Rest muss „draußen bleiben"; man sagt, er bleibt „unbewusst".

Auch die Feststellung des Gehirns „Hier kommt was" macht die Wahrnehmung noch nicht vollständig. Der Reiz muss zudem in einen Zusammenhang gebracht wird. Zum Beispiel muss das Gehirn merken, wo der Reiz herkommt. Und es muss beurteilen, ob es ihn gut oder schlecht findet. Soweit man heute weiß, sind dafür Hirnbereiche notwendig, die ein bisschen wie Mandelkerne aussehen und die deshalb auch so heißen – „Mandelkerne" (der Fachbegriff ist Amygdalae). Sie sorgen auch dafür, dass man Entscheidungen „aus dem Bauch heraus", also ohne bewusstes Nachdenken, treffen kann. Das ist vor allem in bedrohlichen Situationen wichtig.

Wenn das Filtern und Beurteilen nicht klappt, haben Menschen eine **Reizverarbeitungsstörung**.

Das kommt selbst bei ganz gesunden Menschen vor, zum Beispiel bei optischen Täuschungen. Bei Autisten kommt es jedoch auch im „ganz normalen" Alltag zu „Täuschungen" (und dafür übrigens bei optischen Täuschungen manchmal gerade nicht).

Wie schon in der Einleitung beschrieben, nehmen Menschen mit autistischen Störungen oft viel mehr Details bewusst wahr als nichtautistische Menschen. Doch sie können die Details nicht so gut in einem Zusammenhang erfassen. Dieses Problem nennt man auch eine eingeschränkte Fähigkeit zur **zentralen Kohärenz.**

Das Talent, Einzelheiten besonders gut wahrnehmen zu können, kann manchmal richtig vorteilhaft sein, zum Beispiel um Dinge wie eine verlegte Brille oder einen verlorenen Schlüssel wiederzufinden. Autisten fallen solche kleinen Dinge sofort ins Auge, wenn sie sich an einem ungewohnten Ort befinden. Die Detailwahrnehmung kann auch helfen, Texte auf Rechtschreib- und Zeichensetzungsfehler durchzusehen. Es gibt Berufe, für die das sehr wichtig ist, zum Beispiel den des Lektors, der Bücher vor der Veröffentlichung auf solche Fehler überprüft (mehr zum Thema Berufe erfährst du im Kapitel „Beruf").

Der Nachteil ist hingegen, dass autistische Menschen Unwichtiges oft nicht ausfiltern können und daher das „große Ganze" nicht erkennen. Man sagt, sie „sehen den Wald vor lauter Bäumen nicht"*. So verstehen Autisten bei Büchern und Texten manchmal die eigentliche Geschichte nicht, weil sie vielmehr einzelne Wörter und Sätze betrachten. Oder sie sehen zwar den Schlüssel auf dem Kühlschrank, nehmen den Raum aber nicht als Ganzes wahr.

Das Problem der Detailwahrnehmung taucht nicht nur beim Sehen auf. Ebenso bemerken Autisten meist viel mehr Töne und Gerüche als andere Menschen. Allgemein wirken Sinneseindrücke auf sie häufig stärker als auf nichtautistische Menschen. Ihnen erscheint Licht unangenehm hell, Geräusche extrem laut und selbst leichte Berührungen empfinden sie wie einen heftigen Stromschlag. Das Ganze nennt man Überempfindlichkeit oder **Hypersensibiltät**.

Eine hohe Sensibilität kann etwas Schönes sein. So betrachtet die Autistin Jasmine Lee O'Neill ihre Hypersensibilität eher als eine gute Eigenschaft:

> *„Ich zum Beispiel möchte die Sensibilität meiner Sinne in keinem Fall missen und schätze die tiefen Erfahrungen, mit denen sie mein Leben bereichert. Sie nährt meine Kreativität und verhilft mir zu wunderbaren Eindrücken und Gefühlen." (O'Neill 2001, 31)*

Aber die starken Sinneseindrücke können auch überfordern. Du kannst dir das wie bei einem Computer vorstellen: Es gibt bei der Wahrnehmung einen „Input" – das sind die Reize, die im Anschluss „verarbeitet" und dann „abgespeichert" werden müssen. Erfolgt ein zu großer „Input", sind sozusagen zu viele „Programme" auf einmal geöffnet, entsteht eine „Systemüberlastung" und das Gehirn sendet „Error". Das führt dann dazu, dass du Kopfschmerzen bekommst, dir übel oder schwindelig wird und du gar Angst bekommst. Man bezeichnet diese Gefühle als „Overload", auf Deutsch also als eine Überlastung.

Die Asperger-Autistin Christine Preißmann (sie ist Ärztin, Psychotherapeutin und Autorin und hält oft Vorträge über Autismus) muss in solchen Situationen sogar manchmal erbrechen:

> *„Leider merke ich meist nicht rechtzeitig, dass ich in diese schlimmen Zustände komme, sondern ich registriere sie erst dann, wenn ich bereits dieses ‚ich kann nicht mehr'-Gefühl habe." (Preißmann 2005, 101)*

Nicht alle Autisten bekommen direkt Übelkeit oder Kopfschmerzen von der Reizüberflutung. Aber so gut wie alle haben durch die zu vielen Inputs Probleme, sich auf die wichtigen Dinge zu konzentrieren. Viele Autisten „schalten" daher gelegentlich einfach „ab": Sie versuchen, sämtliche Reize auszublenden. Gerade in der Schule ist das selbstverständlich nicht gerade toll. Denn erstens ist es wichtig, den Unterrichtsstoff mitzubekommen, und zweitens wirken Autisten während so einer Sinnes-Auszeit oft so, als wären sie faul, da sie dann meist total abwesend in die Luft starren.

Allerdings werden nicht immer alle Sinne abgeschaltet. Manchmal blenden Autisten nur einzelne Sinne aus. Sie ignorieren automatisch störende Sinne und Reize, um sich besser auf andere Sinne konzentrieren zu können, so als möchtest du zum Beispiel einem Geruch genau nachspüren und konzentrierst dich so sehr darauf, dass du Geräusche nicht mehr wahrnimmst. Dadurch haben autistische Menschen oft eine viel bessere **Konzentrationsfähigkeit** als Nichtautisten, vor allem bei Dingen, die sie interessieren.

An sich ist das eine tolle Eigenschaft. Doch sie kann auch von Nachteil sein, nämlich dann, wenn man sich so sehr konzentriert, dass man dabei alles andere um sich herum vergisst und andere wichtige Dinge nicht mehr bemerkt. Stell dir zum Beispiel vor, du löst gerade Rechenaufgaben und deine Mutter ruft dir zu, dass du den Müll hinunter tragen sollst. Die Aufforderung deiner Mutter registrierst du aber nicht, weil du zu sehr auf die Rechenaufgabe konzentriert bist. Das kann man sich so vorstellen, als sei dein Gehirn ein Computer, auf dem gerade das Programm „Rechnen" aufgerufen ist. Um das Programm „Hören" auszuwählen, müsste das Rechenprogramm erst geschlossen werden. Mit anderen Worten: Das „autistische Gehirn" kann manchmal nur eins nach dem anderen, aber nicht gleichzeitig Reize aus verschiedenen Sinnesorganen verarbeiten. Das nennt man intermodulare Störung. Nichtautisten können dieses schrittweise Wahrnehmen oft nicht nachvollziehen. So wird deine Mutter vermutlich ärgerlich, weil der Müll bleibt, wo er ist. Dabei kannst du gar nichts dafür. Dein Kopf „schaltet" nur nicht so schnell um, wie es notwendig wäre.

Aber nicht in jedem Fall nehmen Autisten die Welt stärker wahr als nichtautistische Menschen. Umgekehrt kommt es auch vor, dass Autisten gegenüber bestimmten Reizen besonders unempfindlich sind. So kann es zum Beispiel passieren, dass ein autistischer Mensch im Winter nur mit T-Shirt und Sandalen auf die Straße geht und gar nicht merkt, wie kalt es eigentlich ist. Das nennt man **Hyposensibilität** (Unterempfindlichkeit). Dadurch, dass manches gar nicht bis zur bewussten Wahrnehmung durchdringt, wirken Autisten manchmal unkonzentriert.

Zusammenfassend gesagt: Die Wahrnehmung autistischer Menschen ist häufig „ungewöhnlich" und extrem.

Tipp

Solltest auch du solch empfindliche Sinne haben, ist es oft gut, wenn du anderen Menschen davon erzählst; zum Beispiel deinen Lehrern oder vielleicht auch Mitschülern. Denn dann können sie verstehen, dass du dich

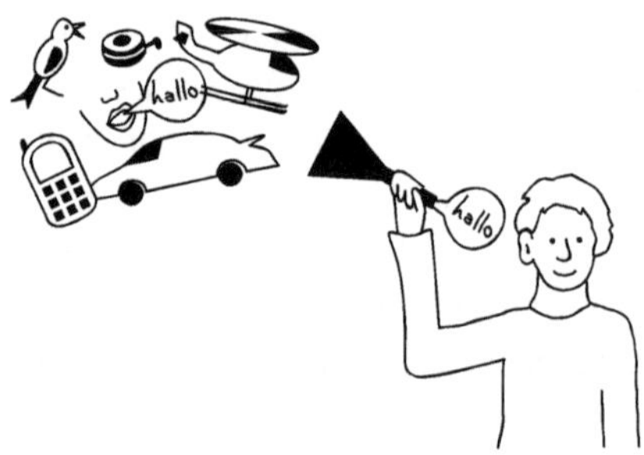

beispielsweise nicht auf ein Gespräch konzentrieren kannst, weil dich die – eigentlich leisen – Hintergrundgeräusche zu sehr ablenken. Oder warum du manchmal Löcher in die Luft starrst*. Wenn andere wissen, dass du empfindliche Sinne hast, können sie deine Reaktionen eher nachvollziehen. Und vielleicht verhalten sie sich dann sogar rücksichtsvoller.
Du könntest sogar darum bitten, in der Schule nicht an Konzerten und großen Menschenversammlungen teilnehmen zu müssen oder in der Pause drin bleiben zu dürfen, um dich vor den Reizen zu schützen.

Besser, als die Reize zu meiden, wäre es allerdings, wenn du lernst, mit ihnen umzugehen. Bis zu einem gewissen Grad schaffen es die meisten Autisten, ihre Sinne „abzustumpfen". Dietmar Zöller (er ist Autist und kann nicht gut sprechen, schreibt aber viel über seine Erfahrungen) hat es geschafft, mit seiner besonderen Reizverarbeitung umzugehen:

> *„Ich selbst habe viele Hilfen bekommen, um mit meinen Wahrnehmungsproblemen fertig werden zu können, unter anderem hat ein Hörtraining bei mir dazu geführt, dass ich besser irrelevante Hörreize ausfiltern konnte […]." (Zöller 2006, 59)*

Solche Hörtrainings gibt es verschiedene, zum Beispiel das sogenannte Auditory Integration Training (AIT, „Gehörliches Integrationstraining") und Auricula-Hörtraining. Bei allen geht es darum, dass du lernst, dich nach und nach an störende Geräusche und Tonhöhen zu gewöhnen. Es ist allerdings sehr unsicher, ob diese Therapien wirklich helfen. Wissenschaftlich wurde ihre Wirkung (noch) nicht bewiesen. Daher raten Gesundheitsexperten eher nicht zu den Trainings.

Tipp

Eine nützliche und sehr einfache Hilfe sind Ohrstöpsel (zum Beispiel „Ohropax"). Man kann sie in der Apotheke kaufen oder sich in Fachgeschäften genau passend anfertigen lassen.
Wenn dein Sehsinn sehr sensibel ist, könnte dir eine besondere Brille helfen. Eine Brille, bei der die Gläser getönt sind, so dass weniger Licht auf dein Auge trifft. Diese Brillen nennt man Irlen-Gläser. Die Tönung wird dabei genau auf deine Sehwahrnehmung abgestimmt.

Leider gibt es kein Mittel gegen einen sehr empfindlichen Geruchssinn.

„Hunde und Katzen. Und Gerüche wie Deodorants und Aftershave; sie riechen so stark, dass ich es nicht aushalten kann, und Parfüm treibt mich zum Wahnsinn." (Schirmer 2020, 74)

Menschen, mit denen du oft Kontakt hast, kannst du bitten, kein Parfüm zu benutzen. Aber das geht eben nicht bei allen Menschen.

Tipp Du könntest ein Tuch mit einem angenehmen Duft mitnehmen, das du dir bei unangenehmen Gerüchen vor die Nase hältst.

Ebenfalls schwierig ist es, mit sehr empfindlicher Haut zu leben. Umarmungen und Küsse kannst du abwehren, doch zum Beispiel das Gefühl von Wasser auf der Haut musst du ertragen lernen. Bei vielen Autisten verursachen die Wassertropfen aus der Dusche Schmerz, da die Haut sehr berührungsempfindlich ist. Doch waschen muss sein, damit du nicht krank wirst.

Ebenso solltest du versuchen, dich an einige „scheußliche" Nahrungsmittel zu gewöhnen. Auch wenn dir das ebenso schwerfallen mag wie der schwedischen Asperger-Autistin Gunilla Gerland:

„Meine Zähne waren sehr empfindlich und manche Speisen hatten eine Konsistenz, die sich im Mund unangenehm anfühlte und im ganzen Körper ein scheußliches Gefühl auslöste. Man wusste nie, was einem mit unbekannten Essen passieren konnte. Auch wenn es ab und zu langweilig war, nur Wurst ohne Haut und Schokoladenpudding zu essen, war es das zweifellos wert." (Schirmer 2020, 70)

Ärzte würden hingegen wohl eher meinen, dass es den Versuch wert ist, sich an andere Nahrungsmittel zu gewöhnen. Denn sonst kann dein Körper Mangelerscheinungen bekommen und krank werden. Wurst und Schokoladenpudding sind schließlich nicht sehr vitaminreich.

Egal, ob dich die Form des Essens fast wahnsinnig macht oder ob es Geräusche sind, das Licht, Gerüche oder Berührungen – du kannst versuchen, Reizüberflutungen aller Art mit Entspannungstechniken zu begegnen.

Tipp Die einfachste Entspannungsmethode ist, erst einmal ruhig durchzuatmen, vor allem in den Bauch statt in den Oberkörper.

Es gibt aber auch richtig ausgefeilte Entspannungstechniken, etwa Autogenes Training und Meditationsübungen. Bei beidem lernst du, dich nur auf dich zu konzentrieren und äußere Reize auszublenden. Eine andere Entspannungsmethode ist die Progressive Muskelrelaxation nach

Tipp

Jacobsen. Dabei konzentrierst du dich nach und nach auf einzelne Muskelpartien, spannst sie an und lässt wieder locker. Wie die verschiedenen Methoden genau funktionieren, lernst du am besten in Kursen; es gibt aber auch Bücher und Videos mit Anleitungen (am Ende des Kapitels). Manchen Menschen hilft es zum Beruhigen, wenn sie Fotos dabeihaben, die sie sich anschauen können oder Karten, auf denen Merksätze stehen wie „Nicht panisch werden!“, „Tief durchatmen!“ oder „Alles ist okay!“.

Ebenso kann Sport gut sein zum Abreagieren. Oder du versuchst, dem übermäßigen Reiz von außen weniger Platz zu lassen, indem du dich stark auf etwas anderes konzentrierst. Du könntest im Kopf zählen oder Rechnen oder innerlich Gedichte, Liedtexte oder Zahlenkombinationen aufsagen.

Gegen die Konzentrationsprobleme, die aus der Reizüberflutung entstehen, helfen oft auch Therapieprogramme, die für Menschen mit der Aufmerksamkeitsstörung AD(H)S entwickelt wurden.

Und es ist auch hilfreich, wenn du dich ab und zu einfach von der Welt zurückziehst. So macht es auch der britische Autist Keith Newton:

> *„Wenn ich Zeit für mich alleine habe, fragt sich Sarah [seine Partnerin], was ich tue. Die Wahrheit ist: Sehr wenig. Ich schaue fern […], mache sowohl körperlich als auch geistig wenig. […] Mein Kopf ist leer. Ich vermeide Gedanken und daher Stress. Es ist wie ein Herunterfahren aller irrelevanten Prozesse. Diese Auszeit ist lebensnotwendig, um mit dem Rest des Lebens, umgeben von anderen Menschen, zurechtzukommen.“ (Newton / Hendrickx 2007, 78)*

Übrigens nehmen nicht nur Autisten die Welt anders wahr als Nichtautisten – auch Nichtautisten untereinander sehen und erfahren die Welt unterschiedlich. Menschen reagieren generell verschiedenen stark auf Reize oder interpretieren sie anders.

Zum Weiterlesen

Bücher

- Bolls, U. D. (2012): Meditation für Aspies: Lebensqualität & Eigenverantwortung mit Asperger-Autismus. Books on Demand
- Müller, C., Nußbeck S. (2006): Informationsverarbeitung bei Kindern mit Autismus. Dr. Kovac-Verlag, Hamburg
- Salbert, U., Meussen, A. (2006): Ganzheitliche Entspannungstechniken für Kinder. 7. Aufl. Ökotopia, Aachen

- Spek, A. (2012): Achtsamkeit für Menschen mit Autismus: Ein Ratgeber für Erwachsene mit ASS und deren Betreuer. Hans Huber, Bern

Audio-CD

- Posehn, S. (2011): Entspannung für Kinder. minDDrop, Baden

1.2 Gefühle – Wie erkenne und zeige ich sie?

„Wie fühlt sich das an?" – „Nass."
(Aus dem Film „Rainman": Reaktion des autistischen Raymond, nach dem er zum ersten Mal geküsst wurde.)

Gefühle sind wie die Pop-Up-Fenster im Internet: Sie tauchen ständig und überall auf. Manchmal sind sie schön und interessant und manchmal nerven sie nur. Oft bekommt man sie nicht weg. Sie öffnen sich immer und immer wieder. Pop-up-Fenster beim Computer kann man ausschalten; sie blocken. Bei Gefühlen geht das nicht.

Aber fangen wir von vorne an. Was sind Gefühle? Es gibt sehr viele verschiedene Gefühle, zum Beispiel Furcht, Angst, Zorn, Freude, Traurigkeit, Enttäuschung, Neid, Eifersucht, Ekel, Überraschung, Neugierde … Bestimmt fällt dir noch viel, viel mehr ein.

Doch woher kommen die Gefühle? Wer oder was macht, dass sich die Pop-up-Fenster öffnen? Heute geht man davon aus, dass Gefühle vom Gehirn „gesteuert werden", vor allem vom sogenannten limbischen System. Das ist sozusagen das Gefühlszentrum im Gehirn. Dazu gehören auch die im Kapitel zur „Wahrnehmung" erwähnten „Mandelkerne". Das limbische System sagt etwa „Da ist ein dunkler Schatten. Gefahr. Angst. Bein, mach einen Schritt rückwärts."

Der Umgang mit Gefühlen ist für viele Menschen problematisch, für Autisten aber meist ein ganz besonderes Problem, und zwar in mehreren Bereichen:

Zum einen fällt es vielen autistischen Menschen schwer, Gefühle bei anderen Personen richtig wahrzunehmen. So geht es dem Kanner-Autisten Dale Gardner:

„Ich kann es nicht leiden, herausfinden zu müssen, was mir der Gesichtsausdruck von jemandem sagt, vor allem, wenn ich ein Gesicht zum ersten Mal sehe oder jemanden nicht gut kenne. Früher hat es mir Angst gemacht, weil ich nicht erkennen konnte, ob Leute wütend waren oder sich wohlfühlten, und das mit dem Augenkontakt war sehr verwirrend und beängstigend für mich." (Gardner 2010, 310)

Im Kapitel „Autismus" sprachen wir schon über die „Theory of Mind"-Fähigkeit, also über die Fähigkeit zu erahnen, was andere Menschen fühlen. Normalerweise ist das etwas, das jedes Kind kann. Das eine hat dabei mehr Talent, das andere weniger, aber insgesamt haben schon Kinder im Alter von vier bis fünf Jahren diese Fähigkeit. Sie wissen, dass andere Menschen andere Gedanken und Gefühle haben als sie selbst. Außerdem können sie im Gesicht und vor allem an den Augen eines anderen erkennen, ob er traurig oder fröhlich ist. Und sie wissen, wann die Stimme ihrer Mutter so klingt, dass sie etwas ernst meint, und wann etwas als Scherz gemeint ist (schau dazu auch in das Kapitel Körpersprache). Doch Autisten gelingt all dies oft nicht. Manche autistischen Kinder wissen gar nicht, dass andere Menschen andere Gefühle und Ideen haben als sie selbst. Andere wissen das zwar, aber es fällt ihnen schwer, die Signale, die auf Gefühle hinweisen, richtig zu deuten, also etwa am Gesicht zu erkennen, ob jemand gute oder schlechte Laune hat. Warum das so ist, weiß man nicht. Manche Forscher glauben, dass bei Autisten die sogenannten **Spiegelneurone** nicht richtig funktionierten. Diese besonderen Nervenzellen sollen dem Gehirn helfen, eine Vorstellung darüber zu entwickeln, was der andere fühlt. Sie sollen sozusagen ein Spiegelbild der Gefühle des anderen aufbauen.

Andere Forscher meinen, das Problem läge bei den Mandelkernen. Und wieder andere meinen, Autisten fehle ein Hormon, das sogenannte Bindungshormon **Oxytocin**, das zum Beispiel bei Müttern während der Geburt in großen Mengen ausgeschüttet wird, unter anderem um die Bindung zu ihrem Kind zu stärken.

Welche Erklärung nun die richtige ist und ob es überhaupt eine davon ist, das weiß man bis heute nicht. Fakt ist, irgendetwas macht es Autisten schwer, die Gefühle anderer Menschen zu erkennen.

Doch das „Erlesen" von Gefühlen kann man zum Teil lernen. Bei manchen Dingen geht das ganz einfach. Wenn jemand weint, dann ist er meistens traurig. Wie Blut, das aus einer Wunde tropft, körperlichen Schmerz anzeigt, zeigen Tränen oft emotionalen Schmerz. Es weint zwar nicht jeder, wenn er traurig ist, aber die meisten Menschen „verziehen" ihr Gesicht dann in einer ganz bestimmen Art und haben eine gewisse Körperhaltung. Schau dazu in das Kapitel zu Gestik und Mimik.

Tipp

Es gibt sogar spezielle Computerprogramme für Autisten, um bei Gesichtern die Gefühle zu erkennen. Zum Beispiel die „Mind reading emotions library", die der Autismusforscher Simon Baron-Cohen entwickelt hat.

Das Computerprogramm von Baron-Cohen zeigt nur starre Gesichter, Momentaufnahmen. Mit Hilfe von sogenannten Social Stories kannst du

Tipp

aber auch lernen, wodurch Gefühle ausgelöst werden und wie man sich in bestimmten „Gefühls-Situationen" verhalten sollte. Social Stories sind eigentlich nichts anderes als Comics, die speziell für Autisten entworfen wurden und besonders relevante Situationen zeigen. Am Ende des Kapitels findest du ein paar Literaturhinweise für Bücher mit Social Stories, die du zum Üben nutzen kannst. Die meisten sind allerdings auf Englisch. Sie wurden von der Amerikanerin Carol Gray geschrieben. Denn von ihr stammt die Idee, kleine Übungs-Geschichten für Autisten zu nutzen.

Oft haben Autisten nicht nur Schwierigkeiten, Gefühle bei anderen zu erkennen, sondern auch, Gefühle bei sich selbst wahrzunehmen und richtig einzuordnen. Sie wissen gar nicht genau, ob es ihnen gut oder schlecht geht, ob sie Angst haben oder Freude empfinden. Oft merken sie, dass etwas in ihnen vorgeht, wissen aber nicht genau, was das ist.

Manchmal wird ihnen dann viel später bewusst, was eigentlich in einer Situation passiert ist und was sie damals gefühlt haben. In der Situation selbst bekommen sie stattdessen Bauch- oder Kopfschmerzen oder fangen an, zu zittern. Dieses Phänomen nennt man übrigens **Gefühlsblindheit,** der Fachausdruck lautet Alexithymie. Es tritt nicht nur bei Autismus auf und es muss auch nicht bei allen Autisten auftreten, kann aber.

Tipp

Sport zu machen oder Musik zu hören, hilft manchmal, um abzuschalten und sich dabei über seine Gefühle klar zu werden. Auch etwas aufschreiben ist sehr hilfreich. Zudem gibt es Listen mit den Namen verschiedener Gefühle (siehe Buchtipps am Ende des Kapitels). Vielleicht hilft es dir, in verwirrenden Gefühlssituationen solch eine Liste durchzulesen, und du entdeckst dabei ein Wort, das gerade auf deinen Gefühlszustand passt.

Eine solche Liste kann dir auch helfen, um zwischen Gefühlen zu differenzieren. Denn es gibt sehr viele unterschiedliche Gefühle. Die recht bekannte australische Autistin Wendy Lawson (sie ist unter anderem Autorin) hat es mit einiger Übung und Erfahrung geschafft, ihre Gefühle besser differenzieren zu können.

> *„Ich finde Emotionen auswechselbar und verwirrend. Als Kind war ich nicht fähig, zwischen Wut, Furcht, Angst, Frustration oder Enttäuschung zu unter-*

scheiden. […] Ich konnte den Unterschied zwischen angenehmen und unangenehmen Gefühlen erkennen, aber ich wusste nicht, wie ich damit umgehen sollte. Mit dem Alter habe ich die kleinen Unterschiede zwischen Ärger, Frustration und Enttäuschung verstehen gelernt und weiß, warum ich so fühle. Wenn Gefühle subtiler sind, finde ich es hilfreich, andere Menschen zu fragen, wie sie fühlen." (Howlin 2004, 105)

Andere Personen zu fragen, wie sie sich gerade fühlen, kann tatsächlich nützlich sein.

Tipp

Du kannst es dir auch zur Gewohnheit machen, jeden Abend mit deinen Eltern über Gefühle zu reden, also zu fragen, wie ihr Tag war und wie sie ihn erlebt haben, was sie wann und warum gefühlt haben. Die anderen könnten zusätzlich mit Musik oder Zeichnungen ihre Gefühle untermalen. Vielleicht merkst du dann, ob diese Musik oder Zeichnung auch zu dir passt, du dich also ähnlich fühlst.

Wendy Lawson schreibt, dass sie durchaus angenehm von unangenehm unterscheiden kann. Tatsächlich können die meisten das, aber sie empfinden oder bemerken oft nur die Extrema. Ihnen erscheint etwas entweder als sehr gut oder als total schlecht. Man sagt dann, derjenige hat ein Schwarz-Weiß-Denken, also ohne Grauabstufungen in der Mitte mit gemäßigten Gefühlen. Auch der Autistin Caroline geht es so:

„Wie jeder andere Mensch fast auch, leide ich an Gefühlsschwankungen, die unkontrolliert und unberechenbar auftreten. Für meine Eltern ist es schwer, damit umzugehen. Es gibt nur Schwarz und Weiß in meinem Leben – sprich positiv und negativ, andere Gefühle gibt es kaum. Entweder geht es mir sehr gut oder sehr schlecht, also immer in erhöhter Form. […] Und in Gefühle lasse ich mich schnell reinsteigern, da ich sehr emotional bin. Wenn ich traurig bin, fange ich an, mich selber fertig zu machen und werde wütend, traurig, verzweifelt zugleich. Solche unterschiedlichen Gefühle, die zusammentreten wie ein Vulkan, gibt es öfters, und ich komme damit nicht gerade gut zurecht, weil ich diese Gefühle dann nicht mehr einordnen kann." (Persönliches Interview, Fragebogen)

Tipp

Dem Schwarz-Weiß-Denken, von dem Caroline schreibt, kann man mit einer Skala abhelfen. Statt zu sagen, mir geht es gut oder mir geht es schlecht, denkst du dir eine Skala von 1 bis 10. 1 bedeutet, mir geht es sehr, sehr schlecht. Und 10 bedeutet, mir geht es sehr,

Tipp

sehr gut. Dann kannst du nach und nach versuchen, Gefühle dazwischen einzustufen. Wenn du etwa ein Gefühl von 1 hattest, nachdem dein Haustier gestorben ist, hast du dann wirklich auch ein Gefühl von 1 nach einer verhauenen Klausur in der Schule? Oder ist es vielleicht doch eher eine 4? Diese Skalen können deine Mitmenschen ebenfalls benutzen und dir auf diese Weise mitteilen, wie sie sich gerade fühlen.

Viele nichtautistische Menschen unterstellen, Autisten seien gefühllos. Das liegt teilweise daran, dass Autisten Gefühle schlecht wahrnehmen. Aber der Hauptgrund ist wohl, dass es ihnen oft schwerfällt, Gefühle so zu äußern, wie es andere Menschen erwarten. Ihre Gesichter und Körperhaltungen scheinen auf andere oft wie „versteinert". Ihnen gelingt es nicht, Gefühle mit Hilfe von Gesichtsausdrücken auszudrücken oder in Worte zu fassen. Dem Asperger-Autisten Lukas ist dieses Problem zwar bewusst; es zu ändern, fällt ihm trotzdem schwer.

> *„Auch später habe ich mit dem Ausdrücken von Gefühlen mehr Schwierigkeiten als mit dem Sprechen an sich. Zum Beispiel […] beim Erzählen – je emotional ausgeschmückter, umso schwieriger bis fast unmöglich." (Persönliches Interview, Fragebogen)*

Tipp

Wenn es dir mit Worten und Gesichtsausdrücken schwerfällt, könnten Tanzen oder Malen für dich eine Möglichkeit sein, um deine Gefühle auszudrücken und anderen zu veranschaulichen.

Die Schwierigkeit, Gefühle passend auszudrücken, betrifft die eigenen Gefühle oft ebenso wie die Gefühle für andere Menschen. Zum Beispiel fällt es vielen Autisten schwer, ihren Eltern zu zeigen, dass sie sie lieb haben. So schreibt Christine Preißmann:

> *„Ich habe meine Eltern sehr, sehr, lieb, aber ich weiß gar nicht, ob sie das überhaupt wissen. Ich habe es ihnen noch nie so richtig sagen können, hoffe aber, dass sie es trotzdem irgendwie merken. Manchmal backe ich einen Kuchen für sie oder pflücke ihnen Blumen. Aber ich weiß nicht, ob das reicht, denn wenn ich aufgeregt oder gestresst bin oder aber Angst habe, dann werde ich leicht ungehalten." (Preißmann 2005, 10)*

Christine Preißmann ist auf einige Ideen gekommen, wie sie ihrer Familie zeigen kann, dass sie sie mag. Es ist nämlich gar nicht so schwer, Gefühle auszudrücken, auch wenn man nicht gut über sie sprechen kann.

Tipp

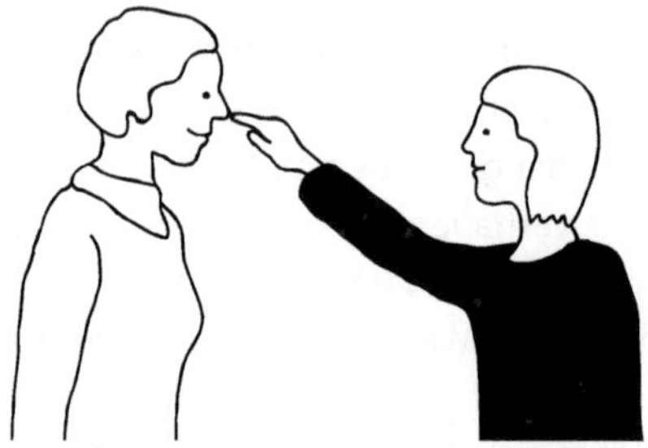

Sieh dir die Ideen von Christine an. Kleine Geschenke zwischendurch können anderen Menschen zeigen, dass du sie lieb hast. Auch winzige Körperberührungen können eine Möglichkeit sein. Du magst deine Eltern vielleicht nicht umarmen oder küssen, um ihnen zu zeigen, dass du sie lieb hast. Aber vielleicht könnt ihr abmachen, dass du stattdessen nur einen Zeigfinger auf ihre Nase oder ihren Kopf legst. Oder du schreibst deinen Eltern oder anderen Menschen, die du magst, einen Brief oder eine E-Mail oder Messenger-Nachricht. Viele Menschen mit Autismus können schriftlich viel besser ausdrücken, was sie meinen, als mündlich. Schriftlich kannst du deine Gefühle auch mit Hilfe kleiner Zeichengesichter wie dieser ausdrücken. Man nennt sie Emoticons oder Smileys:

Die Emoticons kennst du sicher von deinem Handy. Denn bei schriftlichen Texten können auch nichtautistische Menschen oft nicht genau erkennen, wie der Schreibende etwas meint. Normalerweise, also in einem persönlichen Gespräch, orientieren sich Menschen am Gesichtsausdruck und Tonfall ihres Gegenübers. Doch beides gibt es bei einem Text nicht. Dann geht es jeder Person ähnlich wie einem autistischen Menschen. Daher setzen auch Nichtautisten Emoticons hinter den Text, um zu verdeutlichen, wie sie etwas meinen. Oder auch, um genauer darauf hinzuweisen, dass das, worüber sie schreiben, in ihnen ein bestimmtes Gefühl wie Wut, Traurigkeit oder Belustigung ausgelöst hat. Für dich und andere autistische Menschen ist es sehr praktisch, dass viele Menschen diese Emoticons kennen und nutzen. Wenn du deine Gefühle mit Hilfe der kleinen Zeichen ausdrückst, ist es für deine Mitmenschen nichts Ungewöhnliches. Sie machen es ja selbst.

Smartphones haben standardmäßig in ihrem SMS-Programm oder in Text-Apps (zum Beispiel WhatsApp) Emoticons. Zudem sollen spezielle Apps Autisten helfen, mit Emoticons ihre Gefühle zu verdeutlichen. Zum Beispiel die App Zirkus Empathico der Berliner Humboldt Universität, die sich allerdings eher an autistische Kinder im Grundschulalter richtet und Stand 2024 noch in Studien getestet wird, oder die bereits verfügbare englischsprachige App Autism Emotion.

Es gibt noch weitere Möglichkeiten, bei denen du gleichzeitig lernen kannst, wie man selbst Gefühle ausdrückt und wie andere das tun, beziehungsweise was bestimmte Gesichtsausdrücke und Bewegungen bei anderen bedeuten.

Tipp Sehr gut geht das in Theaterkursen. Hier kannst du lernen, in welchen Situationen und wie Gefühle ausgedrückt werden können.

Auch Dale Gardner hat das sehr geholfen. So schreibt seine Mutter:

> *„Dieser Theater-Workshop war ein solcher Erfolg, dass Dale in den nächsten drei Jahren nicht nur die Sommer-Workshops mitmachte, sondern auch die zu Ostern sowie eine Abendtheatergruppe. […] Vor allem aber machte Dale dank der Workshops einen weiteren großen Schritt – er entwickelte Sinn für Humor. Bevor er Theater spielte, begriff er nicht, wie man einen Witz erzählt." (Gardner 2010, 180)*

Dass Autisten für gefühllos gehalten werden, liegt manchmal außerdem daran, dass sie aus Sicht anderer Menschen teilweise ungewöhnlich oder gar unpassend reagieren. Ein Beispiel: Im Fernsehen kommt ein Bericht über einen Großbrand. Es wird das Feuer gezeigt und die Feuerwehrautos sind zu sehen. Außerdem wird berichtet, dass viele Menschen schwer verletzt wurden. Menschen, die so einen Bericht sehen, reagieren oft sehr betroffen. Sie werden traurig, denn sie leiden mit den Opfern dieses Brandes mit. Stell dir vor, du interessierst dich besonders für Feuerwehrautos und in diesem Bericht wird ein besonderes Modell gezeigt. Andere Menschen werden es als gefühllos empfinden, wenn du nun erzählst: „Das ist ja toll, dieses Modell ist ein xyz*, das habe ich bisher ganz selten gesehen." Andere Menschen erwarten eher, dass du – wie sie selbst – Mitleid mit den Verletzten hast. Du kannst dir die einfache Regel merken: Wenn ein Katastrophenbericht gezeigt wird: Immer erst überlegen, wie es den Menschen gehen könnte, erst danach auf die Gegenstände achten. Ebenso sollte man auf Beerdigungen nicht lachen und eher ein trauriges Gesicht machen.

Wenn du das Lachen in einer unpassenden Situation, zum Beispiel auf einer Beerdigung, aber gar nicht unterdrücken kannst, geh lieber ein Stück von den anderen weg, bis sich dieses Gefühl wieder beruhigt hat. Gerade auf einer Beerdigung werden das viele Leute auch gar nicht seltsam empfinden, sondern glauben, dass du so traurig bist, dass du lieber einen Moment allein sein möchtest.

Gefühle erkennen und ausdrücken zu lernen, ist sehr wichtig. Denn, wie gesagt, tauchen Gefühle wie Pop-up-Fenster ständig auf und man kann sie nicht einfach abschalten. Gefühle zu zeigen, ist wichtig, um Freundschaften zu schließen oder gar eine Partnerschaft. Gefühle zu erkennen und auszudrücken, ist auch wichtig, um keinen körperlichen oder seelischen Schaden zu erleiden. Wenn du zum Beispiel beim Zahnarzt bist und der bohrt, obwohl die Betäubung noch nicht wirkt, solltest du ausdrücken können, dass es weh tut. Denn niemand kann in einen anderen Menschen hineingucken. Daher musst du sagen, wie es dir geht. Ähnlich ist es, wenn du gemobbt wirst oder jemand gestorben ist, der dir nahesteht. Dann solltest du erklären können, was in dir vorgeht und deine Gefühle rauslassen. Sonst werden negative Gefühle immer schlimmer und können richtig krank machen (schau dazu auch in die Kapitel „Mobbing" und „Was sonst noch wissenswert ist").

Zum Weiterlesen

Bücher

- Attwood, T. (2014). Ich mag dich!: Das Gefühle-Lern-Programm für Asperger-Kids von 8-13. TRIAS, Stuttgart
- Attwood, T. (o. J.): Gefühle erkunden. Kognitive Verhaltenstherapie, um mit Wut und Angst umzugehen. Autismusverlag, St. Gallen
- Gray, C. (2014): Das neue Social Story Buch. Autismusverlag, St. Gallen
- Matzies-Köhler, M. (2014): Sozialtraining für Menschen im Autismus-Spektrum (AS): Ein Praxisbuch. 2. Aufl. Kohlhammer, Stuttgart

Andere Medien

- Frankfurter Test und Training des Erkennens von fazialem Affekt
  Computerprogramm zum Trainieren des Erkennens von Gefühlen an Gesichtern, bestellbar unter https://ki.se/en/kind/fefa-2-a-computer-based-program-for-the-training-and-testing-of-facial-affect-recognition

CD-ROM

- Simon Baron-Cohen (2004). Mind Reading Emotions Library: The Interactive Guide to Emotions. Jessica Kingsley Publishers, London (Großbritannien)
  CD-ROM zum Trainieren des Erkennens von Gefühlen an Gesichtern.

Filme

- Alles steht Kopf (2015)
  Ein Animationsfilm, der von der Welt aus Sicht eines elfjährigen Mädchens berichtet – nicht nur für Kinder

Internet und Apps

- www.improwiki.com/de/wiki/improtheater/gefuehlsliste
  Eine Auflistung vieler Gefühle
- www.uk-app-blog.blogspot.de/p/asssocial-storiesablaufe.html
  Übersicht von Apps, die dabei helfen, Gefühle auszudrücken und mit ihnen umzugehen, von Apps, mit denen man trainieren kann, an Gesichtern Gefühle abzulesen, sowie von Apps, die Social Stories enthalten oder mit denen man selbst Social Stories erstellen kann
- https://dziobek-lab.org/de/ressourcen
  Lernapp-Projekt der Humboldt Universität Berlin für Kinder im Vor- und Grundschulalter

Kapitel 2

Sprache

2.1 Gesprochene Sprache – Wieso sagen Menschen oft so merkwürdige Dinge?

2.2 Small Talk – Warum muss ich übers Wetter reden, wenn ich doch sehe, dass die Sonne scheint?

2.3 Körpersprache – Was bedeuten Gesichtsausdrücke?

2.1 Gesprochene Sprache – Wieso sagen Menschen oft so merkwürdige Dinge?

Autisten können nicht sprechen! Das meinen viele Menschen, die sich nicht genauer mit Autismus auskennen. Allerdings gibt es verschiedene autistische Störungen, wie du bereits erfahren hast, und Asperger-Autisten können sehr wohl sprechen, meist sogar sehr gut. Dennoch unterscheidet sich die Sprache bei Asperger-Autisten oft von jener nichtautistischer Menschen – sowohl beim eigenen Sprechen als auch beim Verstehen dessen, was andere sagen. So schreibt die Asperger-Autistin Susanne Nieß:

> *„Auch wenn ich für eine Autistin außergewöhnlich gut sprechen kann, habe ich Schwierigkeiten, jemandem schnell zu antworten. Zuerst muss ich merken, dass ich angesprochen worden bin. Dann muss ich untersuchen, was das Gesagte bedeutet. Wenn ich das verstanden habe, muss ich mir die Antwort überlegen und in Worte fassen. Dann muss Ich meinem Mund in Bewegung setzen und sie sagen." (Schirmer 2020, 57)*

Bevor du ein paar Tipps für den Umgang mit Sprache bekommst, zunächst ein paar allgemeine Dinge zur Sprache.

Beim Thema Sprache gibt es eine gute und zwei schlechte Nachrichten. Die gute Nachricht: Sprache ist (eigentlich) logisch aufgebaut. Ähnlich wie die Mathematik folgt sie bestimmten Regeln, die man lernen kann. Nun die schlechten Nachrichten: Es existieren viele Ausnahmen von den Regeln und Sprache ist meist keine Kunst um ihrer selbst willen, sondern sie dient der Kommunikation, das heißt dazu, sich mit anderen Menschen zu verständigen.

Und genau da liegen die wirklichen Probleme. Obwohl Menschen miteinander reden, verstehen sie sich nicht immer. Oft hört B etwas anderes als A gesagt hat. Oder B kann sich nicht vorstellen, was A mit den Worten gemeint haben könnte. Missverständnisse gibt es deshalb bei allen Leuten, auch unter Nichtautisten. Doch reden autistische und nichtautistische Menschen miteinander, ist die Wahrscheinlichkeit für Missverständnisse noch einmal höher. Dabei kommt es einerseits vor, dass der autistische Mensch nicht versteht, was sein Gegenüber sagen wollte, und andererseits, dass der nichtautistische Mensch den Autisten nicht versteht. Dafür gibt es mehrere Gründe:

Sprache ist subjektiv: Sprache ist immer unvollkommen und kann nie eindeutig das ausdrücken, was in jemandem vorgeht oder was er sagen möchte. Der Gesprächspartner muss die Worte wie einen Code deuten. Daher kommt es bei allen Menschen zu Missverständnissen.

Metaphern, Redewendungen und Symbole: Hattest du auch schon mal einen „Frosch im Hals"*, bist „gegen eine Wand gelaufen"* oder hast „die Nadel im Heuhaufen"* gesucht? Oder hat dich vielleicht schon mal jemand gefragt, ob du mit ihm oder ihr gehen möchtest? Bei solchen Ausdrücken haben viele autistische Menschen „ein Brett vor dem Kopf"* – sprich, sie verstehen nicht, was gemeint ist. So als ob man nicht klar sehen kann und nichts erkennen würde. Solche Wortbilder heißen Metaphern. Metaphern sind nicht wörtlich gemeint; sie haben einen übertragenen Sinn, das heißt, wenn jemand eine Metapher benutzt, meint er nicht genau das, was er sagt. Er zeichnet vielmehr ein Bild von dem, was er meint, ein Bild, das die eigentliche Botschaft symbolisiert.

So ist das Brett vorm Kopf ein Symbol für Nichtverstehen. Einen Frosch im Hals haben heißt, dass man sich räuspern muss – so als ob ein Frosch im Hals steckt und die ganze Zeit auf und ab hüpft. Gegen die Wand laufen kann man selbstverständlich tatsächlich, gemeint ist aber „nicht weiterkommen, erfolglos sein" – zum Beispiel, wenn du einen Wunsch hast, den deine Eltern dir nicht erfüllen, egal wie lange du bittest und bettelst. Dass jemand eine winzige Nadel in einem Heuhaufen findet, ist sehr unwahrscheinlich. Genau das bedeutet es auch. Scheint etwas aussichtslos zu sein, sagt man, „das ist ja wie die Nadel im Heuhaufen suchen". Und „miteinander gehen" sagen Mädchen und Jungen, wenn sie eine Beziehung zu jemandem vom anderen Geschlecht haben – also wenn ein Junge und ein Mädchen beginnen, sich häufiger zu treffen und sich vielleicht zu küssen.

Metaphern benutzt man auch, um etwas nicht direkt sagen zu müssen, was einem unangenehm ist oder was andere Menschen als anstößig empfinden würden. Vielleicht hast du schon mal gehört, wie deine Mitschüler „blaumachen"* wollen – ein Beispiel für eine Metapher, mit der man etwas Unerlaubtes beschreibt. Blaumachen, bedeutet nämlich Schule oder Arbeit schwänzen.

Tipp

Metaphern kann sich jeder selbst ausdenken. Immer dann, wenn ihm ein passendes Bild einfällt, das symbolisiert, was er oder sie gerne sagen möchte. Viele Metaphern werden jedoch sehr häufig

Tipp

benutzt und sind mittlerweile feste Redewendungen. Diese Redewendungen kannst du lernen, so dass du dann im Gespräch verstehst, was eigentlich gemeint ist (schau dazu zum Beispiel in unsere Liste im Anhang).

Betonung: Nicht nur was man sagt, ist wichtig, sondern auch wie man es sagt. Ein Satz kann unterschiedliche Bedeutungen haben, je nachdem wie man ihn betont. Betont jemand ein Wort stärker als die anderen, dann ist dieses Wort besonders wichtig für den Satz.

Zum Beispiel kann man den Satz „Ich gehe heute Kuchen kaufen" ganz unterschiedlich betonen.

ICH gehe heute Kuchen kaufen.

Bei dieser Betonung schwingt die Bedeutung mit: Nicht Vater, Mutter oder Schwester gehen, sondern ich gehe. Sagt man jedoch:

Ich GEHE heute Kuchen kaufen.

Dann ist gemeint, dass man zu Fuß geht und nicht mit Auto oder Fahrrad fährt.

Ich gehe HEUTE Kuchen kaufen.

Diesmal will derjenige sagen, dass er nicht morgen oder nächste Woche Kuchen holt, sondern heute.

Der bekannte Kommunikationswissenschaftler Friedemann Schulz von Thun hat ein sogenanntes Kommunikationsquadrat erarbeitet, das verdeutlicht, wie wichtig die Betonung ist. Wie ein Quadrat vier Seiten hat, so hat auch jede Kommunikationsaussage vier mögliche Bedeutungen, meint Schulz von Thun. Eine Aussage kann einfach eine Sachinformation enthalten. Sie kann aber auch ein Beziehungshinweis sein, ein Appell oder etwas über den Sprecher selbst aussagen. Meist enthält eine Aussage alle vier Seiten.

Nehmen wir noch mal den Satz „ICH gehe heute Kuchen kaufen". Durch die Betonung auf dem „Ich" schwingt mit, dass der Sagende entweder sauer ist, dass er schon wieder gehen muss (und nicht jemand anders geht), oder froh, dass er heute gehen darf. Das wäre daher auch eine Selbstaussage („Ich will das nicht immer machen müssen." beziehungsweise „Ich möchte gerne häufiger gehen.") und vermutlich auch eine Beziehungsaussage („Ich bin sauer auf dich, da du mich alles machen lässt." oder „Nie lässt du mich etwas machen.") sowie ein Appell („Bitte geh du das nächste Mal." beziehungsweise „Lass mich doch künftig häufiger gehen.").

Wortwahl: Wie man etwas sagt, wird nicht nur durch die Betonung beeinflusst, sondern auch durch die Wortwahl. Manche Worte benutzt man zum Beispiel eher im Umgang mit Fremden (zum Beispiel „Auf Wiedersehen" im Gegensatz zu „Tschüss"). Oder man benutzt sie vor allem in der Schriftsprache, aber nicht in der gesprochenen Sprache (zum Beispiel „Mobiltelefon" statt „Handy"). Welche Worte Menschen gerne und oft benutzen, verändert sich im Laufe der Zeit. Während man früher vielleicht sagte: „Das war wahrlich nicht gut" wird man heute in der Umgangssprache eher sagen: „Das war aber echt nicht gut".

Anhand dieser Beispiele und deiner Erfahrung hast du vielleicht schon erkannt, worin sich autistische Menschen von Nichtautisten in Bezug auf Sprache unterscheiden. Autistische Menschen haben oft eine sehr **förmliche Sprache** – auch wenn diese nicht angebracht ist, etwa unter Freunden. Sie benutzen oft Wörter, die man eigentlich nur noch im Schriftdeutsch verwendet. Das heißt, sie sprechen nicht die Umgangssprache (auch Alltagssprache genannt).

Tipp

Am Ende des Kapitels findest du ein paar Literaturtipps für Bücher, mit denen du Ausdrücke der aktuellen Umgangssprache lernen kannst. Du solltest allerdings darauf achten, ob du die Ausdrücke, die in den Büchern stehen, wirklich schon mal gehört hast. Denn nicht alle der Wörter werden wirklich oft verwendet; manche zum Beispiel nur in bestimmten Gesellschaftsgruppen.

Außerdem haben autistische Menschen meist einen anderen **Sprachrhythmus.** Sie sprechen monoton und betonen die Sätze nicht so, wie andere es erwarten. Die Betonung erscheint nicht sinnvoll. Zum Beispiel geht die Stimme eines Sprechers üblicherweise bei einer Frage am Ende nach oben. Manche Autisten sprechen aber alles in der gleichen Tonlage. Dann weiß der Zuhörer manchmal nicht, ob derjenige eine Frage gestellt hat, oder ob es ein normaler Satz war. Manche Autisten haben zudem ihre Stimmlage nicht unter Kontrolle. So schreibt Donna Williams, eine Australierin mit hochfunktionalem Autismus:

> *„Ich schwankte oft zwischen verschiedenen Akzenten, Stimmlagen und Arten, wie ich Dinge beschrieb. Manchmal klang mein Akzent ganz ‚geschliffen' und kultiviert. Manchmal sprach ich, als käme ich aus der Gosse. Manchmal war meine Stimmlage normal, zu anderen Zeiten war sie tief, als würde ich Elvis nachmachen. Wenn ich jedoch aufgeregt war, hörte sie sich an wie Micky Maus, nachdem sie von einer Dampfwalze überfahren worden war – hoch und flach." (Schirmer 2020, 149)*

Wie du eben gelesen hast, kann die Betonung eines Satzes aber sehr wichtig für die Bedeutung sein.

Tipp

Um Betonungen zu lernen, könntest du Sprechtraining nehmen (Logopädie) oder einen Theaterkurs besuchen oder einfach bei anderen Menschen sehr genau darauf achten, wie sie sprechen.

Manche Autisten können sich Betonungen übrigens sehr gut abgucken: Sie übernehmen automatisch die Sprechweisen der Menschen um sich herum. Wenn sie sich etwa mit jemandem mit französischem Akzent unterhalten, fangen sie ebenfalls an, in diesem Akzent zu reden. Das ist allerdings meist nicht sehr nützlich, denn der Gesprächspartner mag das Gefühl bekommen, dass man sich über ihn lustig macht.

Neben Besonderheiten in der Sprechweise haben Asperger-Autisten oft auch ein anderes **Sprachverständnis.** Das liegt meist daran, dass sie Wörter und Sätze zu wörtlich nehmen und nicht die unterschwellige Bedeutung erkennen. Das kommt vor allem bei Metaphern vor, aber auch bei Wörtern, die je nach Zusammenhang eine unterschiedliche Bedeutung haben. Wenn etwa jemand zu dir sagt „Das war süß von dir" oder „Du bist süß", dann meint er nicht süß im Sinne von Zucker, sondern „nett" beziehungsweise „gutaussehend" – eben genauso angenehm wie Schokolade, denn die mag schließlich auch (fast) jeder.

Zur unterschwelligen Bedeutung gehört auch, dass manchmal ein einfacher Aussagesatz eigentlich eine Aufforderung ist. Daher solltest du Betonungen nicht nur selbst setzen, sondern auch versuchen, sie bei anderen Personen zu erkennen. Denn viele autistische Menschen hören bei einer Aussage nur die Sachinformation. Doch wie du eben gelernt hast, kann eine Aussage gleichzeitig implizite (also unterschwellige) Informationen darüber enthalten, was der Sprechende sich wünscht und wie er zu dir steht. Wenn zum Beispiel deine Mutter zu dir sagt „Dein Schulranzen steht noch im Wohnzimmer", dann sagt sie das nicht einfach so. Sie meint vielmehr: „Er steht noch da, soll aber nicht. Also räume ihn bitte weg." Ebenso sind manche Fragen eine Aufforderung: Zum Beispiel „Könntest du mal … („die Butter rübergeben)" oder „Dürfte ich mal … (fragen wie alt du bist)". Dann wollen die Fragenden in der Regel nicht hören „Ja, könnte ich" oder „Ja, darfst du". Stattdessen wird erwartet, dass du die Butter auch rübergibst beziehungsweise direkt sagst, wie alt du bist. Andersherum sind manche „Aufforderungen" eben keine Aufforderung, sondern eher Warnungen. Angenommen, dein Lehrer sagt zu dir „Mach das noch einmal …", etwa nachdem du in der Pause unerlaubterweise vom Schulhof gegangen bist. Dann meint er: Wenn du das noch einmal machst, passiert etwas – du wirst bestraft. Es ist also gerade die Aufforderung, es nicht noch einmal zu tun. Ganz schön kompliziert, oder? Aber keine Panik: Übung macht den Meister.

Tipp Bitte deine Mitmenschen einfach, dich darauf hinzuweisen, wenn du etwas nicht so verstanden hast, wie es gemeint war. Diejenigen, die von deinem Autismus wissen, werden das sicher gerne tun. Und irgendwann entwickelst du vielleicht selbst ein besseres Gefühl dafür.

Da auch nichtautistische Menschen Probleme damit haben, diese Ebenen auseinanderzubekommen und korrekt zu identifizieren, gibt es Kommunikationstrainings. Das sind Seminare, in denen man zum Beispiel anhand von Rollenspielen lernt, Aussagen richtig zu verstehen. Vielleicht ist auch das etwas für dich? Du könntest zum Beispiel mal in einem Autismustherapiezentrum fragen, ob dort ein Training speziell für Autisten organisiert werden kann.

In Bezug auf Metaphern haben wir schon gesagt, dass Menschen sie gerne für Dinge nutzen, die sie nicht direkt sagen möchten. Das gilt auch für die anderen Umschreibungen und „Verpackungen" des eigentlich Gemeinten.

Autisten neigen jedoch genau zum Gegenteil: Sie sagen oft geradeheraus, was sie denken. Offen zu sagen, was man denkt, ist eigentlich eine positive Eigenschaft. Doch du solltest es nicht immer tun, wenn du etwas Negatives sagen möchtest, denn damit können viele Menschen nicht umgehen (schaue erneut ins Kapitel „Gefühle"). Vor allem über die Themen Aussehen, Geld und Sex solltest du nur sehr vorsichtig reden.

Und nun noch etwas zum Gesprächsablauf: Ein Gespräch ist kein Vortrag, bei dem nur einer redet. Du kannst dir das wie ein Pingpong-Spiel vorstellen. Erst darfst du 30 Sekunden reden. Dann fliegt der Gesprächsball rüber auf die andere Seite und dein Gesprächspartner darf 30 Sekunden reden. Dann kommt das Gespräch wieder zu dir und du darfst weiterreden. Die 30 Sekunden sind allerdings nur ein Zeitbeispiel – es kann auch sein, dass man mehr oder weniger redet; auf die Abwechslung kommt es an. Dabei sollte allerdings nicht jeder seinen Text in Teile zerhacken und dann stur nach und nach aufsagen. Es kommt darauf an, zwischendurch dem anderen zuzuhören und auf das einzugehen, was er gesagt hat – zum Beispiel eine genaue Nachfrage zu stellen. Erst so entwickelt sich ein Gespräch. Beim Chatten im Internet gilt übrigens genau das Gleiche. Außerdem solltest du darauf achten, andere aussprechen zu lassen, den Augenkontakt zu halten (auch wenn es schwerfällt) und weder zu leise noch zu laut zu reden.

Tipp Übe den Gesprächsverlauf – am besten zu dritt, etwa mit deinen Eltern. Du unterhältst dich mit dem einen und der andere kann dir Zeichen geben. Etwa darüber, wann du am besten das Thema wechseln solltest, wann du eine Frage stellen solltest und wann es Zeit ist, das Gespräch zu beenden. Ebenso kann der Dritte dich darauf hinweisen, wenn du zu laut oder zu leise redest oder ein unpassendes Wort benutzt. Du kannst mit deinen Eltern sogar geheime Zeichen für diese Hinweise verabreden und sie dann „draußen" anwenden, also wenn du dich im Beisein deiner Eltern mit anderen Personen unterhältst. Deine Gesprächspartner werden die kleinen Hilfestellungen vermutlich gar nicht bemerken und irgendwann brauchst du die Zeichen nicht mehr.
Ob sich jemand bei einem Thema langweilt, kannst du manchmal daran merken, dass der andere auf die Uhr schaut, sein Handy herausholt oder in der Gegend umherguckt. Außerdem wird er keine Nachfragen stellen, sondern höchstens mal „mmh" oder „ah" murmeln. Versuche, auf solche Zeichen zu achten, denn meistens werden die Leute nicht direkt sagen, dass sie sich langweilen.

Und damit wären wir am Schluss wieder bei der guten Nachricht vom Anfang: Sprache und Kommunikation kann man lernen. Vielleicht wird es dir durch die Tipps demnächst leichter fallen, dich mit anderen Menschen zu unterhalten.

Zum Weiterlesen

Bücher

- Bogdashina, O. (2004): Communication Issues in Autism and Asperger Syndrom – Do we speak the same language? Jessica Kingsley Publishers, London
- Eberhardt, M. (2015): Autismus und Sprache: Wörter, Sätze und Gespräche verstehen. Tectum, Marburg
- Erlach, D., Schurf, B., Brenner, G. et.al. (2011): Sprachwandel und Sprachvarietäten: Tendenzen der deutschen Gegenwartssprache (Schülerbuch für die Oberstufe). Cornelsen, Berlin
- Schulz von Thun, F. (2010): Miteinander reden 1. 48. Aufl. Rowohlt (rororo), Reinbek

- Schwitalia, J. (2011): Gesprochenes Deutsch: Eine Einführung. 4. Aufl. Erich Schmidt, Berlin
- Wörterbuch der Jugendsprache. PONS, Stuttgart (erscheint jedes Jahr neu)
- 100 Prozent Jugendsprache. Langenscheidt, München (erscheint jedes Jahr neu)

Internet und Apps

- www.dbl-ev.de
  Homepage des Bundesverbandes für Logopädie. Auf den Seiten gibt es auch gezielte Informationen zum Thema Autismus und Sprache beziehungsweise Logopädie.

2.2 Small Talk – Warum muss ich übers Wetter reden, wenn ich doch sehe, dass die Sonne scheint?

Hallo, wie geht's?
Ach, muss ja. Und selbst?
So lala. Aber schönes Wetter heute, stimmt's?
Ja, ja, viel besser als vergangene Woche.
Usw. usw. Bla, bla, bla …

Bestimmt kennst du solche oder ähnliche Unterhaltungen und hast dich schon oft gefragt, was das eigentlich soll. Warum reden die Leute über so offensichtliche Dinge? Dass das Wetter heute besser ist als vergangene Woche, sieht doch jeder selbst. Und was soll „so lala" schon bedeuten?

Menschen sprechen tatsächlich häufig, ohne dabei wirklich informativ zu sein. Diese kleinen Gespräche nennt man Small Talk (Englisch für kleines Gespräch).

Beim **Small Talk** geht es nicht vorrangig darum, Informationen auszutauschen. Doch er hat trotzdem Sinn. Er dient nämlich dazu, Kontakt zu anderen Menschen zu bekommen. Daher ist es wichtig, Small-Talk-Regeln zu lernen, auch wenn dir diese „leeren" Gespräche keinen großen Spaß machen. Small Talk ist ein unausgesprochenes Muss beim Kommunizieren. Ohne ihn zu beherrschen, steht man immer ziemlich außen vor – er ist die Voraussetzung für weitere Kontakte. Du wirst schnell merken, dass viele Menschen ganz anders auf dich reagieren, wenn du die Small-Talk-Regeln beachtest. Hab keine Angst: Die Regeln anzuwenden nervt vielleicht, ist aber nicht schwer. Du wirst dich schnell daran gewöhnen und es bald quasi automatisch machen – fast wie das morgendliche Zähneputzen.

Wann und wozu benutzt man also Small Talk? Erstens **zum Kennenlernen.** Small Talk hilft dabei, mit unbekannten Menschen ins Gespräch zu kommen, zum Beispiel im Zug, im Wartezimmer oder beim Arztbesuch. Wenn du jemanden nicht kennst, solltest du ihn nicht gleich fragen, ob er manchmal in der Nase bohrt oder welche Unterwäsche er gerne trägt. Noch nicht mal, welches seine Lieblingsbeschäftigung ist. Solche Fragen könnte der andere als zu persönlich empfinden. Er fühlt sich dann bedrängt, da er noch nicht so viel von sich preisgeben möchte. Das ist in etwa so, also ob dich jemand umarmt, obwohl du das nicht magst. Wenn sich jemand auf diese Art bedrängt fühlt, wird er vermutlich unfreundlich reagieren und sich nicht weiter mit dir unterhalten wollen. Und das bevor die Unterhaltung überhaupt richtig angefangen hat.

Um fremden Menschen nicht gleich zu nahe zu treten, solltest du daher zunächst über allgemeine Dinge sprechen, zum Beispiel das Wetter, die Fernsehsendung von gestern Abend und bevorstehende Feiertage. Und zwar nicht nur obwohl solche Themen so unwichtig scheinen, sondern gerade weil sie es sind.

Tipp

Du kannst Small Talk damit vergleichen, dich einem Tier anzunähern. Um es nicht zu erschrecken und zu verscheuchen, geht man zunächst ganz langsam darauf zu. Man hält ihm erst mal die Hand entgegen und lässt es an einem schnuppern, bevor man es schließlich streicheln darf.

Small Talk macht man allerdings nicht nur, um mit Unbekannten ins Gespräch zu kommen. Selbst gute Freunde beginnen ein Gespräch häufig mit solch „leeren" Sätzen, und zwar, **um sich aufeinander einzustellen.** Stell dir vor, du triffst zufällig einen Mitschüler auf der Straße. Dein Mitschüler ist vielleicht gerade mit seiner Mutter oder einem anderen Freund unterwegs und unterhält sich angeregt. Oder er ist ganz in Gedanken, weil er gerade etwas erledigen muss. Auch in solchen Situationen nähert man sich dem anderen zunächst vorsichtig an, damit er sich von der alten Situation (Gespräch Mutter oder Gedanke an Erledigung) auf die neue Situation (Gespräch mit dir) vorbereiten kann.

Daher beginnt man solche Unterhaltungen zunächst mit Sätzen wie: „Ach, du auch hier? Wo kommst du denn her?" oder „Mensch, das ist ja ein Zufall, dass du auch hier bist." Selbst wenn es dich überhaupt nicht interessiert, wohin der andere gerade will oder woher er kommt, solltest du solche Fragen stellen. Dein Mitschüler kann dann kurz erzählen, dass er gerade einen neuen Block für die Schule kaufen muss, seine Oma besuchen will, auf dem Weg ins Schwimmbad ist oder was auch immer ihn gerade herführt. Dann wird er dich vermutlich fragen, warum du gerade unterwegs bist und wie es dir so geht. Nachdem diese „Formalitäten" geklärt sind, ist der andere innerlich auf dich eingestellt und ihr könnt euch über andere Dinge unterhalten.

Es gibt aber noch einen dritten Grund für Small Talk: **Langeweile**. Menschen reden, um sich abzulenken. Warteschlangen vor einem Ticket-Schalter, das Wartezimmer beim Arzt oder eine Busfahrt sind gute Bespiele dafür. Die Leute fangen einfach an zu reden. Darüber, dass sie beim letztem Mal auch schon so lange warten mussten, dass es bestimmt noch ewig dauern wird und so weiter und so fort. Vielleicht ertragen sie es nicht, mit sich selbst und ihren Gedanken alleine zu sein. Das mag dir merkwürdig vorkommen, denn du wirst dich vermutlich gerne in dich zurückziehen und mit deinen Gedanken beschäftigen. Doch für viele Nichtautisten ist nichts schlimmer, als alleine zu sein. Wenn du auf einen solchen Small Talk aus Langeweile eingehen möchtest, solltest du auf die obigen Ausführungen zum Small Talk mit Unbekannten achten. Sprich wirklich nur über Belangloses und stelle keine sehr persönlichen Fragen – Small Talk eben. Genau das wollen viele Menschen in solchen Situationen. Die meisten wollen kein anregendes Gespräch, um etwas Neues zu erfahren. Sie wollen bloß die Zeit rumkriegen. Es ist nett, wenn du darauf eingehst, du musst es aber nicht tun. Du kannst ruhig sagen, dass du dich gerade nicht unterhalten möchtest.

Ganz wirst du um Small Talk aber nicht herumkommen, wenn du mit anderen Menschen kommunizieren möchtest.

Tipp

Studiere doch einfach Small-Talk-Situationen ein. Überlege dir Gesprächsblöcke und Fragen, auf die du zurückgreifen kannst, wenn jemand mit dir Small Talk machen möchte. Besonders wenn du die Leute kennst, kannst du dich auf entsprechende Gesprächseröffnungen vorbereiten. Zum Beispiel kannst du dir zu jeder Person, die du kennst, eine Liste machen. Auf der Liste kannst du die Hobbys der Personen notieren. Dann kannst du fragen, was es Neues im Tennis- oder Schwimmverein gibt oder ob derjenige schon das neue Buch von xyz* gelesen hat. Auf der Liste kannst du auch notieren, wann ihr euch das letzte Mal gesehen habt und worüber ihr damals geredet habt. Dann kannst du einfach das vergangene Treffen ansprechen. Bei Fremden eignen sich als Themen immer Wetter, Fernsehen und bevorstehende Feiertage wie Weihnachten.

Zudem kann es hilfreich sein, wenn du Eltern und Bekannte fragst, welche Sätze sie häufig benutzen, um einen Small Talk einzuleiten. Vielleicht müssen sie einen Augenblick darüber nachdenken, weil sie solche Sätze automatisch benutzen. Doch es ist wichtig, dass du nicht nur weißt, wie du einen Small Talk führst, sondern ihn auch erkennst. Menschen eröffnen einen Small Talk nicht immer mit einer Frage, sondern oft mit einfachen Äußerungen wie „schöner Tag heute". Das heißt, du musst erst mal merken, dass Äußerungen wie diese Einladungen zum Gespräch sein sollen.

Auch ein bloßes Lächeln kann eine Einladung zum Small Talk sein. Wenn du jemanden anlächelst und derjenige lächelt zurück, darfst du annehmen, dass derjenige mit dir kommunizieren möchte und dass du ihn auch ansprechen darfst.

Beim Small Talk nicht zu vergessen: Wann siezt man eigentlich und wann duzt man? Gleichaltrige oder jüngere Kinder kannst und solltest du duzen. Erwachsene, also alle, die älter als 18 scheinen, solltest du siezen, bis sie dir „das Du" anbieten, also dir ausdrücklich erlauben „du" zu sagen.

Zum Weiterlesen

Bücher

- Häußler, A., Happel, C., Tuckermann, A., Altgassen, M., Adl-Amini, K. (2016): SOKO Autismus. 4. Aufl. modernes lernen, Dortmund
- Naumann, F. (2012): Die Kunst des Smalltalk: Leicht ins Gespräch kommen, locker Kontakte knüpfen. 9. Aufl. Rowohlt (rororo), Reinbek

2.3 Körpersprache – Was bedeuten Gesichtsausdrücke?

„Ich verstehe nicht, was Menschen denken oder warum sie es denken. Der Bereich der nonverbalen Kommunikation ist ein Minenfeld."

Keith Newton

Sprache ist etwas, das vermutlich jeder vor allem erst mal als „Sprache mit dem Mund / der Stimme" versteht. „Sprich leiser", „Sprich lauter", „Sie sprechen gerade miteinander" – alles Sätze, die mit der „Mundsprache" zu tun haben. Doch man kann auch mit dem Körper sprechen. Hast du zum Beispiel schon mal einen Stummfilm gesehen? Da wird das sehr deutlich. In den Anfängen des Films konnte man Bild und Ton noch nicht zusammen aufzeichnen, deswegen waren die ersten Filme Stummfilme. Die Schauspieler erzählten die ganze Geschichte allein mit ihrem Körper. Das nennt man Pantomime. Vielleicht kennst du solche pantomimischen Elemente von Clowns aus dem Zirkus, denn die verwenden Pantomime heute noch.

In den Stummfilmen und bei Clowns ist die Körpersprache sehr übertrieben. Aber in gemäßigter Form taucht sie auch im Alltagsleben auf – bei allen Menschen. Sie macht sogar den größten Teil der Kommunikation aus; auf die „Mundsprache" entfällt nur ein kleiner Teil unserer Verständigung. Selbst wenn man mündlich nichts sagt, „redet" doch der Körper. Man spricht dann von **nonverbaler Kommunikation** (nicht sprachliche Kommunikation).

Zur nonverbalen Kommunikation gehören vor allem der Gesichtsausdruck, Mimik genannt, und Handbewegungen, Gestik genannt. Gestik und Mimik liefern genauso viele Informationen wie Worte, wenn nicht sogar noch mehr.

Sie sagen etwas darüber aus, wie Worte gemeint sind, und darüber, welche Persönlichkeit und Stimmung der Sprecher hat (schaue erneut ins Kapitel „Gefühle").

Außerdem können sie dazu dienen, etwas zu betonen beziehungsweise das Gesagte zu veranschaulichen. Wenn jemand zum Beispiel erzählt, wie groß das Schnitzel war, dass er gestern zu Mittag gegessen hat, wird er die Größe des Schnitzels häufig mit den Händen demonstrieren und eine Art Kreis formen. Wenn er von etwas erzählt, das ihm gut gefällt oder Spaß macht, wird er dabei vielleicht ein bisschen mit den Armen fuchteln.

Gestik und Mimik können zudem genutzt werden, um „geheime Botschaften" ohne Sprechen zu vermitteln. Zum Beispiel weil man nicht laut reden kann, weil gerade jemand anders spricht, oder weil es an dem Ort leise sein muss (wie im Theater). Das gestische Zeichen für „Sei bitte leise" ist beispielsweise, den Zeigefinger auf den Mund zu legen.

Erst wenn ein Mensch diese Zeichen „lesen" kann, kann er den anderen wirklich verstehen und Missverständnisse vermeiden. Sie wahrnehmen und deuten zu können, gehört wieder zu den Theory-of-Mind- oder Mentalizing-Fähigkeiten (sieh dir dazu noch einmal das Kapitel über Gefühle an).

Etliche Gesichtsausdrücke und Körperbewegungen oder -haltungen haben in der Regel eine feste Bedeutung, die man lernen kann.

Betrachten wir dazu zuerst die Gestik. Gesten sind meist besonders leicht zu erkennen, weil die Bewegungen recht deutlich sind.

- Nach unten gesenkter Kopf und nach vorne fallende Schultern bedeuten, dass derjenige traurig ist. Wenn jemand das jedoch immer macht, handelt es sich um einen unsicheren und schüchternen Menschen mit wenig Selbstbewusstsein. Selbstbewusst erscheint dagegen, wer fest auf der Stelle steht, Rücken gerade, Schultern unten und Kopf geradeaus.

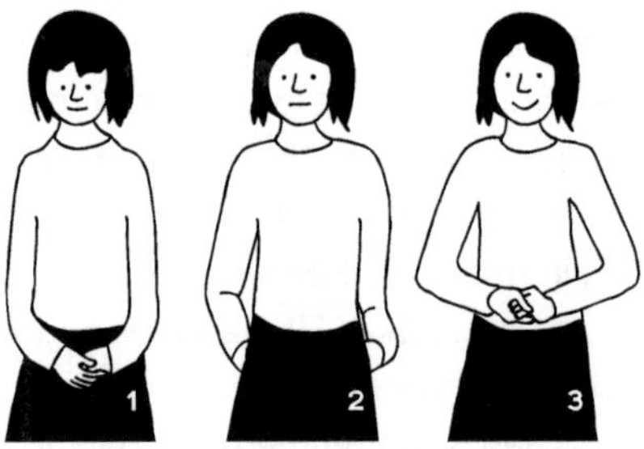

- Hände in den Hosentaschen können Langeweile und Desinteresse symbolisieren. Sie können aber auch für Unsicherheit stehen: Derjenige weiß nicht, wohin mit seinen Händen und möchte sich an irgendetwas festhalten.
- Die Hände zu ringen bedeutet hingegen, dass man tatkräftig ist und motiviert, eine Aufgabe anzugehen. Es kann aber auch Unruhe und Aufregung bedeuten.
- Vor dem Körper verschränkte Arme deuten auf eine Abwehrhaltung hin und wirken nicht sehr aufgeschlossen.
- Ein Hinundherbewegen auf der Stelle (Auf-und-nieder-Wippen mit den Füßen und ähnliches) steht oft für Unsicherheit und Aufregung oder für Langeweile.

Tipp Du kannst diese Merkmale und Zeichen der Körpersprache auswendig lernen wie Vokabeln. Fang doch mit den hier dargestellten schon mal an. Eine ganze Liste von Gesten findest du in der Internetenzyklopädie Wikipedia unter den Stichworten Geste/Gestik/Gesture.

Tipp

Zum Üben kannst du in Filmen und Serien darauf achten, wie sich Schauspieler in bestimmten Situationen bewegen und dann deine Eltern oder Freunde fragen, was es bedeutet. Wenn dies anfangs noch zu schwer ist, versuche es mit den erwähnten Stummfilmen und Shows mit Clowns oder Pantomimen. Vielleicht fällt es dir bei diesen Extremvarianten des Gestikulierens leichter. Dann übe erst mit jenen, bevor du mit „anderen" Tonfilmen weitermachst.

Vielleicht magst du sogar selbst einen Schauspielkurs besuchen, um Gesten selbst gut nutzen zu können. Wenn du zum Beispiel möchtest, dass jemand Abstand zu dir hält, dann strecke die Hand aus und winkle sie rechtwinklig nach oben ab, so dass der Handteller nach vorne zeigt. Das wird jeder als Zeichen für „Bitte Abstand halten" verstehen.

Schwieriger als Gestik ist es, Mimik zu erkennen und anzuwenden. Zur Mimik zählt etwa, wie jemand seinen Mund bewegt, zum Beispiel, ob die Mundwinkel eher nach unten (traurig sein) oder nach oben (lächeln) gebogen sind. Oder ob er die Augen weit aufreißt oder eher zukneift. Stirnhochziehen oder -kräuseln sind weitere Beispiele für Mimik. An der Mimik kann man vor allem Gefühle ablesen. Doch auch hier gibt es einige feste Bedeutungen.

- Zorn erkennst du daran, dass jemand die Stirn zusammenzieht, die Augen verengt und vielleicht den Mund zusammenkneift.
- Wenn jemand mit den Augen rollt oder die Pupillen nach oben richtet, ist er meist genervt.
- Jemandem zuzwinkern bedeutet, dass man etwas spaßig meint. Es kann aber auch bedeuten, dass man mit jemandem flirtet, ihn also gerne näher kennenlernen möchte.
- Naserümpfen heißt, dass man etwas nicht mag oder es einen gar anekelt.
- Die Augenbrauen hochziehen kann bedeuten: „Das glaube ich nicht." Es kann aber auch heißen: „Du hast gerade etwas wirklich Dummes gesagt." Es kann sogar ein Zeichen für einen Flirt sein, also bedeuten: Ich würde dich gerne näher kennenlernen.
- Aus der Nase schnauben steht ebenfalls für mehrere Dinge: Für Langeweile oder Entspannung, wenn es nur ein ganz sachtes Schnauben ist. Starkes Schnauben symbolisiert hingegen eher Wut.

Wie du schon in den Kapiteln über Gefühle gelernt hast, gibt es Computerprogramme extra für Autisten, um das Gesichter-Lesen zu lernen. Vielleicht hilft dir das schon ein bisschen, um bei anderen Personen Gefühle am Gesichtsausdruck zu erkennen. Außerdem kannst du die Programme auch nutzen, um deine eigene Mimik zu trainieren.

Tipp

Wenn du selbst Gestik und Mimik anwenden möchtest, solltest du darauf achten, dass es nicht zu übertrieben ist. Oft sind die Zeichen nur sehr unauffällig. Übe es mit deinen Eltern, deinen Therapeuten oder in einer Theatergruppe. Außerdem kannst du die Menschen, die dich gut kennen, bitten, dich darauf hinzuweisen, wenn deine Gesten und Gesichtsbewegungen zu extrem sind. Ihr könnt eine Art Skala für das angemessene Ausmaß einer Bewegung anlegen. Dann kann dir jemand sagen: „Angemessen wäre eine 4 gewesen, du hast aber mit einer Stärke von 8 reagiert. Nächstes Mal etwas weniger." Ebenso können andere dich darauf hinweisen, wenn du gerade wie „erstarrt" scheinst, also ohne jeglichen mimischen oder gestischen Ausdruck. Das wirkt auf andere Menschen nämlich sehr ungewöhnlich.

Es gibt noch eine weitere autistische „Eigenheit", die man der nonverbalen Kommunikation zuordnen kann und an der sich andere Menschen oft stören. Autisten schauen ihr Gegenüber beim Sprechen meist nicht an. Jemandem in die Augen zu gucken, ist ihnen unangenehm. Es macht ihnen Angst und sie können dem Gespräch nicht mehr gut folgen. Für die meisten Menschen ist es aber wichtig, angeschaut zu werden. Sie haben sonst das Gefühl, dass der Gesprächspartner sich nicht für sie interessiert oder dass er lügt und sich deshalb nicht traut, ihnen in die Augen zu schauen.

Dazu ein Beispiel: Lotta musste noch mit elf Jahren immer wieder von ihrer Oma dazu ermahnt werden, andere Menschen anzusehen. Eine Erklärung, warum sie das tun sollte, erhielt sie nicht. Für ihre Oma war es selbstverständlich, dass bei einem Gespräch Blickkontakt dazugehört. Vermutlich war es für sie so selbstverständlich, dass sie über eine Erklärung einige Zeit lang hätte nachdenken müssen. Lotta begann jedenfalls, anderen Leuten ins Gesicht zu sehen, ohne wirklich zu verstehen, warum. Zu ihrem Erstaunen reagierten andere Menschen darauf immer wieder alles andere als begeistert. Oft bekam sie zu hören „Was starrst du mich so an? Guck weg!". Was sollte das nun wieder bedeuten? Erst sollte sie gucken, dann nicht? (*Persönlicher Bericht*)

Es hat lange gedauert, bis Lotta begriffen hat, dass nicht nur das „Ob" des Blickkontakts wichtig ist, sondern auch das „Wie". Man darf nämlich nicht zu lange hinsehen, das wirkt aufdringlich und kann anderen unangenehm sein – so als fasst dich jemand an, obwohl du es nicht möchtest. Zu wenig oder zu kurz hinsehen ist ebenfalls nicht gut, denn das wirkt desinteressiert.

Tipp

Als Richtschnur solltest du dir drei Sekunden merken. Wissenschaftler haben herausgefunden, dass es in einem Gespräch als angenehm empfunden wird, wenn man etwa drei Sekunden in das Gesicht des anderen schaut und dann wieder kurz weg; daraufhin wieder drei Sekunden hin, drei Sekunden weg usw.

Wenn es dir schwerfällt, anderen in die Augen zu sehen, suche dir einen Punkt am Kopf deines Gegenübers, der dir angenehmer ist. Viele autistische Menschen sehen anderen zum Beispiel auf den Mund, auf die Stirn oder den Hals. Auch ganz knapp am Kopf vorbei zu blicken, ist eine Möglichkeit. Mit ein bisschen Übung werden dich andere gleich als aufgeschlossener, interessierter und insgesamt positiver erleben. Sie merken nicht, dass du ihnen nicht wirklich in die Augen siehst. Um ein gutes Mittelmaß zwischen „Vorbeischauen" und „Anstarren" zu finden, könntest du mit deinen Eltern üben oder deinen Gesprächspartner ruhig mal fragen, ob der Blickkontakt so in Ordnung ist.

Genau wie der Blickkontakt gilt auch Lächeln während eines Gesprächs als höflich. Du wirst erstaunt sein, wie viele Leute nett auf dich reagieren, wenn du sie einfach einmal anlächelst. Übe zum Beispiel zunächst vor einem Spiegel, dich anzulächeln, und probiere es dann innerhalb deiner Familie aus.

Egal ob Gestik oder Mimik: Autisten fällt es zwar schwer, aber fast alle Menschen haben damit ab und zu Schwierigkeiten. Viele Menschen sind sich dessen nicht mal bewusst. Da hast du schon einen Vorteil, denn du kannst an deinen Schwächen arbeiten.

Zum Weiterlesen

Bücher

- Matschnik, M. (2012): 30 Minuten Körpersprache verstehen. 7. Aufl. GABAL, Offenbach
- Eilert, D. W. (2015): 30 Minuten Mimik lesen. GABAL, Offenbach

CD-ROM

- Simon Baron-Cohen (2004). Mind Reading Emotions Library: The Interactive Guide to Emotions. Jessica Kingsley Publishers, London (Großbritannien)
  CD-ROM zum Trainieren des Erkennens von Gefühlen an Gesichtern.

Internet und Apps

- www.uk-app-blog.blogspot.de/p/asssocial-storiesablaufe.html
  Übersicht von Apps, mit denen man trainieren kann, an Gesichtern Gefühle abzulesen

Kapitel 3

Verhaltensweisen

3.1 Routinen und Rituale – Warum kann ich es nicht ertragen, wenn sich etwas ändert?

3.2 Spezialinteresse – Warum interessiere ich mich für andere Dinge als andere Menschen?

3.1 Routinen und Rituale – Warum kann ich es nicht ertragen, wenn sich etwas ändert?

„Einmal fragte ich John [den autistischen Sohn]:
‚Wie würdest du Hölle definieren'
Ohne zu zögern sagt er: ‚Überraschungen'."
Lise Pyles

Das Leben ist oft ziemlich verwirrend, erst recht für Menschen mit Autismus. Ständig ändert sich etwas und du weißt nie, wann es wieder zu einer Änderung kommen wird und was dann genau passiert. Außerdem scheinen die Menschen um dich herum vollkommen unberechenbar. Wann reagieren sie und warum? Und dann noch Tausende von Geräuschen, Bildern und Gerüchen. Autistische Menschen fühlen sich normalerweise von der Außenwelt ziemlich überfordert (schau dazu auch in das Kapitel zur Wahrnehmung). Deswegen ziehen sie sich oft in sich zurück. Sie meiden verwirrende Eindrücke durch andere Menschen oder fremde Orte und mögen keine spontanen Unternehmungen.

Doch man kann sich nicht vollständig zurückziehen und von allen Außenreizen abschotten. Daher bauen sich die meisten Autisten zusätzliche Schutzwälle auf: **Routinen, Rituale und Stereotypien.** Das alles sind Dinge, die man immer wieder macht, sprich Gewohnheiten. Sie sind kontrollier- und absehbar und geben Sicherheit. Außerdem bilden sie eine Art Rückzugsort.

Eine Routine ist es zum Beispiel, wenn du jeden Tag zur exakt gleichen Zeit aufstehst, nur Socken magst, die blau sind, oder Pullover, die rot sind, oder nur bestimmte Speisen isst. Ganz ähnlich sind Rituale. Zum Beispiel wenn du deine Spielsachen in einer immer gleichen Reihenfolge anordnest, bevor du ins Bett gehst. Stereotypien hingegen sind immer gleiche Bewegungen, zum Beispiel ein beständiges Hin- und Herschaukeln, Händeklatschen oder das wiederholte Berühren eines Gegenstands.

Rituale und Routinen sind zunächst nichts Ungewöhnliches. Alle Menschen haben sie. So besucht der eine jeden Sonntag den Gottesdienst, der andere trinkt jeden Tag um halb drei einen Tee mit Milch und wieder ein anderer mag beim Baden nur einen ganz bestimmten Badeschaum. Routinen sind oft sogar sinnvoll und notwendig: Sie sparen Energie. Energie brauchst du nicht nur für Muskelbewegungen, sondern auch für jede noch so kleine Entscheidung. Ständig muss man über Sachen nachdenken und das Für und Wider abwägen. Ziehe ich heute die blaue oder die schwarze Hose an? Nehme ich Spaghetti oder Fisch zum Mittagessen? Was schaue ich heute im Fernsehen? Und und und. Doch wenn ich etwas immer auf die gleiche Weise mache, muss ich nicht mehr darüber nachdenken, wie ich es am besten mache.

Auch stereotypes Verhalten kommt bei „normalen" Menschen manchmal vor, vor allem wenn sie nervös sind. Viele Menschen wackeln dann ständig mit den Füßen oder laufen im Raum auf und ab.

Was „autistische" Rituale und Gewohnheiten von „normalen" unterscheidet, ist ihre Zahl: Es sind viel mehr. Und vor allem fällt es Autisten viel schwerer, auf sie zu verzichten. Ein nichtautistischer Mensch liebt es vielleicht, jeden Abend zu baden. Doch er wird sich damit abfinden, wenn er im Urlaub einmal keine Badewanne, sondern nur eine Dusche hat. Er wird dann einfach für einige Zeit auf sein Ritual verzichten.

Da man häufiger nicht an seinen gewohnten Verhaltensweisen festhalten kann (zum Beispiel im Urlaub), solltest du versuchen, dich von einigen deiner Routinen zu befreien. Denn ansonsten werden sie dein Leben sehr einschränken und du müsstest auf viele Dinge verzichten. Zum Beispiel darauf, die Zeit für Hobbys oder eine Arbeit zu nutzen. Oder du musst sogar auf Freunde oder eine Partnerschaft verzichten.

Marion zum Beispiel sammelte vorm Zubettgehen alle Fusseln vom Boden auf und brauchte lange, um die Vorhänge in die richtige Position zu bringen. Sie wollte jedoch heiraten und ihrem Mann hätte das bestimmt nicht gefallen. Er wollte schlafen, statt seiner Frau stundenlang beim Vorhänge auf- und zuziehen zuzuschauen. Marion hat es schließlich geschafft, ihr Ritual fast vollständig aufzugeben. Sie hat Woche für Woche die Zeit reduziert, die sie für ihr Ritual brauchte. Während sie anfangs stundenlang Fusseln aufsammeln und Vorhänge bewegen musste, beschränkte sie sich zunächst auf eine halbe Stunde, dann auf 15 Minuten und irgendwann brauchte sie nur noch fünf Minuten. Dadurch war nicht nur ihr Mann zufriedener, sondern Marion selbst konnte die gesparte Zeit nun anders nutzen.

Wie das Beispiel von Marion zeigt, können Routinen dich und deine Mitmenschen einschränken. Das ist auch der Fall, wenn du jedes Jahr auf den gleichen Urlaubsort beharrst, deine Eltern und Geschwister aber gerne mal andere Orte besuchen würden.

Andere Routinen und Gewohnheiten autistischer Menschen schränken die

Familie zwar nicht ein, nerven sie aber. So schildert in einem Kinderbuch die Schwester des autistischen Andreas, wie sehr sie darunter litt, dass ihr Bruder ständig das gleiche Lied hört:

> *„Und dann, mit der gleichen warmen Stimme wie immer: Summertime ... Ich könnte selbst meine Lieblingslieder nicht mehr ertragen, wenn ich sie so oft hören würde. Von Porgy and Bess habe ich die Nase mehr als gestrichen voll. Aber Andreas kann nicht genug davon bekommen." (Janssen 1997, 5)*

Gleich bekommst du einige weitere Tipps, wie man seine Rituale und Gewohnheiten einschränken kann, statt von ihnen eingeschränkt zu werden. Doch zunächst solltest du verstehen, warum du so sehr an Gewohnheiten hängst.

Wie erwähnt, sparen Rituale Energie. Und Menschen mit Autismus brauchen oft schon einen Großteil ihrer Energie, um mit den alltäglichen Reizen wie Geräuschen und Licht fertig zu werden. Kein Wunder also, dass sie sich das Leben über immer gleiche Routinen erleichtern. Dann nämlich brauchen sie keine Energie für Entscheidungen aufzuwenden, sie machen ja immer alles gleich. Oder wie der Autist Keith Newton sagt: „Es [das Einhalten von Ritualen] nimmt die Anspannung von mir, über diese Dinge noch mal nachzudenken." (Newton / Hendrickx 2007, 34 f.)

Routinen sind nicht nur energiesparend, sie stiften auch Sicherheit. Ein fester Tagesablauf hilft dir zum Beispiel, die Unsicherheit zu reduzieren, was an diesem Tag wohl auf dich zukommen mag. Du weißt vielleicht nicht, was du in der Schule lernen wirst oder wie die anderen Kinder heute mit dir umgehen. Aber du weißt zumindest, dass es etwa um Punkt 13 Uhr Mittagessen gibt, du nachmittags deine Steinsammlung sortieren kannst und abends deine Lieblingsfernsehserie sehen wirst. Diese kleinen Sicherheiten verringern die Angst vor dem Tag.

Stereotypien haben eine ähnliche Funktion. Stereotypes Verhalten kann ganz unterschiedlich aussehen: Manche Autisten klatschen ständig in die Hände, andere wiegen ihren Körper hin und her oder drehen sich immer wieder im Kreis und manche lassen gerne Sand durch die Hand rieseln. Anders als Rituale sparen Stereotype keine Energie – im Gegenteil, die Bewegung benötigt Energie. Aber das gleichförmige Verhalten hilft, mit Reizüberflutung und unangenehmen Situationen umzugehen. Denn der Körper schüttet durch diese Bewegungen sogenannte Endorphine aus. Das sind Botenstoffe, die eine beruhigende Wirkung haben.

Angst, Reizüberflutung und Verwirrung sind häufige Auslöser für bestimmte „Macken", wie andere Leute deine Gewohnheiten vielleicht nennen. Das merkt man vor allem daran, dass diese Macken zunehmen, wenn der autistische Mensch gestresst, unsicher und ängstlich ist. So gibt es viele Autisten, die vollkommen normal scheinen, wenn sie alleine sind. Doch sobald sie viele Menschen um sich haben, schlagen sie sich an den Kopf, summen immer das gleiche Lied oder vollziehen Rituale, um sich zu beruhigen.

Tipp

Wenn du in einer Situation merkst, dass du Angst bekommst und dich überfordert fühlst, könntest du versuchen, Entspannungstechniken anzuwenden, anstatt in ein ritualisiertes Sicherheitsverhalten oder in Stereotypien auszuweichen. Im Kapitel über Wahrnehmung haben wir einige vorgestellt wie die Progressive Muskelentspannung oder das innerliche Aufsagen von Zahlenkombinationen. Schau dort einfach erneut nach.
Falls du selbst gar nicht merkst, wann du in Stress gerätst und dich in ein Ritual flüchtest, bitte andere Menschen, dich darauf aufmerksam zu machen. Ihnen wird es sicherlich auffallen, wenn du dich plötzlich noch mehr als vorher in dich oder ein Ritual zurückziehst.

Tipp

Steckt bei dir hinter deinen Routinen und schematischen Verhaltensweisen vielleicht auch Angst? Versuch zu überlegen, in welchen Situationen der Drang nach Sicherheit besonders groß ist. Vielleicht gibt es eine Möglichkeit, die Angst einflößende Situation zu verändern, statt dich mit einem Ritual zu schützen.

Wenn du zum Beispiel das Verhalten deiner MItmenschen nicht verstehst und dich daher unwohl fühlst, frage sie einfach, was gerade vor sich geht und warum sie sich so verhalten. Auch wenn sie es vermutlich oft nicht aus dem Stehgreif erklären können.

Manchmal kann man der Unsicherheit, die eine Situation vermutlich mit sich bringen wird, schon durch entsprechende Vorbereitungen begegnen: Wenn du zum Beispiel Angst vor einer Klassenfahrt hast, weil du nicht weißt, was dort auf dich zukommt, dann versuche, soviel wie möglich über die Reise herauszufinden. Schau dir im Internet Bilder der Jugendherberge an. Bitte deinen Lehrer, dir vorher Tagespläne zu geben, damit du weißt, was ihr wann unternehmen werdet. So kannst du die Unsicherheit und Überforderung hoffentlich ein bisschen mildern und musst dich dann weniger in Rituale flüchten. Denn über viele und heftige Rituale würden sich deine Mitschüler vermutlich lustig machen (schau auch in das Kapitel „Mobbing").

Tipp Im Alltag kann es Sicherheit geben, wenn du einen Stundenplan ähnlich dem in der Schule entwickelst, auf dem die geplanten Aktivitäten für eine Woche und jeden Tag gelistet sind. Am besten eignet sich einer, den man wie eine Tafel auswischen kann. So hast du immer im Blick, was passieren wird. Und wenn sich etwas ändert, könnt ihr es gleich umschreiben und du siehst wieder, was als nächstes geschehen wird. Es gibt auch mehrere Apps für Smartphones, mit denen du Zeitpläne erstellen kannst.

MONTAG	DIENSTAG	MITTWOCH	DONNERSTAG	FREITAG	SAMSTAG	SONNTAG
	8 bis 13 Uhr Schule Mittagessen Ausruhen 14.30 Uhr Hausaufgaben	15.00 Uhr Gymnastik		18.00 Uhr Spiderman	11.00 Uhr Einkaufen	16.00 Uhr zur Oma

Oft wirst du jedoch nicht vorher herausfinden können, wie sich Situationen und Unternehmungen entwickeln. Unsicherheit ertragen zu lernen, ist daher wichtig, vor allem wenn du auch spontane Dinge genießen möchtest, zum Beispiel Unternehmungen mit nichtautistischen Freunden oder Familienmitgliedern. Denn Nichtautisten planen meistens nicht so genau wie Autisten. Sie mögen es, ein bisschen in den Tag hinein zu leben und zu schauen, was sich ergibt. Das gilt zumindest an Wochenenden oder im Urlaub. Christine Preißmann kennt das Problem von ihrer Familie. Sie mochte die Unternehmungen, konnte sich aber nicht freuen, wenn sie vorher nichts davon wusste:

> *„Das ist dann immer sehr schwer für mich, ich bekomme Angst, weil ich nicht weiß, was sie noch alles vorhaben und wie lange es wohl dauern wird. Dann werde ich manchmal ungehalten, das tut mir sehr leid. Aber solche spontanen Aktivitäten überfordern mich meistens, auch dann, wenn es sich um eine Unternehmung handelt, die auch ich gern mag. Aber es war nicht so vorge-*

sehen, es war vorher keine Rede davon, deshalb konnte ich mich nicht darauf einstellen." (Preißmann 2005, 14)

Wenn jemand deine Routinen durcheinander bringt, mag das für dich ärgerlich sein, aber du solltest nicht sauer auf denjenigen sein. Er oder sie macht das meist nicht absichtlich und vor allem nicht böswillig.

Halten wir also fest: Routinen können einengen, sowohl dich selbst, als auch deine Umgebung.

Tipp Rufe dir mal deinen Tages- und Wochenablauf ins Gedächtnis. Bestimmt entdeckst du Dinge, die du immer wieder machst. Dann überlege dir ganz genau, ob diese Routinen und Rituale dich oder jemand anderen stören und ob sie dir wirklich nützen.

Es kann zum Beispiel sinnvoll sein, sich jeden Abend die Kleider für den nächsten Tag herauszulegen, denn das spart morgens Zeit. Oder einen festen Tag zum Zimmeraufräumen zu haben, denn das ist besser, als es gar nicht zu machen. Es ist aber nicht so sinnvoll, darauf zu bestehen, dass ein Glas immer rechts neben dem Teller stehen muss. Wenn es auf der linken Seite steht, kann man es auch verwenden oder auch selbst auf die rechte Seite stellen. Solche Routinen könntest du versuchen zu streichen. Das kannst du nach und nach machen, also erst die eine Routine, dann die nächste. Und bei jeder einzelnen Routine kannst du schrittweise vorgehen und sie zunächst zeitlich einschränken, sie zum Beispiel erst einmal nur an jedem vierten Tag zu unterlassen, dann an jedem zweiten Tag, dann ganz.

Tipp Überlege dir für jede nicht sinnvolle Routine eine Belohnung, die du bekommst, wenn du die Routine abgestellt hast, zum Beispiel ein Besuch im Zoo, eine neue DVD oder einen neuen Streaming-Film.

Selbst „sinnvolle" Routinen sind nicht immer sinnvoll. Denn es kann mal etwas dazwischen kommen, so dass man die Routine nicht einhalten kann. So solltest du zum Beispiel nicht auf einen bestimmten Tag zum Zimmeraufräumen bestehen, wenn an dem Tag ein wichtiger anderer Termin stattfindet, zum Beispiel ein Arztbesuch. Der hat dann Vorrang. Auch für den einmaligen Verzicht auf eine Routine kannst du dir selbst eine Belohnung setzen, zum Beispiel deine Mutter für den Tag um dein Lieblingsessen bitten.

Andere Routinen mögen im Grunde in Ordnung sein, aber dennoch in bestimmten wiederkehrenden Situationen etwas unpassend wirken.

Tipp

Du könntest daher auch versuchen, die Routinen und Rituale nur in bestimmten Situationen zu unterlassen, in denen sie andere Menschen stören oder irritieren würden. Wenn du jedes Mal vorm Essen fünfmal um den Tisch laufen musst oder nur von einem bestimmten Teller isst, finden es deine Eltern vielleicht normalerweise in Ordnung. Sie haben sich daran gewöhnt. Aber vielleicht möchten sie es nicht, wenn Besuch da ist. Dann versuche, zumindest in dieser Situation, darauf zu verzichten. Dafür kannst du ebenfalls eine Belohnung mit deinen Eltern absprechen.

Tipp

Du musst allerdings nicht ganz auf jegliches Ritual verzichten, sondern könntest es in ein Ritual umwandeln, das andere weniger stört, oder in eines, das sich für dich weniger nachteilig auswirkt. Zum Beispiel indem du nur einmal statt fünfmal um den Tisch gehst. Es gibt auch akzeptierte Stereotypien, auf die du versuchen kannst, zu wechseln. Denn während wiederholtes Sich-im-Kreis-Drehen oder In-die-Hände-Klatschen schon sehr auffällig und eher „unnormal" ist, wackeln viele Menschen ständig mit dem Fuß oder kneten sich die Hände, um sich wach zu halten oder zu beruhigen. Probiere, ob das genauso gut klappt.

Ein weiteres Beispiel: Manche Autisten müssen immer einen gewissen Gegenstand mit sich herumtragen oder in der Hand halten. Angenommen dieser Gegenstand ist nun der Schnuller, den du schon als Baby hattest. Dafür werden dich Gleichaltrige vermutlich hänseln. Schließlich bist du kein Baby mehr. In so einem Fall könntest du ausprobieren, ob dir ein „anderer" Gegenstand genauso viel Ruhe gibt, vielleicht ein Ring oder ein Stein. Falls du dennoch nicht auf diesen einen Gegenstand verzichten kannst, probiere, ihn zumindest unauffällig bei dir zu haben. Das Herumtragen dient oft auch der Selbststimulation (schau dazu auch noch ins Kapitel zum Thema Körper). Der Gegenstand hilft also, die Hände zu beruhigen oder den Körper zu spüren.

Tipp

Oft eignen sich Igel- oder Knautschbälle als gute Beruhigungsgegenstände.

Die Vorstellung, auf eine Gewohnheit ganz oder teilweise verzichten zu sollen, löst sicherlich ein unangenehmes Gefühl in dir aus. Das ist kein Wunder; das würde jedem so gehen. Aber bei manchen Verhaltensweisen wirst du merken, dass es gar nicht so schlimm ist, sie aufzugeben. Es gibt nicht nur eine Möglichkeit, etwas zu machen, zum Beispiel bei der Art, wie man aus dem Haus geht, seine Spielzeuge aufreiht oder zu welcher Zeit man sich die Haare wäscht. Ebenso gibt es nicht nur bestimmte Lebensmittel, die richtig sind. Vielleicht isst du nur Käsebrote, weil du weißt, dass du sie magst, und von anderen Speisen weißt du das noch nicht. Aber etwas anders zu machen als sonst, heißt nicht, es falsch zu machen. Ganz oft gibt es mehrere Wege. Probiere mal einen anderen aus. Vielleicht fällt es dir leichter, als du denkst und das bereichert dann dein Leben. Denn es kann auch Spaß machen, mal etwas anders zu tun – zum Beispiel mal neue Kleidung zu tragen oder etwas anderes zu essen. Zumindest wird es dich unabhängiger machen. Wissenschaftler haben sogar herausgefunden, dass es das Gehirn sehr gut trainiert und man besser denken kann, wenn man Dinge mal ganz anders macht als sonst. Das ist ein richtiges Fitnesstraining für deinen Kopf.

Du solltest aber auf keinen Fall alle Routinen aufgeben, sondern nur die, die dich oder andere stark stören. Denn wie schon gesagt: Alle Menschen haben Routinen und jeder Mensch braucht die Sicherheit seiner kleinen „Macken" für ein entspanntes Leben. Es ist sogar okay, dass du vermutlich immer ein bisschen mehr solcher Sicherheiten brauchen wirst als andere Menschen.

Zum Weiterlesen

Bücher

- Missou, M. (2015): Gewohnheiten durchbrechen und das Leben lieben: 30 einfache Tricks gegen Routine. CreateSpace Independent Publishing Platform

Internet und Apps

- www.uk-app-blog.blogspot.de/p/asssocial-storiesablaufe.html
  Übersicht von Apps zur Tages- und Zeitplanung

3.2 Spezialinteresse – Warum interessiere ich mich für andere Dinge als andere Menschen?

In vielen Büchern über Asperger-Autismus steht, dass Betroffene sich ausschließlich oder zumindest besonders viel mit einem bestimmten Thema befassen. Dieses Thema nennt man ihr **Spezialinteresse.** Als „typische" Spezialinteressen von Autisten gelten mathematisch-naturwissenschaftliche Dinge oder musisch-künstlerische. Auch technische Interessen, Meteorologie oder Geografie gelten als klassische Beispiele für Spezialinteressen. Allerdings beziehen sich Spezialinteressen immer nur auf einen stark eingegrenzten Bereich. So beschäftigt sich manch ein Autist vielleicht mit einer speziellen Frage der Quantenphysik, während er für andere Bereiche der Physik nicht viel übrig hat*. Ein anderer interessiert sich nicht allgemein für den Klang von Instrumenten, sondern ausschließlich für den Klang von Zithern. Viele Autisten befassen sich mit außergewöhnlichen Tieren wie Vogelspinnen – Tieren also, vor denen sich die meisten Menschen eher ekeln. Sie mögen es, die Tiere zu klassifizieren und einzuordnen (schau dazu auch in das Kapitel zu Tieren).

Durch diese Beispiele bekommen viele Leute den Eindruck, dass Autisten ziemlich merkwürdig sind. Sie bringen Autisten schnell mit ungewöhnlichen Dingen und Interessen in Verbindung. Viele Menschen glauben deshalb, alle Asperger-Autisten seien hochintelligent und könnten so schnell rechnen wie ein Computer oder spielten tagein, tagaus Schach. Diese außergewöhnlichen Interessen und Fähigkeiten gibt es tatsächlich, aber viele Autisten haben ganz „normale" Hobbys. Ebenso wie andere Kinder interessieren sie sich für Autos, „normale" Tiere wie Hunde und Katzen oder für Stars wie Sänger, Schauspieler und Sportler. Damit fallen sie dann nur nicht so auf, weswegen man darüber weniger liest.

Doch egal, ob eher ein jugend-untypisches Thema wie Quantenphysik oder ein eher gewöhnliches Interesse wie Stars oder Pokémon – einen Unterschied zu Nichtautisten und ihren Hobbys gibt es bei fast allen Autisten: Sie beschäftigen sich viel intensiver mit dem Thema.

Beispielsweise fangen ebenfalls viele nichtautistische Mädchen mit zehn oder elf Jahren an, sich für Stars zu interessieren. Sie hängen Poster in ihr Zimmer, hören die Musik und gehen zu Konzerten. Doch sie können in aller Regel auch aufhören, sich mit dem Thema zu beschäftigen, zum Beispiel weil sie noch ein anderes Hobby haben oder weil sie für die Schule lernen müssen. Vielleicht haben sie keine Lust aufzuhören und tun es auch nicht immer – aber sie können, wenn sie wirklich wollen und müssen. Autisten schaffen das hingegen oftmals nicht. Es fällt ihnen schwer, sich überhaupt auf etwas anderes zu konzentrieren. Sie wollen am liebsten nur von ihrem Spezialinteresse hören und lesen oder nur davon erzählen.

Ein weiterer Unterschied besteht häufig in dem Grund, aus dem sich jemand für ein Thema interessiert. Nichtautistische Mädchen sammeln oft Informationen über ihren Star, weil sie für ihn schwärmen. Viele Autisten tun es hingegen eher um des Sammelns selbst willen. Sie lieben das Sammeln, Auswerten und Kategorisieren. Ob es dabei nun um Star x oder Star y geht, ist oftmals völlig egal.

Warum ist das so? Warum gibt es diese Unterschiede? Für viele autistische Menschen ist die Beschäftigung mit ihrem Spezialinteresse nicht einfach eine schöne Sache, auf die sie sich in ihrer Freizeit freuen. Das Spezialinteresse macht nicht nur Spaß oder lenkt ab, sondern es beruhigt, da es in dem sonst oft so chaotischen und beängstigenden Leben Ordnung und Kontrolle schafft. Das erklärt auch, warum Autisten das Interesse (meist) auf einen ganz kleinen Bereich begrenzen. Dadurch können sie ein Gebiet möglichst komplett erkennen und verstehen, und zwar ohne sich in vielen Fragen drumherum zu verlieren. Anders als im Alltag: Da passiert vieles gleichzeitig; es gibt Geräusche, man sieht Dinge, Menschen und Autos bewegen sich. Immer wieder passiert etwas Neues und nur selten ist genau vorhersehbar, was passiert. Das Eintauchen in das Spezialinteresse ist gerade das Gegenteil: Es ist ein eng umgrenztes Gebiet. Vieles ist bekannt und was nicht bekannt ist, ist mit dem schon erworbenen Wissen verwandt.

Tipp

In Situationen, in denen du dich unwohl und ängstlich fühlst, kann es beruhigend sein, dich mit deinem Spezialinteresse zu beschäftigen. Viele Therapeuten wie der bekannte Autismus-Experte Tony Attwood raten dazu. Das ist besser als Beruhigungsmedikamente.

Spezialinteressen sind also ein wichtiger Ruhepunkt im Leben. Aber Spezialinteressen bergen auch eine Gefahr – die Gefahr, dass andere Dinge völlig vernachlässigt werden. Das ist vor allem dann nicht gut, wenn es um die Schule geht. Denn immerhin ist ein guter Schulabschluss sehr wichtig. Ungünstig ist auch, wenn du über deinem Interesse Termine und Verabredungen vergisst oder Aufgaben im Haushalt wie Geschirrabtrocknen.

Was kannst du nun tun, um dich von deinem Lieblingsthema loszureißen, obwohl es dich gerade so sehr interessiert, und dich stattdessen anderen wichtigen Dingen zu widmen?

Tipp

Nimm das Spezialinteresse als Belohnung. Überlege dir beispielsweise, dass du immer dann eine Seite in deinem neuen Buch lesen oder dein Lieblingslied hören darfst, wenn du eine Matheaufgabe gelöst oder eine ungeliebte Aufgabe im Haushalt erledigt hast.

Sicher sind deine Eltern manchmal etwas ärgerlich, weil du dich mal wieder „zu lange" mit deinem Spezialinteresse beschäftigst und darüber andere Dinge vergisst. Aber ebenso sicher machst du das oft nicht absichtlich, oder? Denn viele autistische Menschen haben kein gutes Zeitgefühl, generell nicht und erst recht nicht, wenn sie in ihr Spezialinteresse vertieft sind. Dann vergessen sie alles um sich herum und damit auch das, was sie sonst noch tun müssten.

Tipp

Stell dir einen Wecker, der zum Beispiel alle 30 Minuten klingelt und dich damit an andere Dinge erinnert.

Häufig sind Familienmitglieder auch ärgerlich, weil das Spezialinteresse zu einer Sammelwut ausufert. Manche Autisten sammeln alle Kieselsteine, die sie auf der Straße finden, andere Zeitungsausschnitte oder Knöpfe. Das kann nicht nur nervig für Mitmenschen sein, sondern auch jede Menge Platz beanspruchen.

Tipp

Sammelst du gerne und deine Eltern regen sich mittlerweile darüber auf, dass dein Zimmer so „zugestellt" oder „zugemüllt" ist? Dann versuche, einige deiner Sammelobjekte auszusortieren. Ordne sie in eine

Tipp

Rangfolge. An welchen hängst du am meisten und auf welche könntest du verzichten? Du könntest deine Eltern zudem bitten, die aussortierten Sammelobjekte nicht gleich wegzuwerfen, sondern vorerst im Keller oder auf dem Dachboden zu lagern. Vielleicht fällt dir die Trennung dann leichter. Wenn du deine Sammelobjekte im ganzen Haus verteilst, könntest du versuchen, nach und nach die Anzahl der Räume zu reduzieren und dich schließlich nur auf einen Raum für deine „Lieblinge" zu beschränken.

Manchmal kann man das Spezialinteresse aber auch positiv nutzen.

Tipp

Wenn du in der Schule Lern- oder Konzentrationsschwierigkeiten hast, sag deinem Lehrer oder deiner Lehrerin, wofür du dich interessierst. Vielleicht schafft er beziehungsweise sie es, das Lernen mit deinem Spezialinteresse zu verbinden, zum Beispiel indem du über dieses Thema schreiben darfst, wenn ihr einen Aufsatz schreiben müsst. Oder indem der Lehrer sich in Mathematik Textaufgaben um dein Interesse herum ausdenkt.

Manchen Autisten gelingt es sogar, ihr Hobby zum Beruf zu machen, besonders oft im wissenschaftlichen Bereich. Stell dir das vor: Du bekommst Geld dafür, dass du dich nur noch damit beschäftigst, was dich interessiert. So konnte zum Beispiel die hochfunktionale Autistin Temple Grandin schon immer besonders gut mit Tieren umgehen. Heute ist sie Professorin für Zoologie und eine anerkannte Spezialistin. Sie entwirft Schlachtanlagen, in denen die Tiere möglichst wenig oder gar nicht leiden, und arbeitet dafür mit großen Restaurantketten wie „McDonald's" zusammen. Temple Grandin schreibt über ihre „Fixierung" auf Tiere:

> *„Spezialinteressen sind starke Motivatoren. Es ist ein Fehler, sie ausradieren zu wollen. […] Als ich in der Schule war, wollten viele meiner Lehrer und ein Psychologe mich von meiner Fixierung auf Kühe abbringen. […] [Doch] ich habe eine erfolgreiche Karriere auf Grundlage meines Spezialinteresses […] gemacht." (Howlin 2004, 169)*

Das Ziel, das Spezialinteresse zum Beruf zu machen, ist doch eine gute Motivation, um sich in der Schule auch in anderen Fächern anzustrengen und dadurch einen Studien- oder Ausbildungsplatz zu bekommen, oder?

Ebenso kann dein Lieblingsthema eine Brücke beim Freundschaften knüpfen sein. Wenn du dich zum Beispiel für Pokémon interessiert, findest du auf dem Schulhof vermutlich schnell jemanden, der deine Begeisterung teilt. Meist ist das Spezialinteresse für autistische Kinder und Jugendliche allerdings eher eine Hürde, wenn sie versuchen Freunde zu finden – vor allem unter Gleichaltrigen. Denn wie gesagt sind die Themen erstens manchmal etwas ungewöhnlich – vor allem für Kinder und Jugendliche – und zweitens sind sie oft das einzige Hobby und Thema. Daher interessieren sich andere Kinder und Jugendliche vielleicht nicht für dein Lieblingsthema und ganz bestimmt wissen sie nicht so viel dazu. Andersherum weißt du vielleicht nicht genau, was deine Mitschüler sonst in ihrer Freizeit treiben, weil du keine weiteren Hobbys und Lieblingsthemen hast. Das macht ein Gespräch schwierig. So schreibt Christine Preißmann über ihre Jugendzeit:

> *„Ich hatte das Gefühl, es verband mich nichts mit anderen Leuten. Die Dinge, die mich interessierten, das waren und sind vor allem Weihnachtsmärkte und Flughäfen, die interessierten andere Menschen leider nicht so sehr." (Preißmann 2005, 20)*

Tipp

Versuche mitzubekommen, worüber Gleichaltrige reden. Schau dir ab und zu Filme, Serien oder YouTube-Känäle an, die deine Mitschüler sehen. Vielleicht bringen dir deine Eltern mal eine Jugendzeitschrift mit. Oder du hast Geschwister, die dir helfen können.

Du solltest übrigens nicht ständig und nicht allzu lange am Stück von deinem Spezialinteresse reden, egal ob mit Mitschülern und Bekannten, Familienmitgliedern oder Fremden. Andere Menschen hören vielleicht gerne mal etwas über dein Lieblingsthema. Aber bei häufigem und ausschweifendem Erzählen werden sie eher genervt sein und sich vielleicht von dir abwenden. So schildert die niederländische Autorin Kolet Janssen in dem Kinderbuch „Mein Bruder ist ein Orkan", wie sehr die Schwester des autistischen Andreas von dessen Spezialinteresse genervt ist – dem Aufsagen von Postleitzahlen.

> *„‚Postleitzahl von Tielen', sagt er fast befehlend. Nein, bloß nicht! Nicht wieder die Postleitzahlen! Wenn er einmal damit angefangen hat … […] Ob er wirklich Spaß daran hat?" (Janssen 1997, 10, 44)*

Ganz selten kann das Spezialinteresse sogar richtig gefährlich werden. Denn manche Autisten sind so fasziniert von einer Sache, dass sie nicht darüber nachdenken, was man machen darf und was nicht. So begeben sie sich manchmal in gefährliche Situationen. Ein Autist „entführte" beispielsweise vor einigen Jahren einen Zug. Er setzte sich einfach rein und fuhr los, weil er das schon immer mal machen wollte. Die Leute um ihn herum fanden das aber gar nicht lustig.

Doch ganz wichtig ist: An sich ist es nichts Schlechtes, sich für etwas wirklich zu interessieren, im Gegenteil: Sich auf etwas so zu konzentrieren, kleinste Details zu erkennen – und das über einen langen Zeitraum –, sind Fähigkeiten, die sich manche Nichtautisten sehnlich wünschen.

Zum Weiterlesen

Bücher

- Attwood, T. (2019): Leben mit dem Asperger-Syndrom: Von Kindheit bis Erwachsensein – alles was weiterhilft. 3. Aufl. TRIAS, Stuttgart
- Breeding, T. (2014): Is Your Child's Fascination an Obsession or a Special Interest of Autism? CreateSpace Independent Publishing Platform
- Jacibons, T. (2015): Autism Special Interests. CreateSpace Independent Publishing Platform
- Manchil, G.R. (2014): Special Interests, Exceptional Gifts: Transforming the Special Interests of Children with Autism into Valuable Life Skills. Jessica Kingsley Publishers, London
- Mayfiled, D., Merry, A. (2014): Jasper and the Magpie: Enjoying Special Interests Together. Jessica Kingsley Publishers, London
- Moriarty, A. (2015): One-Track Mind: 15 Ways to Amplify Your Child's Special Interest. JAM Ink, Solana Beach, California

Kapitel 4

Andere Menschen

4.1 Familie – Bin ich vielleicht adoptiert?

4.2 Freunde – Wie findet man Freunde?

4.3 Liebe – Wieso kann man Schmetterlinge im Bauch haben und wie fühlt sich das an?

4.4 Mobbing – Warum sind manche Menschen so gemein zu mir?

4.5 Tiere – Tiere sind mir viel lieber als Menschen. Warum eigentlich?

4.1 Familie – Bin ich vielleicht adoptiert?

Familienbeziehungen sind immer besonders und selten einfach. Es ist eben ein Zusammenschluss von Menschen, die man sich nicht wie Freunde aussuchen kann. Vielleicht ist dein Bruder oder deine Schwester so anders als du, dass du ihn beziehungsweise sie nicht als Freund aussuchen würdest. Trotzdem fühlen sich Familienmitglieder meist auf eine besondere Art miteinander verbunden. Man sagt deshalb auch „Blut ist dicker als Wasser". Die Familie ist normalerweise immer für einen da und hält in schwierigen Situationen zusammen. Vielleicht spürst auch du ein besonderes Vertrauen zu deinen Eltern, vermisst sie, wenn du auf einer Klassenfahrt bist. Deine Eltern kennen dich vermutlich sehr gut und wissen, was du magst und was nicht und wo deine speziellen Fähigkeiten und Schwierigkeiten liegen. Fremde wissen das oft nicht oder jedenfalls nicht so gut.

Allerdings fühlen sich viele autistische Kinder und Jugendliche sogar in ihrer eigenen Familie fremd – zumindest zeitweise. Auch dort haben sie das Gefühl, nicht zu den anderen zu passen, andere Interessen und Verhaltensweisen zu haben. Häufig kommt es zu Streitigkelten und der eine versteht den anderen nicht, zum Beispiel in Bezug auf die Routinen und Rituale, von denen du ja schon gelesen hast.

„Bin ich vielleicht adoptiert worden?" Diese Frage stellen sich manche autistische Kinder. Sie glauben, es müsse irgendwo eine andere Familie geben, in der Menschen leben, die so sind wie sie selbst, und zu der sie eigentlich gehören. Die hochfunktionale Autistin Susanne Schäfer zum Beispiel wusste lange nichts von ihrem Autismus und glaubte, in einem anderen Land auf Gleichgesinnte zu stoßen. Vor einem Norwegenaufenthalt schrieb sie daher über ihre Hoffnung, die sich in dem skandinavischen Land erfüllen soll: „Außerdem musste ich endlich ‚mein Volk' finden!" (Schäfer 2020, 108)

Doch ziemlich schnell musste Susanne erkennen, dass sie auch dort nicht „zu Hause" ist. In einem Gespräch mit einer Arbeitskollegin drückt sie ihr Fremdheitsgefühl so aus: „Weißt Du, eigentlich bin ich überall ein Ausländer!" (Schäfer 2002, 108)

Doch es gibt einen Lichtblick am Ende des Autismus-Tunnels*: Autistische Störungen sind zu einem großen Teil genetisch bedingt (siehe Kapitel „Autismus").

Das bedeutet, dass in Familien häufig nicht nur ein Fall von Autismus auftritt, sondern du vermutlich einen oder mehrere Verwandte hast, die ebenfalls autistische Charakterzüge haben und zum Beispiel nach strengen Routinen und Regeln leben. Wenn du tatsächlich einen Verwandten mit Autismus hast, sei froh: Er versteht dich vermutlich besser als die anderen Familienmitglieder. Und wenn er älter ist als du, ist die Familie schon daran gewöhnt, was es heißt, mit einem Autisten zusammenzuleben.

Wenn du der einzige Autist in der Familie sein solltest, sind die Probleme und das Gefühl von „Adoptiertheit" vermutlich weniger geworden, seitdem ihr deine Autismus-Diagnose kennt, oder? Denn seitdem wissen Eltern und Geschwister, dass es einen Grund für dein „Anderssein" gibt und sie können sich informieren, wie man am besten mit Autisten umgeht. So verlangt deine Familie nun vielleicht nicht mehr von dir, dass du dich anstrengst, „normal" zu werden und dich zum Beispiel umarmen und küssen zu lassen, obwohl du es nicht magst. Auch wenn deine Eltern sich wahrscheinlich sehr wünschen, dich mal in den Arm zu nehmen.

Doch du solltest dich nicht auf der Diagnose Autismus ausruhen. Du kannst lernen, mit den Problemen deines Autismus besser klarzukommen und dich auf nichtautistische Familienmitglieder einzustellen (schau dazu in das Kapitel „Muss ich mich ändern?"). Denn Autismus kann eine Erklärung für Probleme in der Familie sein, aber er ist keine Entschuldigung. Es ist keine Lösung, immer zu sagen: „Ich bin autistisch, ich darf das" oder „Ich kann das nicht". In einer Familie muss jeder auf jeden Rücksicht nehmen, du ebenso wie die anderen. Auch wenn ein autistischer Mensch oft mehr Rücksichtnahme braucht, zum Beispiel wenn laute Geräusche als extrem schmerzhaft wahrgenommen werden.

Tipp

Versuche am besten, mit deiner Familie einen Kompromiss zu finden. In Bezug auf Umarmungen, Küsse und Streicheleinheiten in der Familie könntet ihr euch zum Beispiel darauf einigen, euch zwar nicht zu umarmen – weil deine Eltern verstehen, dass dir Körperkontakt unangenehm ist –, aber euch zumindest kurz die Hand zu geben. Oder vielleicht ist ein kurzes Streicheln über den Rücken für dich möglich. Das wäre ein Entgegenkommen deinerseits. Und indem du ein Ersatzangebot machst, statt deine Eltern oder Geschwister komplett zurückzustoßen, verhinderst du, dass sie sich gekränkt fühlen. Denkt mal in der Familie gemeinsam darüber nach – bestimmt fallen euch auch für andere Situationen weitere solche Kompromisslösungen ein. Im Kapitel über Rituale haben wir ja auch schon einige im Zusammenhang mit Familie genannt.

Gerade Routinen und Rituale sind in der Familie oft ein Auslöser für Streitereien. Stell dir zum Beispiel einen Familienausflug in ein Schwimmbad vor. Die ganze Familie tobt im Wasser. Plötzlich fängt das autistische Kind an, zu quengeln. Es will unbedingt nach Hause. Vielleicht, um wie jeden Abend den Sonnenuntergang von seinem Fenster aus zu beobachten, oder weil es im Schwimmbad nichts zu essen gibt, was es mag. Für einen Bruder oder eine Schwester ist das nicht gerade schön. Sie wollen noch bleiben und nicht immer auf ihr autistisches Geschwisterkind Rücksicht nehmen. Ältere Geschwister verstehen bestimmt, dass das autistische Kind manchmal anders ist und oft eine „Sonderbehandlung" braucht. Kleine Geschwister können das hingegen häufig noch nicht nachvollziehen. So erging es auch Amelie, die einen zehn Jahre älteren autistischen Bruder hat:

„Bei uns war immer alles ein wenig anders als in ‚normalen' Familien, wie ich es damals immer nannte. Mein Bruder Dirk ist zehn Jahre älter als ich und Autist. Als ich klein war, war er für mich nicht anders als alle anderen Menschen, aber als ich älter wurde und langsam in die Pubertät kam, wurde es für mich schwieriger. Mir war eh schon so gut wie alles peinlich, doch mein Bruder war durch sein Anderssein für mich das Peinlichste überhaupt. In dem Ort, wo ich aufgewachsen bin, kannten alle meine Familie und niemand schaute komisch, doch sah das ganz anders aus, wenn wir in den Urlaub fuhren.
Als ob es nicht schlimm genug gewesen wäre, dass wir immer nur in die Eifel fuhren, wo doch alle meine Klassenkameraden Badeurlaube in Spanien und Italien oder Skiurlaube in Kanada verbrachten, nein, da war ja auch noch mein Bruder, der in den kleinen Eifeldörfern immer auffiel wie ein bunter Hund und entsprechend waren auch die Reaktionen der Einwohner: sie starrten!
Ich fand es ganz schrecklich und wäre am liebstem im Boden versunken, weil ich mich so geschämt habe. Die ersten Tage in einer neuen Umgebung sind für meinen Bruder immer besonders schlimm und er braucht immer seine Zeit, um sich einzugewöhnen und zurechtzufinden. In dieser Eingewöhnungszeit waren seine Tics, wie zum Beispiel sich alle paar Schritte hinknien zu müssen, jeden dritten Baum mit der Stirn zu berühren oder Ähnliches, besonders stark ausgeprägt und so waren unsere Familienspaziergänge für mich die Hölle. Wie oft habe ich mir damals gewünscht, nicht aufzufallen, in der Masse unterzugehen, eine ‚normale' Familie zu haben. Dies blieb auch die folgenden Jahre so, bis einen Sommer etwas Tolles geschah und mein Vater uns verkündete, wir würden Urlaub in Holland am Meer machen. Ich freute mich so sehr, dass ich meinen peinlichen Bruder ganz vergaß. Unser Ferienhaus war ganz nah am Strand, ich hörte vom Bett aus das Meer rauschen und war selig, bis das Erkunden des Dorfes anstand. Doch im Gegensatz zu meinen negativen Erlebnissen

während unserer Eifel-Urlaube, machte ich nun ganz neue Erfahrungen. Wir wurden nicht angestarrt und begafft, sondern freundlich gegrüßt. Uns schlug eine Herzlichkeit und Gastfreundschaft entgegen, wie ich sie im Beisein meines Bruders noch nie erfahren hatte, und das war eine Art Schlüsselerlebnis für mich. Ich trottete nicht mehr länger mit hängendem Kopf neben meiner Familie her, sondern ging hoch erhobenen Hauptes durch die Stadt, so als ob ich allen zeigen wollte ‚Seht her, das ist mein außergewöhnlicher ganz toller Bruder!'.
Heute habe ich die Kraft, gaffenden Menschen entgegen zu treten und sie direkt darauf anzusprechen, doch früher war ich einfach zu jung und zu unsicher. Ich liebe meinen Bruder und würde ihn für nichts in der Welt gegen einen anderen eintauschen wollen." (Persönlicher Bericht)

Wie du siehst, kann ein autistisches Kind für seine Familienmitglieder manchmal etwas schwierig sein, auch wenn sie ihr „anderes" Familienmitglied eigentlich sehr lieb haben. Daher gilt: Sprecht in der Familie über Situationen, die problematisch sind, und überlegt, wie ihr gemeinsam etwas daran ändern könntet.

Dass auch du die Bedürfnisse deiner Eltern und Geschwister beachten solltest, brauchst du nicht als negativ zu empfinden. Im Gegenteil, du wirst in deinem Leben immer mit anderen Menschen auskommen müssen. In der Familie kannst du ausprobieren, wie andere Menschen auf dich reagieren und so allmählich einschätzen, mit welchen Verhaltensweisen und Reaktionen du dich langfristig am besten fühlst.

Der Asperger-Autist Daniel Tammet schreibt darüber in seinem Buch „Elf ist freundlich und Fünf ist laut":

„Doch letzten Endes hatte ihre Anwesenheit [die der Geschwister] einen sehr positiven Einfluss auf mich: Sie zwang mich, allmählich soziale Fähigkeiten zu entwickeln. Dass ich ständig von Menschen umgeben war, half mir, besser mit Lärm und Veränderungen umzugehen." (Tammet 2008, 69)

Erinnere dich noch mal an die Schwimmbad-Situation: Im ersten Moment ist es schön, wenn die Familie nachgibt und nach Hause fährt. Aber anschließend haben die Geschwister und Eltern vermutlich schlechte Laune, weil sie selbst gern geblieben wären, und die schlechte Laune ist dann auch für dich unschön. Viele autistische Menschen merken daher im Laufe ihres Lebens, dass es manchmal angenehmer ist, Kompromisse zu suchen. Wenn die ganze Familie zufrieden und harmonisch ist, haben sie länger Freude als an dem kurzen Glück, das Abendessen wie gewohnt zu Hause einnehmen zu dürfen oder anderen Ritualen nachzugeben.

Du musst dich deiner Familie nicht unbedingt nahe fühlen; schließlich kann man nichts erzwingen. Aber gut miteinander auszukommen, ist schon deswegen wichtig, weil die meisten autistischen Menschen überdurchschnittlich lange zu Hause wohnen, manchmal ihr ganzes Leben lang. Denn viele bewältigen den Alltag nicht ohne Hilfe. Sie vergessen häufig, an Kleinigkeiten zu denken, zum Beispiel ans Einkaufen oder Wäschewaschen. Kennst du solche Situationen? Du könntest stundenlang grübeln oder dich mit deinem Lieblingsinteresse beschäftigen und merkst darüber nicht mal, dass du Hunger hast oder aufs Klo musst? Menschen um sich zu haben, die einen an solche Kleinigkeiten erinnern und für eine gewisse Sicherheit sorgen, kann nicht schaden. Und die Eltern kennen einen meist am besten, zumindest was diese Alltäglichkeiten angeht.

Eng mit dem Thema Familie verbunden ist das Zuhause. Wenn du an Familie denkst, denkst du vermutlich gleichzeitig an euer Haus oder eure Wohnung und dein Zimmer. Für viele Autisten ist ihr Heim ihre Höhle. Das Zuhause und vor allem das eigene Zimmer gibt ähnlich wie Routinen Sicherheit. Es ist ein guter Ort, um abzuschalten und sich auf sich selbst konzentrieren zu können. Menschen mit Autismus brauchen diesen Rückzugsort mehr als andere Menschen, denn sie brauchen mehr Zeit, um die Eindrücke der äußeren Welt zu verarbeiten. Dazu erneut Daniel Tammet:

> *„Zu Hause zu sein, war immer schön. Dort fühlte ich mich sicher und geborgen. Es gab nur einen einzigen anderen Ort, an dem ich mich genauso wohlfühlte – die örtliche Bücherei." (Tammet 2008, 88)*

Manche Autisten flüchten sich in ihrem Zimmer sogar in eine Traumwelt. So erinnert sich Richard:

> *„Resteeten war der Name, den ich meiner Traumwelt gab, einer Welt voller Harmonie und Frieden, in der nichts Böses geschah, einer Welt, die sich um irgendeine entfernte Sonne weit draußen im Universum drehte. Als ich ein kleiner Junge war, liebte ich es – immer wenn das Leben hier auf der Erde schwierig und unverständlich war – mich dahin zurückzuziehen." (Attwood 2010, 142)*

Viele Kinder schaffen sich solche Traumwelten, doch sie verlassen sie wieder, wenn sie älter werden. Es ist vollkommen okay, wenn du dich gelegentlich in deine innere Welt und dein Zimmer zurückziehst – aber du musst aufpassen, dabei nicht den Kontakt zur äußeren Welt zu verlieren.

Tipp Vielleicht setzt du dir eine feste Zeit für deine Traumwelt. Gönne dir zum Beispiel 20 Minuten und stelle wie beim Spezialinteresse den Wecker. Deine Familie wird es sicher sehr freuen, wenn du dich zwischendurch zu ihnen gesellst.

Übrigens hat auch Susanne Schäfer „ihr Volk" doch noch gefunden:

> *„Ich hatte es weder unter den Neandertalern, noch auf fremden Planeten, noch bei den Hobby-Astronomen, noch unter den ‚kühlen' Norwegern entdeckt. Nun habe ich mein Volk gefunden; es gibt andere, die so sind wie Susanne; Menschen mit Autismus. Es mag nicht so romantisch sein wie der Gedanken daran, vielleicht von Proxima Centauri oder aus einem Neandertaler-Clan zu stammen, am falschen Ort oder in der falschen Zeit havariert zu sein, aber wenigsten weiß ich jetzt Bescheid." (Schäfer 2020, 164 f.)*

Zum Weiterlesen

Bücher

- Attwood, T. (2019): Leben mit dem Asperger-Syndrom: Von Kindheit bis Erwachsensein – alles was weiterhilft. 3. Aufl. TRIAS, Stuttgart
- Karthee, R. (2015): Die seltsame Reise mit meinem Bruder. Ullstein, Berlin
- Korber, T. (2015): Ich liebe dich nicht, aber ich möchte es mal können. 2. Aufl. Ullstein, Berlin

4.2 Freunde – Wie findet man Freunde?

In den ersten Lebensjahren sind Autisten in der Regel mit sich allein und ihrer Familie sehr zufrieden. Interesse an anderen Kindern und Freundschaften haben sie meist nicht. Doch oft ändert sich das irgendwann – nicht etwa, weil sie nicht mehr gerne alleine wären, sondern weil sie bemerken, dass sie sich von Gleichaltrigen unterscheiden. Ihre Klassenkameraden verabreden sich, wollen die Nachmittage zusammen verbringen und in der Schule nebeneinander sitzen – und sie selbst stehen außen vor. So schreibt Wendy Lawson:

> *„Als ich mich dem Jugendalter näherte, begann ich Freunde haben zu wollen, mein Leben mit anderen zu teilen. Ich verstand, dass Freundschaft wichtig ist und wollte nicht mehr anders sein. Allerdings fehlten mir die sozialen Fähigkeiten und das Know-How, um eine Freundschaft aufzubauen." (Howlin 2004, 101)*

Vielleicht wünschst du dir ebenso einen „Freund" oder eine Freundin, weißt aber nicht, wie du das anstellen sollst und was das eigentlich heißt.

Was genau einen Freund ausmacht, kann man leider nicht genau definieren. Freundschaft kann für jeden Menschen etwas anderes bedeuten. Der eine braucht jemanden, mit dem er stundenlang reden kann, dem anderen ist ein gemeinsames Hobby wichtig. Auf jeden Fall ist nicht gleich jeder ein Freund, der mal nett mit einem spricht. Aus einem netten Gespräch kann sich eine Freundschaft entwickeln, muss aber nicht; vielleicht sieht man denjenigen auch nie wieder. Allgemein kann man sagen: ein Freund ist vor allem ein Mensch, dem man vertrauen kann und bei dem man sich einfach wohlfühlt. „Ein zweiter Rückzugsort" neben seinem Computer, so findet Philipp. Ein Mensch, bei dem man das Gefühl hat, dass man immer mit ihm sprechen kann, wenn man ein Erlebnis teilen möchte. Das können schöne oder schlimme Dinge sein oder einfach gemeinsame Interessen, über die man sich austauscht. Wichtig dabei: Freundschaft beruht auf Gegenseitigkeit. Der Andere muss sich mit dir ebenso wohlfühlen. Beide wollen, dass es dem jeweils anderen gut geht. Denn wahre Freundschaft hat immer mit Sympathie, Vertrauen und Wertschätzung zu tun.

Warum ist es aber für Autisten oft so schwierig, Freunde zu finden – besonders unter nichtautistischen Menschen? Zunächst mal liegt das daran, dass Autisten gerne viel Zeit alleine mit sich verbringen. So findet man keine Freunde.

Die Wahrscheinlichkeit, einen Freund oder sogar mehrere zu finden, erhöhst du, indem du vermehrt Dinge tust, die man in der Gruppe macht, zum Beispiel Sport in einem Verein.

Dabei kann es für dich angenehm sein, zunächst andere Kinder und Jugendliche mit Autismus kennenzulernen. Autisten verstehen sich untereinander oft besser als mit Nichtautisten, weil sie die gleichen Probleme haben und/oder weil sie sich für die gleichen Themen interessieren und zum Beispiel – anders als nichtautistische Jugendliche – wegen des Lichts und der lauten Musik nicht gerne in Diskos und Clubs gehen.

In vielen Städten und Regionen gibt es Freizeittreffen für Jugendliche mit Autismus, organisiert von Vereinen oder Elterngruppen (zum Beispiel autdoor in Aachen – siehe dazu die Adressenliste am Ende des Buches).

Neben Angeboten nur für Autisten könnten auch „integrative" oder „inklusive" Veranstaltungen für dich passend sein. Integrativ bedeutet, dass Menschen mit und ohne Behinderung zusammen etwas machen. Bei Inklusion wird darauf geachtet, dass die Teilnehmer unterschiedliche Bedürfnisse, Interessen und Fähigkeiten haben und sich keiner anpassen und unterordnen muss. Dabei wird versucht, auf jeden Rücksicht zu nehmen, etwa darauf, dass du dich manchmal zurückziehen möchtest, weil es dir zu laut ist.

Falls es in deiner Nähe keine speziellen Angebote gibt, könntest du oder könnten deine Eltern in einem Autismustherapiezentrum fragen, ob sie andere Autisten kennen, mit denen du Kontakt aufnehmen könntest.

Als Alternative bietet sich das Internet an, um neue Freunde kennenzulernen. Sprich vorher aber unbedingt mit Deinen Eltern und gehe niemals ohne einen Erwachsenen zu einem ersten Treffen mit jemandem, den du über das Internet kennengelernt hast!

Schau, ob es ob es in Sozialen Medien wie Facebook, Twitter und Instagram Gruppen oder Personen gibt, die dich interessieren und mit denen du dich vernetzen kannst.

Tipp Einen guten Chat für Kinder, bei dem du neue Freunde kennenlernen kannst, findest du unter www.seitenstark.de. Weitere Chats und Foren speziell für autistische Menschen sind im Anhang des Buches aufgeführt.

Die Tatsache, dass Autisten gerne viel Zeit alleine verbringen, ist nicht das Einzige, das ihnen das Freundefinden erschwert. Ein weiterer häufiger Grund ist, dass autistische und nichtautistische Menschen sich in manchen Dingen unterscheiden – zumindest oberflächlich. Freunde sucht man jedoch meist unter Menschen, die einem ähnlich sind und die zum Beispiel die gleichen Hobbys haben (erinnere dich an die Erläuterungen zu den Spezialinteressen vieler Autisten). Das schafft von vornherein ein Gefühl von Gleichheit und Verbundenheit. Autistische „Eigenheiten" wie Spezialinteressen und Rituale erscheinen anderen Menschen aber oft zu unverständlich und fremdartig. Viele Menschen nehmen die Mühe nicht auf sich, einen autistischen Mitmenschen näher kennenzulernen, sondern beschränken sich auf Freunde, die ihnen bereits auf den ersten Blick ähneln.

Zum Sich-Ähneln gehört auch die Kleidung. Man sagt, Kleider machen Leute. Das heißt: wie sich jemand kleidet und stylt – also die Haare frisiert und Ähnliches –, sagt viel über seine Persönlichkeit aus. Durch eine der jeweiligen Situation angemessene Kleidung kannst du einen guten Eindruck machen. Viele Menschen und besonders Jugendliche mögen es, wenn ihre Freunde ähnlich gekleidet sind wie sie selbst.

Tipp Daher kann es sinnvoll sein, wenn du beobachtest, welche Kleidung Gleichaltrige tragen, und du dir dann ähnliche Sachen kaufst. Frage ruhig deine Geschwister oder Schulkameraden, wo sie sich neue Kleidung suchen und kaufen und ob dir die neue Kleidung steht.

Du magst dich vielleicht nicht für Kleidung interessieren, aber sie kann dir sozusagen das Tor zu Freundschaften öffnen. Und vielleicht noch wichtiger: Sie kann dir auch selbst ein bisschen ein Gefühl von Zugehörigkeit geben.

Ein weiteres häufiges Problem beim Freundfinden ist, dass Autisten Mimik und Gestik oft nicht so gut beherrschen und deuten können. Wie wichtig Körpersprache und nonverbale Kommunikation sind, und warum Autisten hier

Schwierigkeiten haben, hast du ja schon in dem Kapitel über Körpersprache gelesen. Diese Form der Kommunikation ist auch beim Freundefinden sehr bedeutend. Gestik und Mimik erlauben es beispielsweise, jemanden besser einschätzen zu können und ihn nett oder nicht nett zu finden – oft ohne überhaupt mit demjenigen gesprochen zu haben. Um selbst als nett empfunden zu werden, solltest du anderen in die Augen schauen und einen freundlichen Gesichtsausdruck machen, sprich lächeln. Am Gesichtsausdruck des anderen kannst du erkennen, ob sich der andere während des Gesprächs langweilt oder sich gerne mit dir unterhält und vielleicht mit dir befreundet sein möchte. Schaut derjenige dich an und lächelt leicht, ist er dir freundlich zugewandt. Zieht er oder sie eher die Stirn kraus, rümpft die Nase, schüttelt den Kopf, verdreht die Augen oder wendet sich ab, möchte er oder sie wohl lieber keinen Kontakt.

Auch in Metaphern und Umschreibungen verbergen sich oft Hinweise darauf, ob der andere einen mag und Interesse an einer Freundschaft hat oder nicht. Autistische Menschen haben jedoch Schwierigkeiten, all dies zu erkennen (schau dazu noch mal ins Kapitel „Sprache"). Sehr deutliche Metaphern als Ausdruck dafür, dass du gehen sollst, wären „Mach dich vom Acker"*, „Verpiss dich"* oder „Scher dich zum Teufel"*. Geht es um ein nächstes Treffen, kann es ein Zeichen dafür sein, dass der andere eher keinen Kontakt (mehr) möchte, wenn er oder sie keine konkrete Verabredung treffen oder Telefonnummern tauschen möchte. Dann fallen häufig Sätze wie „Ich melde mich dann bei dir" oder „Man sieht sich bestimmt noch mal". Da viele Autisten diese Zeichen nicht richtig zu deuten wissen, reagieren sie manchmal unangemessen und reden weiter auf jemanden ein, obwohl derjenige für Nichtautisten recht deutlich zeigt, dass er kein Interesse an einem weiteren Gespräch hat.

Ein weiterer Punkt, der mit Sprache zu tun hat und Autisten beim Freundefinden manchmal ein Bein stellt*, ist, dass fast alle Autisten sehr ehrlich sind. Dadurch sagen sie manchmal auch kränkende Dinge ganz direkt und verwenden keine Umschreibungen beziehungsweise wissen nicht, wann es besser ist, einfach zu schweigen. Sie ahnen nicht, welche Gefühle ihr Kommentar auslöst. Andere Menschen erleben das Verhalten von Autisten daher oft als „merkwürdig" und „unpassend" oder sogar „unverschämt". Und mit jemandem, der merkwürdig oder unverschämt scheint, möchte man sich nicht anfreunden.

Dazu ein Beispiel: In deiner Klasse ist ein Kind, das du ganz nett findest. Ihr habt euch auch schon ein paar Mal auf dem Pausenhof unterhalten und du hast ihm geholfen, einen englischen Text für die Hausaufgaben zu übersetzen. Dafür hat das Kind beim Sport dafür gesorgt, dass auch du einmal den Ball bekommst. Du würdest deinen Mitschüler gerne einmal zu dir nach Hause einladen, doch da kommt es zu einem dieser blöden Zwischenfälle, bei denen du gar nicht weißt, was eigentlich falsch gelaufen ist: Dein Mitschüler kommt mit einem neuen

Pullover in die Schule, auf den er ganz stolz ist. Das merkt man ihm deutlich an, denn trotz der kalten Winterluft trägt er die Jacke über dem Arm, damit alle den Pulli sehen können. Dir selbst gefällt der Pulli allerdings gar nicht – und genau das sagst du auch, ohne dir weitere Gedanken zu machen. Vielleicht sagst du vor der ganzen Klasse, dass der Pullover schrecklich sei und dass er doch besser den ganzen Tag die Jacke tragen solle, das könne man sich ja nicht ansehen. Vermutlich wird dein Mitschüler daraufhin gekränkt reagieren. Er wollte seine Freude über das Kleidungsstück eigentlich mit dir teilen. Zudem fühlt er sich durch deinen Kommentar vor der Klasse bloßgestellt; er schämt sich. Du musst wissen: Manche Wahrheiten oder Meinungen wollen die Menschen nicht hören. Dein Mitschüler wendet sich nun vielleicht von dir ab. Er mag in der Pause nicht mehr mit dir zusammen sein oder macht sich gar über dich lustig. Und du stehst wieder allein da und verstehst nicht, warum.

Freunde zu finden ist also etwas, bei dem man sehr sensibel vorgehen muss. Auf keinen Fall kann man einfach „beschließen", einen Freund zu finden. Zwar kann man beschließen, es zu versuchen. Das sollte man sogar; schließlich entstehen Freundschaften nur selten von allein. Man muss raus gehen, etwas unternehmen oder irgendwie in Kontakt mit anderen Menschen treten. Es wird kein Fremder bei dir klingeln und fragen, ob du sein Freund sein willst. Dennoch kann man nicht beschließen, nun auf jeden Fall einen Freund zu finden. Manche autistische Menschen tun dies jedoch. Sie gehen sehr theoretisch an zwischenmenschliche Beziehungen heran und glauben, wenn sie etwas beschlossen haben, müsste es schließlich auch klappen. So schreibt Christine Preißmann:

> *„Kürzlich hatte ich daher beschlossen, mir eine [gute Freundin] zu suchen. Aber leider erweist sich das als nur schwer praktikabel, ich weiß nicht, wie, wo und nach welchen Kriterien ich mir eine aussuchen sollte." (Preißmann 2005, 107)*

In der Tat kann man sich Freunde im Unterschied zur Familie „aussuchen". Diese Redewendung verwenden Leute meist dann, wenn sie sich über ihre Familie ärgern. Sie meinen damit, dass sie mit ihren Familienangehörigen durch die Geburt verbunden sind, egal ob sie die Menschen mögen oder nicht. Als Freunde können sie dagegen Menschen wählen, mit denen sie sich wirklich gut verstehen. Zwar kann man sich selbst nicht aussuchen, wer einem sympathisch ist und wer nicht. Aber Auswählen gehört in gewisser Weise beim Freundefinden dazu. Beschließen hingegen, das geht nicht. Der Auserwählte muss die Freundschaft ebenfalls wollen.

Ebenso muss der oder die andere auch etwas für die Freundschaft tun. Manche Autisten meinen, sie hätten einen Freund oder eine Freundin, dabei werden sie nur ausgenutzt. Freundschaft bedeutet aber, sich gegenseitig zu helfen und mit jemandem um seiner selbst willen zusammen zu sein. Christine Preißmann wurde zum Beispiel nur von ihren „Freunden" mit ins Kino genommen, weil sie die Eintrittsstempel so gut fälschen konnte (*Preißmann 2005, 99*).

Andere sollen ihren „Freunden" ständig Geld leihen. Das ist keine wirkliche Freundschaft. Um falsche Freundschaft von echter unterscheiden zu können, ist es erneut wichtig, nonverbale Zeichen zu lesen. Man muss erkennen können, wann jemand *mit* einem lacht und wann er über einen lacht. Ein Zeichen für ein eher abfälliges und zynisches Lächeln kann es sein, wenn der andere nicht beide Mundwinkel nach oben zieht, sondern nur einen. Oder wenn die Augen nicht „mitlachen", also keine kleinen Lachfältchen um die Augenwinkel entstehen.

Freundschaft beruht also auf Gegenseitigkeit: gegenseitiger Sympathie und gegenseitiger Hilfe. Aber auch auf gegenseitiger Rücksichtnahme. Und im letzten Punkt sind oftmals beide Parteien nicht gerade gut. So fällt es vielen Nichtautisten schwer, zu akzeptieren, dass ihr autistischer Freund oder ihre autistische Freundin viel Zeit für sich braucht und sich nicht ständig treffen will. Doch ebenso ist es manchmal auch der autistische Mensch, der es seinen Freunden schwer macht und sich damit selbst der Freundschaft beraubt. Vor allem fällt es manchen Autisten schwer, Kompromisse einzugehen. Sie ertragen den Kontrollverlust nicht, den eine Freundschaft mit sich bringt. Sie möchten, dass alles so ist und abläuft, wie sie es selbst gerne haben. Doch mit einem Freund ist da jemand anderes, der eigene Vorstellungen und Pläne hat. Das ist etwas, das zum Beispiel Wendy Lawson nicht akzeptieren mochte und was es ihr schwer machte, Freunde zu bekommen: „Die meisten Menschen fühlten sich unwohl mit meiner egozentrischen Art. Ich wollte, dass die Dinge nach meinen Regeln laufen." (Howlin 2004, 101) Kompromisse einzugehen ist daher wichtig, wenn du einen Freund finden und behalten möchtest. Doch du musst keine Freunde haben. Manche Menschen mit Autismus verspüren gar kein Bedürfnis nach „freundschaftlichem Austausch" oder jedenfalls nur ein sehr geringes. Vielen reichen wenige Freunde und Vertraute; einen großen Freundeskreis wollen sie nicht. So schreibt zum Beispiel Nicole Schuster, eine Pharmazeutin mit Asperger-Autismus, dass sie nie den Wunsch verspürt habe, tatsächlich zu einer Clique dazuzugehören, sondern dass große Gruppen bei ihr eher Angst auslösten. Lieber sei es ihr, nur eine Freundin zu haben (Schuster 2007, 139).

Es gibt also einige Dinge, die es Autisten schwerer machen, Freundschaften zu knüpfen und ebenso einige Tipps, wie man es doch schaffen kann. In sogenannten Social-Skills-Gruppen können Menschen lernen, wie sie das soziale Miteinander, wie zum Beispiel Freundschaften, besser meistern können. So kann man unter anderem eine Situation besprechen, um sie zu verstehen und gemeinsam zu überlegen, wie man reagieren könnte. „Social Skills" bedeutet „Soziale Fähigkeiten". Solche Gruppen gibt es auch für Nichtautisten; denen fällt der Umgang mit anderen Menschen nämlich auch oft nicht leicht. Die Gruppen sind meist Teil einer generellen „Therapie", also selten ein einzelnes Angebot wie eine Selbsthilfegruppe. Für Kinder und Jugendliche haben sie sich als hilfreich erwiesen, um die sogenannte Sozialkompetenz zu stärken und Freundschaften zu verbessern. Sie sind aber nur eine von vielen Möglichkeiten, mehr über Freundschaft zu lernen.

Auch Philipp, dem Freunde heute als „Rückzugsorte" so wichtig sind, hatte eine Zeit, in der er sehr wenige Kontakte zu Gleichaltrigen hatte. Diese Zeit sei für ihn doof gewesen und er habe sich gewünscht, einfach mal „normal" zu sein. Doch inzwischen hat er viel darüber gelernt, worauf es bei Freundschaften ankommt. Er hat eine Clique gefunden, die ihn so akzeptiert, wie er ist. Heute ist er sogar stolz darauf, ein bisschen anders zu sein.

Zum Weiterlesen

Bücher

- Kingsbury, K. (2012): Der Löwenzahnjunge. Brunnen, Gießen
- Schuster, N. (2007): Ein guter Tag ist ein Tag mit Wirsing. Weidler, Berlin
- Häußler A. et al. (2016): SOKO Autismus: Gruppenangebote zur Förderung Sozialer Kompetenzen bei Menschen mit Autismus. Erfahrungsbericht und Praxishilfen. Dortmund, Verlag modernes Lernen

Fernsehserie

- Gong! Mein spektakuläres Leben (2023)

Internet-Chatrooms und Soziale Netzwerke speziell für Kinder und Jugendliche:

- www.seitenstark.de
  Seitenstark ist die gemeinsame Webadresse verschiedener Kinderseiten im Internet. Du findest dort auch einen Chat speziell für Kinder.
- www.knipsclub.de
  Fotocommunity für Kinder

Tipps für sicheres Internet-Surfen und Chatten:

- www.chatten-ohne-risiko.net
- www.internet-abc.de
- www.klicksafe.de/fuer-kinder/
- www.watchyourweb.de

4.3 Liebe – Wieso kann man Schmetterlinge im Bauch haben und wie fühlt sich das an?

Wenn Freundschaft schon ein schwieriges Feld ist, dann gilt das noch einmal mehr für Liebesbeziehungen. Viele der Probleme und Tipps, von denen du in Bezug auf Freunde gelesen hast, gelten auch für Liebesbeziehungen. Doch bei Liebesbeziehungen ist es mehr noch als irgendwo sonst wichtig, kleine, nonverbale Zeichen zu verstehen und sich wortlos miteinander verständigen zu können.

Liebe ist wohl die stärkste Zuneigung, die ein Mensch für einen anderen empfinden kann. Liebe vereint ganz viele Gefühle in einem. Liebe ist Toleranz, Bewunderung, Leidenschaft, Akzeptanz und Sicherheit. Es bedeutet, mit jemandem in die gleiche Richtung zu gehen, sich zu unterstützen, sich nette Sachen zu sagen, Gefühle zu teilen und sich gegenseitig widerzuspiegeln.

Dabei gibt es nicht eine Liebe, sondern viele verschiedene Arten von Liebe – die Liebe der Eltern zu ihren Kindern und die Liebe zwischen Geschwistern. Es gibt eine Tierliebe und Liebe im philosophischen oder religiösen Sinn. Und selbstverständlich gibt es Liebesbeziehungen zwischen zwei Menschen – in der Regel zwischen Mann und Frau. Um diese Liebesbeziehungen zwischen zwei Menschen soll es im folgenden Abschnitt gehen.

Verliebtsein und Liebe genau zu beschreiben, ist schwierig. Denn jeder erlebt die Liebe anders. Manche Menschen beschreiben Verliebtsein als ein Gefühl von „Schmetterlingen im Bauch"* und meinen damit, dass es ihnen im Bauch kribbelt, wenn sie an den anderen denken. Andere fühlen sich einfach sehr glücklich; die ganze Welt erscheint plötzlich viel schöner als ohne den anderen. Meistens kann man an gar nichts anderes mehr denken als den anderen Menschen und möchte ständig mit ihm zusammen sein.

Auch autistische Menschen können sich natürlich verlieben und Liebesbeziehungen haben. Der Asperger-Autist Roger beschreibt seine Partnerschaft als sehr glücklich. Bei seiner Frau könne er entspannen, er genieße ihre Gesellschaft.

Er sei sogar lieber mit ihr zusammen als allein. Vielleicht kennst du den Spruch „Wir sind Engel mit nur einem Flügel, erst zusammen können wir fliegen." Das beschreibt sehr gut, was Liebe meint und was sie Roger bedeutet – seine Frau gibt ihm das Gefühl, „ganz" zu sein. Wenn sie nicht da ist, ist es ein bisschen so, als würde ein Teil von ihm fehlen.

Besonders in der Liebe gibt es vieles, das (auch für Nichtautisten) verwirrend ist. Das fängt schon bei den verwendeten Umschreibungen an. Vielleicht hörst du immer wieder Begriffe und Redewendungen, die bei anderen Gleichaltrigen ein seltsames Grinsen oder Lachen auslösen. Dir aber sagen die Begriffe nichts oder du kennst sie nur aus ganz anderen Zusammenhängen. Hier ein paar Beispiele:

- zusammen sein*
- miteinander gehen*
- miteinander schlafen*

Was soll lustig daran sein, wenn zwei Menschen miteinander gehen? Wohin gehen sie denn? Selbstverständlich sind sie zusammen für die Zeit, in der sie irgendwohin gehen, sie sind ja zu zweit. Und warum kann man miteinander schlafen und gleichzeitig wach sein?

Das sind Fragen, die sich viele autistische Menschen jahrelang stellen, ohne dass sie sich trauen, jemanden nach der Bedeutung der Redewendungen zu fragen. Denn sie haben Angst, wieder einmal als dumm und unwissend ausgelacht zu werden. Dass alle diese Ausdrücke mit (Liebes-)Beziehungen zu tun haben, kommt ihnen oft lange nicht in den Sinn, aber genauso ist es.

Wenn gesagt wird, dass zwei Menschen „zusammen sind" oder „miteinander gehen", meint man nicht die jeweiligen Tätigkeiten, also zum Beispiel „gehen", sondern es bedeutet, dass die beiden Menschen ein Liebespaar sind. Wahrscheinlich „schlafen" sie dann auch miteinander. Das meint aber nicht, dass sie im Wortsinn schlafen, sondern es bedeutet, dass sie miteinander Sex haben.

Nicht nur die Umschreibungen sind verwirrend, sondern auch die Art und Weise, wie man einen Partner findet.

Genau wie beim Freundefinden versuchen viele autistische Menschen, sehr logisch an die Sache heranzugehen und „beschließen" einfach, jetzt müsse ein Lebenspartner gefunden werden. So kann es passieren, dass ein autistischer Mensch auf der Straße andere Menschen anspricht, ob sie nicht mit ihm „zusammen sein" wollen. Allerdings kann man erstens nicht beschließen, sich in jemanden zu verlieben, man muss sich langsam kennenlernen. Und zweitens spricht man Menschen nicht einfach an und sagt „Möchtest du mein Partner sein?"

Das wird der Angesprochene als grenzüberschreitend und unangenehm empfinden oder zumindest als sehr merkwürdig. Stattdessen nähert man sich ganz vorsichtig an. Und genau dafür nutzt man die nonverbalen Zeichen. Zum Beispiel zeigt man durch langen Blickkontakt oder durch ein Augenzwinkern, dass man jemanden interessant findet. Erst viel später spricht man über seine Gefühle und sagt, dass man jemanden gern mag.

Das alles macht „Liebe" nicht gerade einfach, weswegen manche Autisten vermutlich Angst vor einer Liebesbeziehung haben. Manche Autisten haben gar kein Interesse an einer solchen Beziehung. Sie glauben nicht, dass Liebe und Liebesbeziehungen etwas für sie sind und jemals eine Rolle in ihrem Leben spielen werden.

> *„Ich kann mir eine Beziehung zu einem Mann nicht vorstellen. (…) Wenn Liebe für mich so wesensfern ist, dass ich Verliebtsein nie empfinden werde, glaube ich, dass es gut so ist." (Schuster 2007, 148)*

So schreibt Nicole Schuster. Aber nicht alle autistischen Menschen können so selbstverständlich akzeptieren, dass sie Probleme mit Partnerschaften haben. In Internetforen oder auf Facebook findet man viele Beiträge, die sich darum drehen, dass jemand traurig ist, weil er keinen Partner findet oder weil er in einer Partnerschaft große Schwierigkeiten hat. Auch Caroline versteht einfach nicht, warum sie keinen Freund findet:

> *„Ich frage mich, warum ich keinen Freund habe. Warum so viele kein Interesse an mir haben und Männer nichts mit mir zu tun haben wollen!" (Persönliches Interview, Fragebogen)*

Oft liegt es wohl daran, dass sich die anderen Menschen manchmal etwas verunsichert fühlen, wenn sie einem Autisten beziehungsweise einer Autistin begegnen. Erinnere dich an das Beispiel zum Freundfinden mit dem Pullover. Das Gleiche gilt für die Probleme, einen Liebespartner zu finden: Genau wie du andere Menschen oft nicht verstehst, verstehen andere Menschen deine autistischen Züge und Verhaltensweisen vermutlich nicht. Und wenn man etwas nicht versteht und merkwürdig findet, dann meidet man es normalerweise eher.

Ein besonderes Problem ist zudem, dass viele autistische Menschen sehr berührungsempfindlich sind. Für Nichtautisten gehört körperliche Nähe durch Küssen und Umarmungen, aber auch durch Sex, zu einer Partnerschaft dazu. Darauf wollen sie nicht verzichten (Wenn du mehr dazu wissen willst, schau in das Kapitel über Körper und Sex).

Ein „Patentrezept"* dafür, wie man einen Freund oder eine Freundin im Sinne einer Liebesbeziehung bekommt, gibt es nicht, denn man kann das eben nicht einfach beschließen. Übrigens würden sich eine „Anleitung" für Beziehungen wohl auch viele nichtautistische Menschen wünschen.

Tipp

Vielen Autisten gelingt es aber, Kontakte über das Internet zu finden. Denn hier kann man sich kennenlernen ohne „nervige" Körpersignale deuten zu müssen und man muss dem anderen auch nicht in die Augen gucken.

Allerdings muss man bei Bekanntschaften über das Internet sehr vorsichtig sein. Manchmal erzählen die Menschen dort Dinge über sich, die nicht stimmen. Oder sie schicken dir ein Foto, das gar nicht wirklich sie zeigt. **Wenn du übers Internet öfter mit jemandem Kontakt hast oder ihr euch sogar treffen wollt, sprich vorher auf jeden Fall mit deinen Eltern!** Schicke niemandem Fotos oder Videos von dir und gebe nicht deinen wahren Vor- und Nachnamen an, sondern überlege dir ein Pseudonym. (Schau dir auch noch mal die Internetadressen zum sicheren Surfen und Chatten im vorherigen Kapitel an.)

Ganz wichtig ist, dass du dich nicht darauf versteifst, einen Freund oder eine Freundin haben zu müssen. Auch wenn du merkst, dass viele andere aus deiner Klasse die „erste große Liebe" erleben und dich dein Alleinsein traurig macht. Liebe kann man nicht erzwingen. Auch bei nichtautistischen Menschen kommt sie oft erst spät, wenn überhaupt. Nur wenn es dir mit der anderen Person wirklich gut geht, solltet ihr zusammenbleiben. Das Ziel einer Liebesbeziehung ist nicht, zu sein wie alle anderen, sondern glücklich und zufrieden zu sein und sich geborgen zu fühlen. Glaub nicht, dich dafür völlig verstellen zu müssen.

Tatsächlich treffen viele Autisten irgendwann jemanden, der sie so akzeptiert, wie sie sind, und der zu ihnen steht. So wie Roger. Das passiert nicht unbedingt schon im Alter von 14, 15 oder 18 Jahren. Die Partner, die schließlich „passen", sind häufig Menschen, die besonders einfühlsam und anpassungsfähig sind, beides Fähigkeiten, die auch ein nichtautistischer Mensch erst nach und nach erwerben muss. Dafür sind die dann entstehenden Beziehungen oft besonders stabil. Solche sehr einfühlsamen Menschen ergänzen sich meist sehr gut mit Autisten. Sie können die gelegentlichen „Macken" eines Autisten nachvollziehen. Sie wünschen sich vielleicht manchmal, mehr Zeit mit ihrem Partner zu verbringen, aber sie wissen, dass das einem Autisten schwerfällt und derjenige mehr Zeit mit ihm verbringt, als mit jedem anderen Menschen. Das ist ein größerer Liebesbeweis als die absolute Zeit. Solche einfühlsamen Partner übernehmen oft auch organisatorische Dinge, die dem autistischen Partner schwerfallen. Zum Beispiel Zugkarten für einen Ausflug kaufen oder, wenn man später zusammen wohnt, die Planung des Haushalts. Sie passen sich in vielen Dingen an, etwa was das gemeinsame Essen oder gemeinsame Unternehmungen angeht, weil sie wissen, dass ihr autistischer Partner ohnehin schon mit so vielen Dingen zu kämpfen hat, bei denen er sich anpassen muss. Andersherum schätzen sie die besondere Zuverlässigkeit ihres autistischen Partners, der sich an Versprechen hält. Der englische Autist Keith Newton hat zum Beispiel eine solch einfühlsame nichtautistische Freundin, mit der er ein „gutes Team" bildet. Er sagt:

> *„Zu viele Unterschiede würden machen, dass wir nicht zusammenpassen. Aber zu viele Ähnlichkeiten würden uns davon abhalten, voneinander zu lernen." (Newton / Hendrickx 2007, 77)*

Wenn du mal einen nichtautistischen Partner hast, kann es sein, dass du ab und zu ein schlechtes Gewissen hast oder dich minderwertig fühlst. Keith hat zum Beispiel das Gefühl, dass er viel weniger geben kann, als seine Freundin ihm gibt. Doch das wird nicht stimmen. Mache dir dann klar, dass der andere gerne mit dir zusammen ist und dich genauso mag, wie du bist – mit all deiner „Andersartigkeit". Während du vielleicht bewunderst, wie gut der andere sich mit Freunden unterhalten kann, schätzt der andere vielleicht, dass du sehr logisch denkst und ein sehr beständiger Mensch bist.

Allerdings gibt es viele Autisten, die sich am wohlsten fühlen, wenn ihr Partner ihnen sehr ähnlich ist. Sprich, sie finden einen Partner, der ebenfalls autistisch ist. Auch die autistische Julia sucht danach:

> *„Gefallen könnte mir zu guter Letzt ein lieber, autistischer Leidensgefährte, aber bisher hab ich noch keinen gefunden. Ich suche weiter. Finden werde ich bestimmt jemanden." (Rohde 2005, 95)*

Vielleicht lernst ja auch du einen anderen Autisten kennen und ihr verliebt euch. Das kann den Vorteil haben, dass ihr beide die Schwierigkeiten des anderen besser verstehen könnt.

Wichtig in jeder Beziehung ist, dass man miteinander spricht. Man muss einander sagen oder irgendwie zeigen, was man mag und was nicht. Wenn du zum Beispiel eine Beziehung hast und merkst, dass dir Berührungen oft Stress bereiten, muss dein Partner das wissen.

Tipp

Vielleicht fällt dir Schreiben leichter als Sprechen? Dann schreibe deinem Partner oder deiner Partnerin doch einen Brief, in dem du erklärst, wie du dich fühlst.

Über einen Brief wird er oder sie sich sowieso freuen, denn gerade in einer Liebesbeziehung freut man sich über solche Zuneigungsbeweise. Sie sind wichtig, damit der andere sich geliebt und geachtet fühlt und weiß, dass du immer noch gerne mit ihm zusammen bist.

Tipp

Auch kleine SMS oder Nachrichten mit WhatsApp oder ähnlichen Messaging-Diensten zwischendurch werden den Partner freuen. Es reicht nämlich meist nicht, wenn man nur einmal sagt, dass man den anderen lieb hat. Man sollte das zumindest alle paar Wochen mal wiederholen.

Du musst dabei nicht jedes Mal sagen oder schreiben „Ich habe dich lieb", sondern kannst deinem Partner Komplimente machen, also nette Sachen über ihn sagen. Zum Beispiel dass er beziehungsweise sie gut aussieht oder gut riecht oder wie gut er doch Volleyball oder Gitarre spielen kann oder wie gerne du Zeit mit ihm oder ihr verbringst.

Außerdem kannst du versuchen, deine Liebe anders als durch Worte auszudrücken. Erinnere dich daran, dass Christine Preißmann ihren Eltern immer einen Kuchen backt, um ihre Liebe zu zeigen. Was für die Liebe in der Familie gilt, gilt auch für die Liebe zu einem Partner. Vielleicht hat deine Freundin oder dein Freund einen besonderen Wunsch oder ein besonderes Hobby? Vielleicht geht sie oder er gerne schwimmen? Dann bereite doch an einem schönen Sommertag ein Picknick vor und lade sie ins Freibad ein. Vielleicht geht sie oder er aber auch gerne tanzen? Wenn du das selbst nicht so magst, verschenke doch eine CD mit passender Musik, die ihr zusammen hören könnt. Außerdem sind Blumen und Pralinen kleine Geschenke, über die sich eigentlich jeder freut.

Selbst wenn du wie Nicole Schuster eines Tages aber feststellen solltest, dass Verliebtsein und Beziehung nicht dein Ding sind – dann ist das auch gut, denn man muss das Leben nicht zu zweit verbringen. Vielleicht hast du stattdessen tolle Freunde oder eine Arbeit, die dir viel Spaß macht.

Ob du dich verliebst oder nicht, ob derjenige, mit dem du zusammen bist, ein Junge oder ein Mädchen ist, ob älter oder jünger – wichtig ist immer nur, dass es dir gut dabei geht. Niemand hat das Recht, dich zu etwas zu überreden oder zu zwingen, was du nicht willst. Liebe müssen immer beide empfinden! (Lies dazu auch das Kapitel „Mobbing"!)

Allerdings kann Liebe auch wieder vergehen. Manchmal empfindet man anfangs Liebe, doch nach einiger Zeit vergeht das Gefühl. Dann darf man die Beziehung beenden. Man muss nicht mit jemandem zusammenbleiben, mit dem man sich nicht mehr wohlfühlt. Dabei musst du jedoch wissen, dass es in jeder Partnerschaft mal Probleme gibt und nicht immer alles schön ist. Genauso wie das in der Familie oder mit Freunden der Fall ist.

Andersherum – auch wenn die Partnerschaft im Großen und Ganzen gut läuft und du dich wohlfühlst, kannst du nie sicher sein, ob der jetzige Partner der einzig richtige ist oder ob es nicht noch irgendwo einen passenderen gibt. Mit dieser Unsicherheit muss man leben.

Tipp

Für den Fall, dass du mal eine Partnerschaft beendest oder dein Partner sich von dir getrennt hat und du dann einen neuen Freund/Freundin findest: Schwärme deinem neuen Partner nicht von den guten Eigenschaften deines vorherigen Partners vor! Das würde ihn sehr verletzen.

Zum Weiterlesen

Bücher

- Daniels, E. (2015): Geliebter Fremder: Wie Frauen ihren Asperger-Mann lieben und verstehen. TRIAS, Stuttgart
- Clark, E. E. (2014): Flirten für Dummies. Wiley, Weinheim an der Bergstraße
- Fischer, B., Fischer, C. (2014): Ich liebe einen Asperger!: Unsere Ehe, unsere Kinder – und das Asperger Syndrom. TRIAS, Stuttgart
- Newton, K., Hendrickx, S. (2007): Asperger Syndrome – a love story. Jessica Kingsley Publishers, London
- Rainbow Rowell, R. (2015): Eleanor & Park. Hanser, München
- Schmidt, P. (2014): Ein Kaktus zum Valentinstag: Ein Autist und die Liebe. Patmos, Ostfildern

Film

- Mozart and der Wal (Verfilmung von des Romans „Crazy in Love" von Jerry und Mary Newport)

4.4 Mobbing – Warum sind manche Menschen so gemein zu mir?

„Immer wieder versuchte ich, die Tür zu öffnen, ohne Erfolg. Da konnte ich sehen, dass die anderen Kinder in der Klasse über mich lachten."

Nick Dubin

Dieses Zitat stammt von dem Asperger-Autisten Nick Dubin. Er erlebte solche Situationen als Kind und Jugendlicher sehr oft und litt darunter. Als Erwachsener hat er deshalb ein Buch darüber geschrieben, wie man mit Mobbing umgeht.

Man nennt es nämlich Mobbing, wenn andere dich immerzu auslachen und hänseln. Wie wir schon in den Kapiteln zu Freundschaft und Liebe erklärt haben, verstehen andere Menschen Autisten und ihr Verhalten oft nicht. Manche Leute meiden Autisten daher; andere machen sich lustig oder spielen ihren autistischen Mitmenschen Streiche. Wenn sie das häufiger machen und dich damit verletzten, ist es Mobbing. Mobbing ist es auch, wenn jemand dich ständig vor anderen schlecht macht (das nennt man Lästern) oder gar grundlos schlägt. Sogar jemanden einfach ignorieren und nichts mit ihm zu tun haben wollen, kann Mobbing sein. Wenn dich jemand im Internet schikaniert – zum Beispiel heimlich aufgenommene peinliche Fotos von dir postet oder in sozialen Netzwerken Gerüchte über dich in die Welt setzt – nennt man es **Cypermobbing.** Ein anderer Ausdruck für Mobbing ist **Bullying;** er bedeutet dasselbe.

Halten wir direkt am Anfang fest: Egal was der Mobbende dazu sagt – es gibt nie einen Grund, einen anderen zu schikanieren und zu quälen. Dass man anderen Menschen nicht wehtun darf, ist sogar gesetzlich festgeschrieben. Eine Ausnahme gilt nur dann, wenn man in Notwehr handelt, also wenn man sich gegen einen Angriff eines anderen schützen muss.

Mobbing betrifft nicht nur autistische Kinder und Jugendliche. In fast jeder Schulklasse steht ein Schüler in der „Hackordnung" ganz unten und wird von seinen Mitschülern gehänselt oder als Sündenbock missbraucht. Im Internet wurde laut Studien schon mehr als jeder dritte Jugendliche gemobbt. Auch unter

Erwachsenen gibt es Mobbing, zum Beispiel unter Kollegen am Arbeitsplatz. Egal ob online oder offline, ob Kind oder Erwachsener: Die Gemobbten sind häufig Menschen, die sich irgendwie von den anderen unterscheiden. Zudem werden meist Personen gemobbt, die sich nicht gut wehren können, da sie zum Beispiel keine oder wenige Freunde haben, die ihnen zur Hilfe eilen.

Warum aber machen Menschen das? Warum sind sie böse zu anderen? Eine einzige Erklärung, weshalb jemand mobbt, gibt es nicht. Jeder Mobbende mag einen anderen Grund dafür haben. (Das heißt nicht, dass Mobbing begründet, also richtig ist! Es ist immer falsch – Grund meint hier keine Entschuldigung, sondern nur eine Erklärung!) Manche wollen ihre Überlegenheit zeigen und damit ihren Freunden imponieren. Andere nutzen jede Gelegenheit, um anderen weh zu tun. Wieder andere wurden selbst gemobbt und hacken nun auf dem Nächstschwächeren herum. Häufig ist es nicht nur eine Person, die mobbt, sondern eine Gruppe. Ein Grund dafür ist dann, dass es den Zusammenhalt in dieser Gruppe stärkt, wenn sie sich einen gemeinsamen „Feind" suchen – einen Außenseiter, den sie zusammen mobben. Manchmal ist es aber auch so, dass einer in der Gruppe anfängt zu mobben, und die anderen sich gedrängt fühlen mitzumachen, obwohl sie selbst vielleicht gar nicht wollen.

Doch der Hauptgrund für Mobbing ist vermutlich, dass manche Menschen es einfach nicht akzeptieren können, wenn jemand ihnen fremd erscheint. Statt darüber nachzudenken, warum sich jemand von ihnen unterscheidet oder ob er überhaupt so anders ist, schließen sie den „Fremdling" aus der Gruppe aus, etwa aus der Klassengemeinschaft, schlagen und schubsen ihn oder nehmen ihm seine Sachen weg. Evolutionär, also von unserer menschlichen Entwicklungsgeschichte her, kann man so ein Verhalten sogar ein bisschen nachvollziehen. Denn weil alles Fremde und Unbekannte möglicherweise eine Gefahr darstellt, ist es zumindest sinnvoll, Fremdem zurückhaltend zu begegnen. Umso wichtiger ist es, dass andere Menschen erfahren, warum Autisten manchmal anders sind als nichtautistische Menschen. Dann verstehen sie hoffentlich, dass ihnen dieses Anderssein keine Angst machen muss.

Es gibt Menschen, die mehr mobben als andere. Der Grund ist meist, dass sie selbst sehr unsicher sind. In der Pubertät ist das besonders schlimm. Denn während dieser Zeit wissen alle Menschen noch nicht so recht, wer sie eigentlich sind und welche Lebensweise für sie die „richtige" ist.

Du solltest dich also auf keinen Fall tatsächlich schwach und minderwertig fühlen, wenn du gemobbt wirst, und denken, die anderen Kinder seien innerlich stark und selbstsicher. Im Gegenteil: Nur weil sie selbst so unsicher sind, suchen sie jemanden, der zumindest den Eindruck macht, er sei schwächer als sie, und den sie „fertig machen" können. Dadurch versuchen sie, sich selbst aufzuwerten.

Bis jetzt haben wir uns vor allem gefragt, warum jemand zum „Mobbingtäter" wird. Aber warum werden gerade bestimmte Menschen zu „Mobbingopfern"?

Wie schon gesagt, werden vor allem schwach und anders erscheinende Menschen gemobbt. Leider trifft gerade das auf autistische Kinder und Jugendliche zu. Dafür gibt es mehrere Gründe (auch das ist wieder keine Entschuldigung für einen Täter, sondern nur eine Erklärung!).

Autisten suchen meist wenig den Kontakt zu Gruppenmitgliedern, weder zu Mitschülern in der Schule, noch zu Kindern im Sportverein. Schon alleine dadurch, dass sie nicht so recht zur Gruppe dazugehören, sind sie oft diejenigen, gegen die sich die anderen verbünden. Sie bedeuten für andere keine Gefahr – sie haben ja niemanden, der ihnen helfen würde oder dem sie sich anvertrauen können, also können sie auch nichts „petzen". So denken die Mobbenden.

Tipp

Wenn du von anderen gemobbt wirst, such dir Hilfe. Wirst du von jemandem bedroht oder körperlich angegriffen, also zum Beispiel geschlagen, und andere Leute sind in der Nähe, bitte gezielt eine bestimmte Person um Hilfe. Schlag am besten direkt etwas vor, das dir gerade helfen könnte. Auf dem Schulhof könnte sich das dann so anhören: „Hey du, mit dem grünen Pullover, bitte hilf mir und hole einen Lehrer".

Autisten werden zudem relativ häufig gemobbt, da sie oft leichtgläubig bis naiv sind. Sie können sich nicht gut vorstellen, dass Menschen etwas anderes meinen und denken können, als das, was sie sagen oder tun. Nick Dubin wurde zum Beispiel einmal von Nachbarskindern an eine Schaukel gefesselt und nicht wieder freigelassen. Sie hatten ihm gesagt, dass sie Räuber und Gendarm spielen wollten und er dazu seine Hände hoch nehmen sollte. Nick erkannte jedoch nicht, dass die Kinder nicht mit ihm spielen, sondern ihn ärgern wollten. Den anderen hat es Spaß gemacht, doch Nick hat dieses Mobben sehr wehgetan. Erst der Vater konnte Nick befreien (*Dubin 2007, 22 f.*).

Da Autisten selbst oft glauben, dass andere die Wahrheit sagen, liegt übrigens daran, dass sie selbst oft sehr ehrlich sind. Manchmal ist auch das Grund zum Mobben:

Als der Asperger-Autist Peter zwölf Jahre alt war, legten Klassenkameraden dem Lehrer ein Furzkissen auf den Stuhl. Als der Lehrer später fragte, wer das getan habe, verriet Peter es sofort. Er „verpetzte" den Mitschüler, das heißt, er war in der falschen Situation zu ehrlich. Bei seinen Klassenkameraden war Peter von nun an „unten durch"*, weil er ihnen den Spaß verdorben hatte. Der verpetzte Mitschüler drohte Peter später auf dem Pausenhof sogar Schläge an (*Dubin 2007, 41*).

Im Kapitel über Sprache kannst du lesen, dass Asperger-Autisten zwar gut sprechen können, aber doch „Spracheigenheiten" haben. Sie verstehen Redewendungen nicht und betonen Sätze ungewöhnlich beziehungsweise gar nicht. Asperger-Autisten benutzen auch vielfach sehr gehobene Wörter. Sie sprechen nicht die Umgangssprache beziehungsweise den „Jugendslang", den andere Kinder und Jugendliche sprechen. Auch das ist für viele Menschen ein Anlass zum Lästern und Lachen (schaue für Tipps ins Kapitel über Sprache).

Auch über die oft ungewöhnlich scheinenden Spezialinteressen vieler Autisten haben wir schon gesprochen. Auch diese können ein Auslöser für Mobbing sein.

Wie du wahrscheinlich bereits weißt (schaue dazu in das Kapitel „Wahrnehmung"), ist der vermutlich wichtigste Unterschied zwischen Autisten und Nichtautisten die Reizverarbeitung. Die besondere Reizverarbeitung macht Autisten auffällig und daher möglicherweise zum Ziel für Mobbing. So schreibt der mittlerweile erwachsene Asperger-Autist Lukas:

> *„Verhaltensweisen von mir, über die sich Schüler zeitweise lustig machten, waren am ehesten meine Neigung zu Panik sowie meine Verunsicherung in meiner Gestik, meinen Bewegungen (teilweise roboterhaft) und meinem Blickverhalten (Vermeidung von direktem Blickkontakt)." (Persönliches Interview, Fragebogen)*

Stell dir vor, du sitzt im Klassenraum und plötzlich geht der Feueralarm los. Das Geräusch tut dir so sehr in den Ohren weh, dass du anfängst zu schreien. Vielleicht überlastet schon das Gemurmel deiner Mitschüler oder der Verkehrslärm auf der Straße deine Sinne. Nichtautistische Menschen können mit solchen Geräuschen normalerweise ganz gut umgehen und werden sich wundern, wenn ein Autist nervös wird oder gar „ausrastet".

Lustig machen sich Kinder auch, wenn jemand ungeschickt ist. Und das ist leider gerade bei Asperger-Autisten oft der Fall. Sie haben ihren Körper häufig nicht so gut unter Kontrolle und bewegen sich daher etwas unkoordiniert (mehr dazu im Kapitel über Körper). Nick Dubin wurde zum Beispiel immer schadenfroh „der Watschler" genannt, weil die anderen meinten, er ginge wie eine watschelnde Ente. Besonders im Sport fällt solche Ungeschicklichkeit auf. Viele Autisten schaffen es nicht, an einem Seil hochzuklettern oder andere Übungen im Sportunterricht zu machen. Darüber werden sich einige Mitschüler lustig machen, da es für sie selbst ganz einfach ist. Die Ungeschicklichkeit kann sogar dazu führen, dass die anderen Kinder sauer und aggressiv werden, statt „nur" zu lachen. Und zwar dann, wenn sie bei einem Gruppenspiel das autistische Kind in ihrer Gruppe haben und glauben, durch dessen Unsportlichkeit nicht gewinnen zu können.

Im Kapitel „Körper" bekommst du ein paar Tipps, was du eventuell gegen körperliche Ungeschicktheit tun könntest.

Allerdings kann es auch Grund zum Mobbing sein, wenn jemand etwas besonders gut kann. Vielleicht bist du sehr gut in Mathe und deine Mitschüler sind deshalb neidisch. Aber statt den Neid zuzugeben, schikanieren sie dich lieber. Indem sie auf dir rumhacken, wollen sie ihr Gefühl von Schwäche (in Mathe) in eines von Stärke verwandeln.

Tipp

Achte daher darauf, andere nicht ständig zu verbessern, vor allem nicht vor den Augen und Ohren anderer Mitschüler oder eurer Lehrer. Biete lieber freundlich deine Hilfe an, wenn jemand zum Beispiel Schwierigkeiten mit einer Mathe-Aufgabe hat oder nicht so gut Englisch kann.

Ein weiterer Mobbingpunkt ist die Sexualität. Gerade in der Pubertät ist Sexualität für die meisten Jugendlichen ein wichtiges Thema. Gleichzeitig ist es eins, über das man tuschelt und sich lustig macht (das machen manchmal sogar noch Erwachsene). Autisten zeigen meist erst spät Interesse am anderen Geschlecht, wenn überhaupt. Gleichaltrige mögen sie daher für homosexuell halten und Homosexuelle – also Männer, die Männer lieben oder Frauen, die Frauen lieben – sind ebenfalls oft Mobbingopfer, weil sie nicht zu der Mehrheit gehören. Über das Thema Sexualität erfährst du später noch mehr in diesem Buch.

Ebenfalls nicht zur Mehrheit gehört man, wenn man anders aussieht als die meisten Menschen, zum Beispiel wenn man Kleidung trägt, die nicht „hip" ist, oder eine ungewöhnliche oder ungestylte Frisur hat. Gerade Autisten interessieren sich aber oftmals nicht so sehr für die neuste Mode, Schminken oder sonstiges Herausputzen des Äußeren und sehen deshalb „anders" aus. Im Kapitel über Freunde hatten wir dir daher schon den Tipp gegeben, dich in der Kleidung an Gleichaltrigen zu orientieren (auch wenn dir Aussehen eigentlich nicht so wichtig ist).

Schlussendlich werden manche Autisten gemobbt, weil sie manchmal eine „Extrawurst"* bekommen, zum Beispiel wenn der Lehrer sich mehr um sie kümmert als um die anderen Schüler. Oder wenn ein Autist manchmal zwischendurch aus dem Unterricht gehen darf, weil er sonst einen Overload bekommen würde.

Es gibt also viele Gründe, warum Autisten zu Mobbingopfern werden können. Es gibt sogar noch einige Dinge, die ein Mobbing für autistische Menschen besonders schlimm machen. Andere nichtautistische Mobbingopfer haben vielleicht außerhalb der mobbenden Gruppe Freunde, die ihnen beistehen und das Gefühl vermitteln, doch nicht ganz allein zu sein. Doch Autisten haben oft überhaupt keine oder nur sehr wenige Freunde. Zudem ist Autismus keine sichtbare Behinderung wie etwa bei einem Rollstuhlfahrer. Daher schreiten unbekannte Mitmenschen seltener ein. Denn sie erkennen nicht, warum sich ein Autist nicht wehren kann. Außerdem reagieren Autisten manchmal sehr langsam, weil sie alle Details wahrnehmen und erst mal ordnen müssen. Daher können sie sich nicht direkt verteidigen. Durch das langsame Verarbeiten wird ihnen oft erst hinterher bewusst, dass sie gemobbt wurden.

So ging es der Asperger-Autistin Margarita als Jugendliche. Sie merkte gar nicht, dass sie gemobbt wurde, weil sie Körpersprache nicht lesen konnte und Ironie nicht verstand. Ein anderes Mädchen hatte zu ihr gesagt: „Wir sind so froh, dich bei uns zu haben." Dabei verdrehte das Mädchen jedoch die Augen, was bedeutet, dass sie das Gesagte nicht ernst, sondern genau umgekehrt meint (Dubin 2007, 37). Um Mobbing zu verhindern, ist es also zunächst wichtig, dass du überhaupt merkst, wenn du gemobbt wirst.

Tipp Du könntest zum Beispiel den Lehrer bitten, dich darauf hinzuweisen, wenn er eine Mobbingsituation mitbekommt. (Idealerweise sollte der Lehrer dann sogar sofort einschreiten, aber vielleicht wäre dir das ja unangenehm und du möchtest lieber lernen, dich selbst zu verteidigen.) Vielleicht gibt es in der Klasse alternativ einen Mitschüler, dem du vertraust und der dich auf Mobbingsituationen aufmerksam machen könnte.

Außerdem kannst du mit deinen Eltern oder einem Therapeuten üben, zu unterscheiden, wann jemand etwas wörtlich meint und wann nicht; wann er nur Spaß macht und wann er sich tatsächlich über dich lustig macht.

Tipp Beispielsweise anhand von Filmen könnt ihr analysieren, wie Personen etwas meinen: Genauso wie sie es sagen oder meinen sie vielleicht etwas ganz anderes? Das ist wichtig, damit du dich nicht ständig verfolgt fühlst. Denn manchmal ist eine Bemerkung auch nur ein gut gemeinter Spaß.

Tipp Um Mobbing vorzubeugen, kannst du selbstverständlich versuchen, an einigen der oben genannten Gründe zu arbeiten, also zum Beispiel dich wie deine Mitschüler kleiden oder dir Redewendungen einprägen. Zudem gibt es die Möglichkeit, deinen Mitschülern, Sportkameraden oder wer auch immer dich mobbt, zu erklären, was Autismus bedeutet. Wenn sie verstehen, dass du die Welt anders wahrnimmst als sie und dich darum manchmal auch anders verhältst, werden sie viel-

Tipp leicht verständnis- und rücksichtsvoller. Lies vielleicht vorher das Kapitel „Soll ich mich outen?“.

Meist ist es vor allem gut, wenn dein Lehrer weiß, dass du autistisch bist. Denn manchmal verhalten sich Lehrer ebenfalls sehr ungeschickt, etwa wenn sie nicht verstehen, dass du aufgrund der motorischen Schwäche nicht exakt zeichnen kannst. Dann meinen sie vielleicht, du strengtest dich nicht genug an, und bestrafen dich oder sie halten das Bild gar vor der ganzen Klasse hoch, um die anderen auf deine „Unfähigkeit“ aufmerksam zu machen.

Am allerwichtigsten bei Mobbing ist, dass du dich jemandem anvertraust, auch wenn es dir schwerfällt, das Geschehene in Worte zu fassen. **Du hast jedes Recht, dir Hilfe zu holen,** denn nicht du bist es, der etwas falsch gemacht hat. Wenn Lehrer, Eltern oder Nachbarn sehen, wie du gemobbt wirst, aber nicht eingreifen, haben sie eine Mitschuld. Eine Hierarchie unter Menschen ist okay (manche Menschen sind einfach besser auf einem Gebiet, andere schlechter, und überall gibt es eine Rangordnung, zum Beispiel einen Teamchef beim Sport). Aber darauf darf kein Mobbing aufbauen.

Tipp Sprich mit jemandem, dem du vertraust – deinen Eltern, Verwandten, Lehrern oder Eltern deiner Freunde. Wenn du das Gefühl hast, niemanden zu kennen, mit dem du reden könntest oder möchtest, kannst du dich an eine Beratungsstelle wenden.

Bei solchen professionellen Beratungsstellen arbeiten Menschen, die dir schnell und kostenlos helfen. Adressen und Telefonnummern zum Beispiel vom Kinderschutzbund findest du im Anhang.
An manchen Schulen gibt es ein sogenanntes Buddy-Programm. Buddy ist das englische Wort für Kumpel. In Buddy-Programmen erklären sich einige Schüler bereit, benachteiligten Mitschülern – wie Mitschülern mit Autismus – im Alltag zur Seite zu stehen und sie zu unterstützen. Das hilft auch gegen Mobbing.

Mit jemandem zu reden, ist wichtig, da Mobbing auf die Dauer gefährlich sein kann. Manche Mobbingopfer bekommen Bauch- oder Kopfschmerzen, wenn sie morgens aufstehen und in die Schule gehen sollen. Andere werden sehr traurig, haben ständig Angst oder bekommen Albträume. Nick Dubin ging es ähnlich:

„Ich war so tief von all dem verwundet, was mir passiert war. Für viele Jahre während meiner Jugendzeit hatte ich Angst, in der Öffentlichkeit gesehen zu werden. Ich habe am Wochenende niemals mein Elternhaus verlassen aus Angst, dass mich jemand aus der Schule sehen könnte. Ich wurde ständig von dem Gedanken gequält, dass mich jemand auslachen würde. Gemobbt zu werden, stieß mich für viele Jahre in eine ernsthafte Depression. Mehrere Male während der Pubertät wollte ich einfach nur sterben." (Dubin 2007, 25 f.)

In jedem Fall solltest du deinen Eltern davon erzählen, wenn du gemobbt wirst. Denn wenn du es nicht tust, werden sie sich nur wundern, warum du oft so gereizt und ärgerlich von der Schule kommst. Wenn sie wissen, dass der Ärger deinen Mitschülern gilt, werden sie nicht denken, dass du auf sie sauer bist.

Nicht oft genug können wir betonen: DU BIST NICHT ALLEIN!

Leider gibt es viele Kinder und Jugendliche, denen so etwas passiert. Das wird auch anderen Menschen langsam immer bewusster. Vor allem viele Lehrer beschäftigen sich damit und informieren sich darüber, wie sie betroffenen Kindern helfen können.

Tipp

Du könntest deinen Lehrer sogar bitten, eine Art Workshop zum Thema Mobbing zu machen, falls es das nicht ohnehin schon gibt. Der Workshop sollte nicht direkt auf dich ausgerichtet sein, sondern allen Mitschülern klarmachen, was Mobbing ist, wie es sich anfühlt und wie man sich davor schützen kann. Wenn sie selbst besser verstehen, was Mobbing bedeutet, werden sie es vielleicht weniger machen. Anstelle eines Workshops könntet ihr auch im Deutschunterricht ein Buch über ein gemobbtes Kind lesen. Vielleicht gibt es in deiner Klasse – oder leider ziemlich sicher in deiner Schule – noch ein anderes Kind, das auch unter seinen Mitschülern leidet? Wenn über so ein Thema gesprochen wird, kann man oft feststellen, dass überhaupt nicht alle von dem Verhalten des oder der Mobbenden so begeistert sind. Viele haben nur Angst, etwas dagegen zu unternehmen, weil sie fürchten, dann selbst zum Opfer zu werden.

Tipp

Wenn du dem Mobbing lieber alleine ein Ende bereiten möchtest, ist es sinnvoll, selbstbewusst zu wirken, also so zu tun, als könnte dir das Gerede deiner Mitschüler gar nichts anhaben, weil du mindestens genauso stark bist wie sie.

Selbstbewusst aufzutreten bedeutet nicht, nun ebenfalls ohne Grund gemein zu werden, sondern sicher auf Hänseleien und Mobbing zu reagieren. Du kannst zum Beispiel mit deinen Eltern ein paar Ausdrücke einüben, die du anderen mit fester Stimme ins Gesicht sagen kannst. Zum Beispiel:

„Lass mich in Ruhe."
„Hau ab."
„Ich will mit dir nichts zu tun haben."

Du kannst üben, so etwas ganz ruhig und dennoch bestimmt zu sagen und dem anderen dabei ins Gesicht zu sehen. Wenn du anderen nicht gerne in die Augen siehst, gucke auf den Hals, die Nase oder die Stirn.

Bei dem frühkindlichen Autisten Dale Gardner hat es geholfen. Seine Mutter hat ihm vor dem Spiegel gezeigt, wie er auf Hänseleien reagieren und dabei ein wütendes Gesicht machen kann.

> *„Ich wollte ja auf dem Schulhof zurückfluchen, aber ich hatte Angst davor, weil ich gelernt hatte, dass man solche Wörter nicht benutzt. Nachdem Mum mir die Fluch-Stunde gegeben hatte, fühlte ich mich besser, weil ich die Regeln verstand, die sie mir beigebracht hatte, also wann und wo man fluchen darf. […] Mit diesen neuen Hilfsmitteln dauerte es zum Glück nicht lange, bis die Hänseleien ganz aufhörten." (Gardner 2010, 241, 313)*

So ein selbstbewusstes Verhalten braucht sehr viel Mut und Übung.

Tipp

Mut und Übung kannst du gut in Selbstverteidigungskursen bekommen. In solchen Kursen geht es nicht um Kampf, sondern um eine möglichst gewaltfreie Lösung von Problemen. Durch die Techniken, die du dort lernst, bekommst du die Sicherheit, zu wissen, dass du dich im Notfall (und nur dann) auch körperlich wehren könntest. Vor allem aber werden dort eine selbstbewusste aufrechte Körperhaltung und eine deutliche Stimme trainiert. Ganz nebenbei machst du noch etwas Sportliches.

Eine Garantie gibt es leider für keine der „Anti-Mobbing-Methoden". Als Erwachsene werden die Menschen aber oft vernünftiger. Mobbing gibt es dann zwar immer noch, aber nicht so oft. Denn Erwachsene können vielleicht eher verstehen, wie verschieden Menschen sein können. Sie sind oft durch ihre Erfahrung toleranter geworden. Kinder und Jugendliche gehen hingegen zunächst von ihren eigenen Interessen und Empfindungen aus und glauben, alle Menschen fühlten und dächten genauso. Sie können einfach nicht nachvollziehen, dass du andere Interessen oder Vorlieben hast. Zudem kann man sich als Erwachsener seine Mitmenschen etwas besser aussuchen als als Kind oder Jugendlicher in der Schule.

Auch Nick Dubin hat gemerkt, dass sich Menschen ändern und Situationen besser werden können:

> *„Ich habe keinen Funken Liebe für die Menschen übrig, die mich als Kind gemobbt haben, aber zu einigen hatte ich als Erwachsener erneut Kontakt. Dabei überraschte mich, wie sehr sie sich verändert hatten. Sie waren freundlich und schienen sich ernsthaft für mein berufliches und privates Leben zu interessieren. Wenn sie sich doch bloß schon so verhalten hätten, als ich aufgewachsen bin." (Dubin 2007, 94)*

Zum Weiterlesen

Bücher

- Buschendorff, F. (2010): Geil, das peinliche Foto stellen wir online! Verlag an der Ruhr, Mülheim an der Ruhr
- Dubin, N. (2007): Asperger-Syndrome and Bullying – Strategies and Solutions. Jessica Kinsley Publishers, London
- Kindler, W. (2007): Dich machen wir fertig! Verlag an der Ruhr, Mülheim an der Ruhr
- Pöhm, M. (2011): Schlagfertig auf dem Schulhof: Anti-Mobbing: Wie man Großmäulern clever Paroli bietet. Pöhm Seminarfactory, Bonstetten
- Schmidt, B., Klein, A. (2009): Ich – Du – Wir alle!: 33 Spiele für soziales Kompetenztraining. Verlag an der Ruhr, Mülheim an der Ruhr

Internet und Telefon-Hotlines

- www.mobbing-schluss-damit.de
  Informationen und Hilfe für gemobbte Kinder und Jugendliche

- www.juuuport.de
  Hier erhältst du Hilfe, wenn du von Cybermobbing betroffen bist, also im Internet gemobbt wirst. Speziell geschulte Jugendliche (im Alter zwischen 15 und 21 Jahren), die sogenannten juuuport-Scouts, beraten bei Problemen im Web.
- www.nummergegenkummer.de
  Kostenlose Telefonberatung für Kinder, Jugendliche und Eltern bei Kummer egal welchen Ursprungs (zum Beispiel Mobbing, Liebeskummer oder Einsamkeit), Telefon: 0800-11611)

4.5 Tiere – Tiere sind mir viel lieber als Menschen. Warum eigentlich?

„Ich sehe die Welt wie ein frohes Tier." Das ist der deutsche Titel eines Buches der Asperger-Autistin und Tierwissenschaftlerin Tempel Grandin. Er soll andeuten, dass Tempel Grandin ihre Umwelt eher wie ein Tier wahrnimmt. Tieren fühlt sie sich verbunden, Menschen erscheinen ihr hingegen sehr kompliziert. Zum Beispiel in Bezug auf Gefühle fühlt sich Temple Grandin Tieren näher. Sie meint, Tiere seien hier immer eindeutig. Sie würden nur „grundlegende" Gefühle kennen wie Freude, Trauer und Angst. Komplizierte Gefühle und Erfahrungen wie Eifersucht, Neid und Enttäuschung seien Tieren hingegen fremd. Ähnlich wohl mit Tieren fühlt sich der frühkindliche Autist Dale Gardner, vor allem mit seinem Hund Henry.

> *„Henry war eben richtig sanft, freundlich und kontaktfreudig. Ich mochte sein kluges Gesicht und vertraute ihm vollkommen. Deshalb fühlte ich mich so wohl, wenn er bei mir war. […] Und ich konnte ihm an den Augen und an seinem Gesicht ansehen, wie es ihm ging. Henrys Gesichtsausdruck veränderte sich immer nur ganz wenig und ich verstand, was es bedeutete." (Gardner 2010, 311)*

Tatsächlich findet man in Büchern immer wieder den Hinweis, dass autistische Menschen zu Tieren oft eine ganz besondere Beziehung haben, die auch viel enger ist als alle ihre Beziehungen zu Menschen.

Bei Tieren gelingt ihnen oft, was sie bei Menschen nicht können: Streicheln, Schmusen und in die Augen gucken.

Für Dale war sein Hund das erste Lebewesen, dem er sich annäherte, das sein Freund wurde und mit dessen Hilfe er viel lernen konnte. Dale spielte mit Henry, redete mit ihm, lernte, was Gefühle sind. Henry war der erste, dem Dale sagte, dass er ihn lieb habe. Und Dale konnte das Gefühl der Liebe zu Henry von den Gefühlen gegenüber anderen Hunden genau unterscheiden. So erinnert sich seine Mutter:

„‚Dale hat Ollie wohl richtig lieb, oder?' ‚Nein, Mum', erwiderte mein Sohn streng, ‚ich mag Ollie. Henry habe ich lieb.'" (*Gardner 2010, 170*)

Tiere können Menschen in der Tat so guttun, dass es sogar „tiergestützte Therapien“ gibt. Besondere Therapien mit Delphinen, Pferden und Lamas haben sich für autistische Störungen bewährt. Solche besonderen Therapien sind sehr teuer und werden nur selten von Krankenkassen übernommen. Vor allem die Delphintherapie kostet mehrere tausend Euro. Denn es müssen nicht nur die Therapiekosten bezahlt werden, sondern auch die Reise zu den Tieren (zum Beispiel nach Mallorca oder Kalifornien).

Man muss allerdings keine so spezielle Therapie mitmachen, damit Tiere helfen können. Oft reicht schon ihre Anwesenheit.

Tipp

Überlege mit deinen Eltern, ob ein Haustier etwas für dich wäre. Wenn es dir zu viel ist, dich immer um ein Tier zu kümmern, könntest du stattdessen regelmäßig ins Tierheim gehen und dort Hunde Gassi führen oder dich um andere Tiere kümmern. Viele Kinder verdienen sich sogar ein zusätzliches Taschengeld, indem sie Hunde von Nachbarn Gassi führen.

Ein Haustier oder Gassi gehen mit einem Hund aus dem Tierheim kann dir zudem helfen, Kontakte zu knüpfen. Wenn du mit einem Hund unterwegs bist, wirst du sicher oft angesprochen, weil jemand wissen möchte, wie dein Hund heißt, ob er gestreichelt werden darf usw. Dabei musst du zwar aufpassen, was dieser Mensch von dir will. Auf keinen Fall darfst du mit einem Fremden mitgehen! (Schau dazu in das Kapitel „Mobbing“!) Viele Menschen sind aber einfach an dem Tier interessiert. So kommt man gut ins Gespräch, denn das Thema „Tier“ steht ja fest. Daran kannst du dich festhalten. Und bestimmt weißt du ganz viel über dein Tier zu erzählen.

Das Thema Haustier eignet sich auch in der Schule, um Freunde zu finden – zumindest unter jüngeren Kindern. Du findest in der Schule sicher andere Kinder, die auch Katzen / Kaninchen / Vögel usw. haben oder mögen und erzählen gerne davon. Im Internet gibt es ebenfalls zu fast jeder Tierart Foren, in denen du dich mit Menschen gleichen Interesses austauschen kannst.

Wenn du dir ein Tier anschaffen möchtest, muss dir aber immer klar sein, dass es sich dabei um ein Lebewesen handelt. Du musst dich um das Tier kümmern, musst es füttern, auf es aufpassen und darauf achten, dass es sich wohlfühlt und gesund bleibt – und das für längere Zeit; denn auch ein Kaninchen wird bis zu zehn Jahre alt. Das ist eine große Verantwortung. Doch gerade dieses besondere Verantwortungsgefühl für ein anderes Lebewesen kann dir auch viel Selbstbewusstsein geben.

Hunde gehören zu den „klassischen" Haustieren. Auch viele Nichtautisten mögen sie. Manche autistische Menschen fühlen sich aber eher zu außergewöhnlichen Tieren hingezogen – außergewöhnlich in den Augen ihrer Mitmenschen. Sie interessieren sich dann nicht für die kuscheligen Tiere, sondern für die eklig anmutenden wie Spinnen, Insekten und Reptilien. Warum das so ist, weiß man nicht genau. Vielleicht liegt es daran, dass manche Autisten den Körperkontakt zu Tieren scheuen und deshalb kein „Kuscheltier" brauchen. Mit Tieren wie Schildkröten oder Fischen ist dann zwar ein weiteres Wesen da und man ist nicht alleine, trotzdem kommt einem das andere Wesen nicht zu nahe, anders als etwa bei Katzen, die einem gerne um die Beine schleichen. Dass Autisten oft eine Liebe für außergewöhnliche Haustiere haben, kann auch daran liegen, dass sie nicht wirklich von dem Lebewesen an sich fasziniert sind. Ihr Interesse ist eher wissenschaftlich. Sie lieben es, die einzelnen Tiere in Stämme, Klassen und Ordnungen zu ordnen. Sie sammeln und untersuchen sie. Und es ist leichter, viele verschiedene Spinnen, Stabschrecken oder Fische zu haben als ein ganzes Rudel Hunde.

Selbstverständlich kann man nichts verallgemeinern. Weder dass Autisten nicht gerne mit ihren Tieren kuscheln, noch dass alle Autisten Tiere lieber mögen als Menschen. Ebenso wie unter Nichtautisten gibt es Autisten, die nicht viel mit Tieren anfangen können – weder mit Hunden oder Katzen, noch mit Insekten oder Fischen. Manche haben sogar Angst vor Tieren. Gerade Hunde sind für manche Autisten schwierig. Das laute Gebell und die überschwängliche Art, wenn ein Hund bei der Begrüßung hochspringt, erschreckt manche Autisten so sehr, dass sie schon Angst haben, wenn sie einen Hund nur aus der Ferne sehen.

Tipp Hast du Angst vor Hunden, solltest du dich folgendermaßen verhalten, wenn du einem begegnest: Nicht weglaufen und dich nicht schnell bewegen. Möglichst ruhig bleiben. Ruhig atmen. Langsam weitergehen. Um dich zu beruhigen, kannst du an etwas Schönes denken.

Zum Weiterlesen

Bücher

- Booth, L. (2014): Und dann kam Billy: Die Geschichte einer wunderbaren Freundschaft. Knaur, München

- Fingerhut, C., Brück, A., Schmidt, S. (2013): Tiere in der Therapie. Hunde und Pferde helfen Patienten mit Schizophrenie, Autismus und Depression. Science Factory, München
- Gardner, N. (2010): Ein Freund namens Henry: Die ungewöhnliche Freundschaft zwischen meinem autistischen Sohn und seinem Hund. Bastei Lübbe, Köln
- Isaacson, R. (2011): Der Pferdejunge: Die Heilung meines Sohnes. Fischer, Berlin
- Martin, A. M. (2015): Die wahre Geschichte von Regen und Sturm. Königskinder, Hamburg

Internet

- www.assistenzhunde-zentrum.de
- https://www.delfine-therapieren-menschen.de/
- www.tiergestuetzte-therapie.de

Kapitel 5

Körper und Sex

5.1 Körper –
Warum muss ich zum Friseur?

5.2 Pubertät und Sex –
Warum kann man wach miteinander schlafen?

5.1 Körper – Warum muss ich zum Friseur?

Mens sana in corpore sano – das ist ein berühmtes lateinisches Sprichwort: ein gesunder Geist in einem gesunden Körper. Das Sprichwort will sagen, dass es wichtig ist, sich um seinen Körper zu kümmern, nicht nur um den Geist, obwohl dieser – also Wissen, Intelligenz etc. – meist als dem Körper überlegen angesehen wird. Der Körper hat nun mal viele Bedürfnisse wie zu essen und zu trinken, wird oft krank und altert. Und doch sind körperliche Dinge vielen Menschen sehr wichtig. Sie achten darauf, was sie anziehen, schminken sich oder machen Sport, um Muskeln aufzubauen. Autisten hingegen haben oft keine gute Beziehung zu ihrem Körper, und zwar in mehrfacher Hinsicht.

Autisten fällt es oft schwer, ihren Körper überhaupt zu spüren. Deshalb lieben es viele, wenn starker Druck auf ihren Körper ausgeübt wird. Solcher Druck von außen macht einem nämlich selbst klar, wie groß der eigene Körper eigentlich ist, das heißt, wo er anfängt und aufhört und wie er sich anfühlt.

Druck wirkt außerdem beruhigend. Temple Grandin baute sich gar eine „Squeeze Machine", also eine „Quetsch-Maschine", mit der sie Druck auf ihren Körper ausüben konnte. Manche Autisten spüren auch gerne den Druck von Wasser und gehen gerne schwimmen, so wie Dale Gardner: „Ich mochte das Gefühl von Wasser. Es um mich zu spüren, wirkte beruhigend und das habe ich geliebt. Nichts konnte mich mehr stören, wenn ich im Wasser war." *(Gardner 2010, 307)*

Tipp

Um deinen Körper besser spüren zu lernen, könntest du die Therapie der Sensorischen Integration ausprobieren. Ergotherapeuten bieten so etwas meist an. Bei der Sensorischen Integration bürstet der Therapeut zum Beispiel deinen Körper ab oder legt dir kleine Sandsäckchen auf den Körper. Dadurch erfährst du die Grenzen deines Körpers besser. Auch Trampolinspringen,

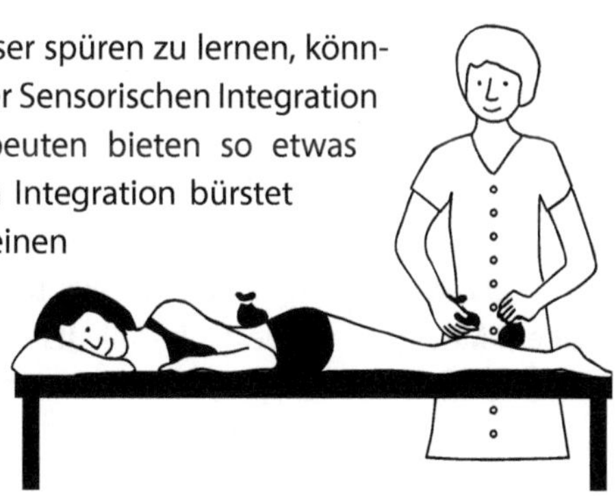

Tipp Jonglieren u.Ä. kann dazu gehören. Eigentlich kann sogar jeder Sport dabei helfen, den eigenen Körper besser zu spüren. Massage und Akupressur können die Körperwahrnehmung ebenfalls verbessern.

Wenig Gefühl für seinen eigenen Körper zu haben, kann sich auch auf innere Funktionen beziehen. Nicht alle Autisten spüren zum Beispiel, wann ihr Magen leer ist und sie etwas essen sollten. Oder sie wissen umgekehrt nicht, wann sie satt sind und wieder aufhören sollten. Oder sie merken nicht, wenn sie müde sind oder frieren.

Tipp Versuche, dich an anderen Menschen zu orientieren. Wann schlafen und essen sie? Wie viel bewegen sie sich? Um vernünftig zu essen, kann es dir helfen, einen Tagesplan zu machen. Schreibe dir (vielleicht mit Hilfe deiner Eltern) auf, wann du wie viel essen und trinken solltest. Vor allem Trinken ist wichtig: Mindestens zwei Liter braucht der Mensch am Tag. Stell dir zwei Wasserflaschen in dein Zimmer oder dorthin, wo du dich viel aufhältst. Nimm dir vor, sie bis zum Ende des Tages ausgetrunken zu haben. Wenn du das regelmäßige Trinken (oder Essen) dennoch häufiger vergisst, kannst du dir auch entsprechende Erinnerungen in deinem Smartphone eintragen. Es gibt auch Apps dafür.

Manche Autisten spüren noch nicht Mal Dinge, die bei anderen Menschen heftige Schmerzen hervorrufen. Wenn andere Kinder bei einer Spritze schreien, dir das aber gar nichts ausmacht, ist das eher ein Vorteil. Wenn du dir aber ein Bein brichst, ohne es richtig zu merken, ist das ein Problem. Ein Beinbruch muss schließlich behandelt werden, damit die Knochen nicht schief zusammenwachsen.

Tipp Gehe regelmäßig zum Arzt und lass dich auf Krankheiten und Verletzungen durchchecken. Und wenn andere Menschen meinen, etwas müsste dir eigentlich wehtun – zum Beispiel wenn du dich mit einem Messer schneidest, aber nichts spürst –, frag im Notfall jemanden, ob er damit zum Arzt gehen würde oder nicht.

Da autistische Menschen ihren eigenen Körper nur schwer spüren, wissen sie auch manchmal nicht, wie weit beziehungsweise nah sie von etwas entfernt sind. Deshalb stoßen sie leicht irgendwo an, zum Beispiel an Türrahmen. Das nennt man **motor clumsiness** (Englisch für **motorische Ungeschicktheit**). Dieses Ungeschickte wirkt auf andere Menschen oft sehr befremdlich. Wenn du nicht nur an Gegenstände stößt, sondern auch an andere Menschen, wird der andere dich nicht nur für ungeschickt halten, sondern es vor allem als unangenehm empfinden. Viele Menschen mögen es nicht, wenn ihnen jemand zu nahe kommt – das gilt nicht nur für Autisten. Allerdings ist es auch merkwürdig, wenn du dich von anderen Personen zu weit weg entfernt stellst, etwa in einem Gespräch. Das vermittelt das Gefühl von Abneigung.

Tipp

Halte bei Fremden ungefähr eine Armlänge Abstand. Wenn du merkst, dass du jemanden versehentlich berührt hast und er oder sie das nicht mochte, entschuldige dich. Zum Beispiel, wenn du jemandem aus Versehen auf den Fuß getreten bist.

Wenig Gefühl für den eigenen Körper bedeutet gleichzeitig wenig Kontrolle über den Körper und die Muskeln. Die Kontrolle über den eigenen Körper zu haben, gehört auch zu den sogenannten **exekutiven Funktionen,** die wir im Einleitungskapitel schon kurz angesprochen haben und bei denen Autisten meist Schwächen haben. Bist du nicht so gut in Sport wie deine Mitschüler oder kannst feine Arbeiten mit der Hand – zum Beispiel Schreiben und / oder Zeichnen – nicht so gezielt ausführen, obwohl du eigentlich genau weißt, wie man die Bewegung ausführen sollte? Manche Autisten beschreiben das so:

> *„In meinem Kopf kann ich klar inhaltlich denken und fühlen kann ich auch. Wenn ich aber […] sogenannte einfachste Handlungen […] in die Tat umsetzen will, kann ich es nicht." (Sellin 1993, 141)*

Oder so:

> *„Wenn ich müde oder erschöpft bin, ist das alles noch schwieriger. Sehr gern würde ich ein bisschen mehr Kontrolle über meinen Körper haben. Auch früher hätte ich mir das sehr gewünscht. Dann hätte ich vielleicht auch mal zum Tanzen gehen können wie meine Klassenkameraden oder mitmachen beim Schlittschuhlaufen im Winter." (Preißmann 2005, 76)*

Viele Autisten leiden vor allem darunter, dass sie im Sportunterricht schlechter sind als ihre Mitschüler. Sie werden ausgelacht und immer als letzte in eine

Mannschaft gewählt. Es ist schwer, den Spaß an Sport und körperlicher Bewegung zu behalten, wenn man sich ungeschickt fühlt und ständig fürchten muss, ausgelacht zu werden. Dennoch ist es wichtig, dass du dich bewegst. Tust du es nicht, werden deine Muskeln noch schwächer und deine Ungeschicklichkeit noch größer. Außerdem tut Bewegung gut, weil dadurch Glückshormone ausgeschüttet werden, vor allem bei Ausdauersportarten wie Joggen, Radfahren und Schwimmen. Aus diesem Grund kann Sport dich beruhigen, wenn du dich ängstlich oder frustriert fühlst.

Tipp

Bestimmt findest du ein passendes Sportangebot für dich: Könnte vielleicht Wassergymnastik / Aqua-Fitness etwas für dich sein? Wie gesagt mögen viele Autisten den Druck, den Wasser auf den Körper ausübt. Bei der Wassergymnastik kannst du lernen, deinen Körper besser zu koordinieren und ihn ganz schonend an Sport und Bewegung gewöhnen. Die Wassergymnastik hat zudem den Vorteil, dass du keinen Partner brauchst und keinen Körperkontakt hast. Außerdem sieht keiner, wenn du dich zunächst etwas ungeschickt verhältst, schließlich ist dein Körper unter Wasser. Auch Tischtennis oder Tennis könnten passende Sportarten sein. Dort bist du Teil eines Teams, musst aber mit niemandem Körperkontakt haben (anders als beim Fußball oder Handball). Auch beim Yoga kannst du sehr gut lernen, deinen Körper besser zu spüren; zudem haben Yoga-Übungen eine beruhigende Wirkung.

Zu der mangelnden Kontrolle über Muskeln gehört ebenfalls zu wenig Kontrolle über die eigene Stimme. Nicht immer gelingt es Menschen mit Autismus, so leise oder laut zu sprechen, wie es einer Situation angemessen wäre. Manchmal wissen sie nicht einmal, ob sie etwas nur gedacht oder tatsächlich ausgesprochen haben.

Bislang haben wir darüber gesprochen, dass Autisten ihren Körper zu wenig spüren. Doch bei manchen autistischen Menschen ist es genau andersrum: Sie spüren ihren Körper zu viel. Andere Autisten schwanken zwischen zu wenig und zu viel Gespür. Ihr Verhältnis zur Körperwahrnehmung ist nicht ausgewogen. Das ist ähnlich wie bei Gefühlen, die viele Autisten manchmal sehr stark und manchmal sehr schwach wahrnehmen (schau dazu in das Kapitel zu Gefühlen). So kann es sein, dass ein autistisches Kind es zwar nicht als schmerzhaft empfindet, wenn es sich ein Bein bricht, aber das morgendliche Haarekämmen ganz schrecklich findet und sehr leidet. Es klagt und jammert. Andere Menschen halten das für übertrieben. Körperliche Berührungen, wie zum Beispiel auch Haarekämmen, tun ihnen gut. Sie wirken auf viele Menschen tröstend. Für die meisten

Menschen sind Berührungen ein Zeichen, dass jemand sie mag. Manche autistischen Menschen haben sogar Probleme beim Einschlafen, weil sie ihre Körperfunktionen, zum Beispiel den Herzschlag, so deutlich wahrnehmen, dass es eigentlich nie still für sie ist.

Tipp

Wenn du auch deinen Herzschlag oder andere Körperfunktionen so deutlich wahrnimmst, dass sie dich stören, kann es hilfreich sein, sich „Masker" zu überlegen. Ein Masker ist etwas, das Töne erzeugt, um die anderen störenden Geräusche zu überdecken. So könntest du zum Einschlafen zum Beispiel immer leise deine Lieblingsmusik im Hintergrund laufen lassen.

Ganz oben auf der „körperlichen Problemliste" vieler Autisten steht der Körperkontakt mit anderen Menschen – was ja auch kein Wunder ist, wenn man seinen Körper zu wenig oder zu viel spürt. Da bei den meisten Autisten die Körperwahrnehmung eher zu gering ausgeprägt ist, mögen sie Körperkontakt vor allem nicht, wenn er sehr leicht ist (zum Beispiel ein sanftes Streicheln). Lieber ist es vielen, mit festem Druck berührt zu werden.

Wenn du keinen Körperkontakt magst, ist das an sich nicht schlimm. Aber vielen anderen Menschen ist er sehr wichtig. Sie genießen Umarmungen, Küsse und Streicheleinheiten. Solche Berührungen tun ihnen gut und können tröstend wirken, da sie zeigen, dass man gemocht wird.

Tipp

Anstelle einer Berührung kannst du mit deinen Eltern oder anderen Menschen ein Zeichen abmachen, das ihnen zeigt, dass du sie lieb hast, oder eines, das sie machen können, um dir ihre Liebe zu zeigen, ohne dich anzufassen. Wie wäre es, mit Daumen und Zeigefinger ein L zu formen, für Liebe? Oder statt einer Umarmung nur die Zeigefinger aneinander zu legen?

Manchen Berührungen kann man allerdings nur sehr schwer aus dem Weg gehen, zum Beispiel beim Arzt oder in einem vollen Bus. Versuche dann am besten, dich auf etwas Schönes zu konzentrieren. Auch ums Händeschütteln bei einer Begrüßung solltest du dich nicht immer drücken.

Tipp

Das Händeschütteln machst du am besten etwa drei Sekunden lang. Das ist weder zu kurz, noch zu lang.

Ein weiteres Problem autistischer Menschen in Bezug auf den Körper kann das Aussehen und die Hygiene sein.

Fangen wir bei der Kleidung an. Viele Autisten mögen bestimmte Stoffe nicht, aus denen viele Kleidungsstücke gemacht sind. Oder ihnen ist es unangenehm, Ketten oder Ringe auf der Haut zu spüren.

Tipp

Probiere aus, welcher Stoff dir angenehm ist. Vielleicht magst du keine reine Wolle, aber weiche Baumwolle oder Fleece? Dementsprechend kannst du deine Sachen aussuchen. Es kann hilfreich sein, von einem angenehmen Kleidungsstück gleich mehrere zu kaufen. Dann brauchst du dich nicht bei jedem Kleiderwechsel allzu sehr an etwas Neues zu gewöhnen. Allerdings solltest du in der Schule nicht immer das Gleiche tragen. Deine Mitschüler könnten sonst denken, du würdest deine Kleidung nie waschen. Nach der Schule kannst du dich zu Hause dann ja wieder in dein Lieblingskleidungsstück hüllen. Oder du kaufst zum Beispiel mehrere gleiche Pullover, aber in unterschiedlichen Farben. Dann fühlen sie sich zwar gleich an, sehen aber unterschiedlich aus.

Kommen wir nun zur Körperhygiene. Obwohl viele Autisten den Druck von Wasser mögen, ist ihnen das Gefühl von fließendem Wasser auf der Haut unangenehm. Ebenso gefällt einigen die kratzende Zahnbürste auf den Zähnen nicht. Dennoch ist es wichtig, dass du dich pflegst. Vor allem für deine Gesundheit, aber auch damit andere dich nicht meiden oder über dich lästern, weil du „schmutzig“ bist und „stinkst“. Zur Körperhygiene gehört auch, regelmäßig die Kleidung zu wechseln und zum Friseur zu gehen.

Wenn du in die Pubertät kommst oder es schon bist, ist Hygiene umso wichtiger, zum Beispiel bei Mädchen, wenn sie ihre Menstruation bekommen. Wenn Jungen in der Pubertät Barthaare wachsen, sollten sie sich regelmäßig rasieren.

Tipp

Du könntest dir einen Zeitplan machen, was du täglich tun musst (zum Beispiel Zähneputzen, Unterwäsche wechseln), was alle zwei Tage zu tun ist (zum Beispiel Haare waschen, Pullover wechseln), was wöchentlich erfolgen soll (zum Beispiel Nägel schneiden) und was nur alle paar Wochen zu erledigen ist (zum Beispiel Haare schneiden). Deos, Shampoos, Rasierwasser und ähnliche Körperpflegeprodukte gibt es auch ohne Parfümstoffe. Das kann für dich angenehmer sein.

Auf seinen Körper achten heißt außerdem, ausreichend zu schlafen und zu essen. Wie erwähnt, ist das für manche Autisten ein Problem, weil sie ihren Körper und seine Bedürfnisse nicht genug spüren. Das Essen kann aber auch zu einem Problem werden, weil viele Autisten nur bestimmte Lebensmittel mögen. Dadurch bekommen sie manchmal Mangelerscheinungen, also Krankheiten, weil ihnen Vitamine und andere wichtige Stoffe fehlen.

Tipp

Sprich mit deinen Eltern und am besten mit einem Arzt darüber, ob mit deiner Ernährung alles in Ordnung ist oder ob du vielleicht Mangelerscheinungen hast. Wenn dir tatsächlich bestimmte Stoffe fehlen, könnten dir Nahrungsergänzungsmittel helfen, also Vitamine oder andere fehlende Stoffe wie Eisen und Calcium in Form von Pillen. Besser ist es allerdings, wenn du versuchst, auf deine Ernährung zu achten und etwas Abwechslung in deinen Speiseplan zu bringen. Oft ist es gar nicht so schlimm, etwas Neues auszuprobieren. Wenn du zum Beispiel nur Speisen einer bestimmten Farbe isst, mische dir, wo es möglich ist, natürliche Lebensmittelfarbe oder etwas färbende Speisen bei, zum Beispiel die Gewürze Kurkuma oder Safran für Gelb, Rote Beete oder Beeren für Rot. Gemüse und Obst, das viele Vitamine enthält, könntest du pürieren, damit sich die Farbe ändert.

Manche „Experten“ raten Autisten, eine bestimmte Diät einzuhalten. Mit Diät ist nicht gemeint, wenig zu essen, sondern auf bestimmte Nahrungsmittel zu verzichten. Besonders der Verzicht auf Gluten (das ist vor allem in Getreide) und Kasein (das ist in vielen Milchprodukten) könne die Symptome autistischer Störungen abschwächen oder sogar ganz zum Verschwinden bringen, liest und hört man oft. Wissenschaftlich gibt es dafür aber keinen Beweis. Auch dass bestimmte Vitamine oder Nährstoffe wie Vitamin B6 oder Omega-3-Fettsäuren als Nahrungsergänzungsmittel zusätzlich zum Essen genommen, also zum Beispiel als Pille, bei Autismus helfen, ist wissenschaftlich nicht belegt. Statt auf gewisse Nahrungsmittel zu verzichten oder ohne ärztlichen Rat zusätzlich Pillen zu nehmen, solltest du, wie erwähnt, eher viele verschiedene Dinge essen, damit du von allen Vitaminen und Nahrungsstoffen genügend bekommst.

Eine weitere Besonderheit mancher Autisten in Bezug auf ihren Körper – wenn auch kein Nachteil – ist übrigens Linkshändigkeit. Viele Autisten sind Linkshänder oder können mit der linken Hand genauso gut schreiben, zeichnen, greifen usw. wie mit der rechten. Möglicherweise liegt das daran, dass bei Autismus die rechte Gehirnhälfte, welche die linke Körperseite steuert, besser ausgebildet ist. Genau weiß man das aber nicht.

Zum Weiterlesen

Bücher

- Attwood, T. (2019): Leben mit dem Asperger-Syndrom: Von Kindheit bis Erwachsensein – alles was weiterhilft. 3. Aufl. TRIAS, Stuttgart
- Vermeulen, P. (2013): Ich bin was Besonderes: Arbeitsmaterialien für Kinder und Jugendliche mit Autismus-Spektrum-Störungen. modernes Lernen, Dortmund

Internet

- www.dge.de
  Homepage der Deutschen Gesellschaft für Ernährung. Mit Informationen über ausgewogene Ernährung und Ernährungstipps
- www.gsid.de
  Homepage der Gesellschaft für Sensorische Integration.
  Hier findest du Informationen über die Therapie und kannst online nach passenden Therapeuten suchen.

5.2 Pubertät und Sex – Warum kann man wach miteinander schlafen?

Jetzt haben wir schon ziemlich viele Dinge rund um den Körper erläutert. Und bei der Körperhygiene haben wir bereits angedeutet, dass sie ab der Pubertät besonders wichtig wird.

Die Pubertät ist aber nicht nur in Bezug auf Hygiene, sondern in Bezug auf den gesamten Körper ein wirklich großes Thema. Während der Pubertät verändert sich der Körper in vielfältigster Weise. Er wächst meist stark, man bekommt Haare unter den Achseln und im Genitalbereich. Männliche Jugendliche bekommen auch einen Bart. Außerdem verändert sich bei ihnen die Stimme; man sagt, sie sind im „Stimmbruch". Mädchen hingegen bekommen einen Busen und ihre Menstruation, ihre „Tage". Außerdem haben sich fast alle Jugendlichen in der Pubertät emotional nicht so sehr unter Kontrolle. Manche Jugendliche werden während der Pubertät aggressiv oder sind mal ganz traurig, dann plötzlich wieder ganz fröhlich. Das liegt daran, dass sich der Hormonhaushalt umstellt und auch dein Gehirn ganz viele Veränderungen durchmacht. Dein Körper bildet nun vermehrt weibliche beziehungsweise männliche Hormone, damit du einmal Kinder bekommen beziehungsweise zeugen kannst, wenn du möchtest.

So viele Veränderungen können Angst machen, erst recht weil man nichts davon kontrollieren kann. Das gilt nicht nur für Autisten, sondern geht nichtautistischen Jugendlichen ganz genauso. Die Autistin Caroline fühlte sich nicht immer so richtig wohl dabei:

> *„Ich fühle mich oft nicht wohl. Habe des Öfteren Haarausfall, trockene Haut. Möchte immer anders aussehen, Körperkontakt mag ich oft nicht. Beschäftige mich nicht mit diesem Thema, da ich mich nicht wohlfühle in meiner Haut und das macht mich dann traurig." (Persönliches Interview, Fragebogen)*

Die Pubertät setzt bei manchen Kindern beziehungsweise Jugendlichen früher ein, bei anderen später, meist so zwischen elf und 16 Jahren. Kinder, die früher in die Pubertät kommen, also früher als ihre Klassenkameraden Brüste oder eine tiefe Stimme bekommen, werden manchmal gehänselt. Das liegt einfach daran, dass sie nun etwas „anders“ aussehen als die anderen. Falls dir das passiert, denke nicht, dass du etwas falsch gemacht hast. Wann die Pubertät beginnt, kann man grundsätzlich nicht beeinflussen. Insbesondere kann man sie nicht stoppen, indem man nichts mehr isst, um nicht mehr zu wachsen. Das kann niemand.

Während der Pubertät wird auch **Sexualität** ein Thema. Auch viele Autisten haben dann ein großes Interesse an sexuellem Verhalten – allerdings nicht immer in Bezug auf Sex mit einem anderen Menschen, sondern in Form von Selbstbefriedigung oder Stimulation. Das heißt, sie mögen sich gerne selbst an den Geschlechtsorganen berühren, haben es aber nicht unbedingt gerne, wenn jemand anders sie dort berührt. Sie wollen auch niemand anderem körperlich nahe sein. So schreibt Wendy Lawson:

> *„Ich war schon immer jemand mit einem starken sexuellen Verlangen. Aber während meiner ganzen Pubertät und auch am Anfang meines Lebens als Erwachsener war es nicht mit anderen Personen verbunden. Ich hatte keine Phantasien über Sex mit jemand anderem und mochte noch nicht einmal Intimitäten zwischen anderen beobachten. Ich fühlte mich immer unwohl, wenn ich andere Leute sah, die sich körperlich sehr nahe kamen, umarmten oder küssten. Und ich vermied solches Verhalten wahrzunehmen – egal ob bei Menschen, in Büchern oder in Filmen.“ (Murray 2006, 202)*

Bei manchen Autisten ist die Freude an Selbstbefriedigung nicht wirklich ein sexuelles Interesse, sondern mehr ein Interesse an angenehmen Gefühlen, ohne deren genaue Bedeutung zu kennen.

Wie Wendy kein oder nur ein geringes Interesse an Sex mit anderen Menschen zu haben, ist in Ordnung. Da Autisten nur ungern Körperkontakt mögen, ist das verständlich. Manchen Autisten macht es zudem Angst, mit einem andersgeschlechtlichen Körper konfrontiert zu werden.

Oft macht aber plötzlich Spaß, was vorher Angst gemacht hat, wenn der richtige Partner da ist. Wendy Lawson hat zum Beispiel mittlerweile Gefallen am Sex mit anderen gefunden. Dabei hat sie gemerkt, dass sie lesbisch ist, also als Frau Frauen liebt. Auch Toby fühlt sich zum gleichen Geschlecht hingezogen:

> *„Es ist schon schwer genug für mich, andere Leute überhaupt zu verstehen. Aber sogar mein Vater sagt, dass er Frauen nicht versteht. Ich glaube, da bleibe ich lieber bei Männern.“ (Howlin 2004, 320)*

Die sexuelle Vielfalt ist aber noch viel größer. So fühlen sich manche Menschen sowohl zu Frauen als auch zu Männern hingezogen. Das nennt man bisexuell. Wieder andere stellen fest, dass sie zwar wie eine Frau oder ein Mann aussehen, sich innerlich aber wie das jeweils andere Geschlecht fühlen und deshalb gerne von einer Frau zu einem Mann oder umgekehrt werden möchten. Solche Menschen nennt man transgender. Wieder andere fühlen sich überhaupt keinem Geschlecht zugehörig und bezeichnen sich als „divers". Auch Asexualität, das heißt das Fehlen eines Interesses an Sexualität, gehört hier hin. Im Zusammenhang der sexuellen Vielfalt findet man oft den Ausdruck „LGBTQ" (= Lesbisch, Schwul, Bisexuell, Transgender und Queer).

Etwas schwer zu verstehen ist für Autisten oft auch die Anbahnung von Sexualität, also das Flirten. Den Wunsch nach Sex zeigen Menschen dem anderen oft mit Hilfe von Körpersprache. Wenn man jemandem auf den Mund guckt, ist das manchmal ein Zeichen dafür, dass man denjenigen küssen möchte. Für Autisten kann das allerdings etwas problematisch sein. Schließlich blicken sie anderen oft auf den Mund statt in die Augen. Sie denken sich nichts dabei, aber der andere mag es als eine „Kuss-Aufforderung" verstehen. Zudem gibt es bestimmte Sätze, mit dem man jemandem zeigt, dass man Sex mit ihm möchte. „Kommst du noch auf einen Kaffee mit rauf?", ist einer dieser Sätze. Wenn zwei Menschen miteinander ausgegangen sind, zum Beispiel in eine Disko, ein Restaurant oder Ähnliches, sagt das manchmal der eine zum anderen. Mit „Raufkommen und Kaffeetrinken" meint er aber in Wirklichkeit „Raufkommen und Sex haben oder Kuscheln".

Es gibt auch eine ähnliche Umschreibung für „keinen Sex wollen". Vielleicht hast du schon mal in einem Film gehört, dass eine Frau zu ihrem Partner sagt: „Jetzt nicht. Ich habe Migräne". Die Migräne kann dann eine Ausrede sein und soll dem Partner durch die Blume* sagen, dass man jetzt keinen Sex möchte. Für Sex und Geschlechtsthemen gibt es übrigens besonders viele „merkwürdige" Begriffe beziehungsweise Metaphern (zu Metaphern schau noch mal in das Kapitel „Sprache"). Beispielsweise ist auch mit „Vögeln" oder „ein Rohr verlegen" (das Rohr steht als Metapher für Penis) Sex gemeint. Und statt „Ich habe gerade meine Menstruation" hört man manchmal Umschreibungen wie „Bei mir ist gerade Erdbeerwoche" oder „Tante Rosarot ist zu Besuch". Vielen Menschen sind die Themen nämlich unangenehm. Sexualität galt früher lange als Tabuthema, das heißt, man redete nicht darüber. Heute ist das etwas anders, aber trotzdem werden oft Umschreibungen benutzt.

Wenn du Sex mit jemandem haben möchtest – egal ob Mann oder Frau – solltest du dir klar machen, dass Sex ein Geben und Nehmen ist. Das heißt, nicht nur der andere muss deine Bedürfnisse befriedigen, sondern du solltest auch versuchen, dass dein Partner Spaß hat, sich wohlfühlt und idealerweise sogar einen Orgasmus hat, also einen sexuellen Höhepunkt erlebt. Das ist bei Männern dann, wenn der Samenerguss stattfindet. Bei Frauen sieht man den Orgasmus nicht so deutlich, hier muss der Partner es eher erspüren.

Tipp

Du solltest dich nicht an dem Sex orientieren, den man im Fernsehen oder Internet manchmal sieht, sei es in normalen Filmen oder in Pornos, das heißt in Filmen, die ausschließlich von Sex handeln. Dort werden häufig Situationen gezeigt, die mit dem alltäglichen Leben wenig bis gar nichts zu tun haben.

Auch Christine Preißmann war sehr verwirrt, als sie so etwas zum ersten Mal sah:

> *„Im Hotelfernsehen hatte ich den Videokanal entdeckt und entsetzt festgestellt, was man da beim Sex so alles machen müsste. Es erschien mir völlig unmöglich, jemals einen sexuellen Kontakt haben zu können, da ich mir nicht vorstellen konnte, dies alles zu tun. Dennoch hatte ich versucht, mir die Reihenfolge dessen einzuprägen, was die Darsteller miteinander machten, damit ich im Bedarfsfall wenigstens ungefähr Bescheid wüsste, was zu tun sei. Dass die gezeigten Szenen und Techniken nicht alle bei jedem Paar zum Einsatz kommen müssen, das wusste ich nicht und ich war ziemlich erleichtert, als ich es vor wenigen Jahren zufällig erfahren habe." (Preißmann 2005, 107)*

Die meisten nichtautistischen Jugendlichen sind ebenfalls erst einmal etwas durcheinander, wenn sie Sex in Pornos sehen, und nehmen fälschlicherweise an, das müssten sie nun auch alles so machen. Diese Verwirrung liegt vermutlich daran, dass die meisten Menschen wie erwähnt über Sex nicht so offen reden und wenn doch, dann vor allem mit Freunden und Gleichaltrigen, die in der Pubertät ebenfalls noch wenig sexuelle Erfahrungen haben. Autisten fehlt darüber hinaus oft sogar dieser Austausch, da sie überwiegend eher Kontakt zu Menschen anderen Alters haben, also zu deutlich jüngeren oder älteren, zum Beispiel zu ihren Eltern. Eltern sind aber meist etwas scheu, in Bezug auf Sex alles im Detail zu erzählen und zu erklären.

Tipp

Wenn du Fragen zum Thema Sex hast und nicht weißt, wem du sie stellen sollst, kannst du zu einer Beratungsstelle von Pro Familia gehen. Eine anonyme Online-Beratung erhältst du auch unter www.loveline.de, einer Seite der Bundeszentrale für gesundheitliche Aufklärung. Die Angebote sind nicht speziell für autistische Jugendliche, denn auch die meisten nichtautistischen Jugendlichen wissen nicht, wohin mit ihren Fragen über Sexualität. Du solltest daher am besten beim Stellen deiner Frage erwähnen, dass bei dir Autismus diagnostiziert wurde – für den Fall, dass die Frage einen Aspekt enthält, der mit deinem Autismus zu tun hat (zum Beispiel Abneigung gegen Körperkontakt). Halte dich am besten an Pro Familia oder Loveline – die Angebote sind seriös und vertrauenswürdig – und stelle deine Frage nicht einfach irgendwo online.

Wenn du bereits einen Partner oder Partnerin hast, mit dem du gerne Sex hättest, solltest du offen mir ihm oder ihr über eure Wünsche sprechen.

Tipp

Anstatt zu überlegen, was man beim Sex am besten machen sollte und was nicht, rede mit deinem Partner oder deiner Partnerin darüber, was dir gefällt und frage ihn beziehungsweise sie, was ihm beziehungsweise ihr gefällt. Zu solchen Gesprächen gehört Mut. Einfacher fällt es dir vielleicht, deinem Partner oder deiner Partnerin solche Fragen und Wünsche in einem Brief mitzuteilen.

Was beim Sex gefällt, ist bei jedem Menschen ein bisschen anders. Wenn du also schon mal einen Freund oder eine Freundin hattest, sei nicht verwundert, wenn der oder die nächste ganz andere Sachen mag.

Falls du gerne Sex mit einem anderen Menschen hättest, aber nicht den richtigen Partner findest, solltest du dich nicht unter Druck setzen. Bei vielen Menschen dauert es länger, bis sie jemanden finden.

Du solltest allerdings nicht ständig und nicht mit jedem über deinen Wunsch nach einem Partner und nach Sex sprechen. Manche Menschen können sich davon belästigt fühlen. So eine Offenheit kann außerdem gefährlich sein (dazu gleich mehr). Über seine Fantasien und über Sex spricht man nur mit seinem Partner oder unter wirklich guten Freunden oder sucht sich Hilfe bei den oben genannten Beratungsstellen.

Sex muss übrigens nicht bedeuten, dass der Mann wirklich mit seinem Penis in die Frau eindringt, dass also beide miteinander schlafen*. Auch sogenanntes Petting kann eine Form von Sex sein. Petting ist zum Beispiel, den anderen an seinen Geschlechtsorganen zu berühren oder mit der Zunge zu lecken.

Wenn du nicht mit jemand anderem schlafen möchtest, dich aber gerne selbst befriedigst, ist das vollkommen in Ordnung. Selbstbefriedigung nennt man **Masturbation.** Hier gilt aber auch wieder: Man sollte es nur machen, wenn man alleine ist, nicht in der Öffentlichkeit.

Es ist genauso okay, wenn du gar kein Interesse an Sex und Selbstbefriedigung hast. Man kann auch gut ohne leben, jedenfalls wenn man keine Kinder möchte. Das Wichtigste beim Sex ist, dass er Spaß macht und du dich wohlfühlst. Wenn das nicht der Fall ist, mach dir keine Vorwürfe, sondern lass es einfach.

Allerdings solltest du dir bewusst sein, dass es dann schwieriger werden wird, einen Partner zu finden, denn den meisten Menschen ist Sex wichtig.

Außerdem sollte dir bewusst sein, dass dein Körper auf andere Menschen sehr anziehend wirken kann, sobald du einmal in die Pubertät gekommen bist. Manche Menschen wollen dann mit dir Sex, auch wenn du das gar nicht willst. Das nennt man dann **sexuellen Missbrauch** – dazu ein paar Worte mehr:

Was genau alles sexueller Missbrauch ist, ist manchmal schwer zu definieren. Eindeutig ein sexueller Missbrauch ist es, wenn dich jemand an der Brust, deiner Scheide oder dem Penis berührt, obwohl du das nicht möchtest. Oder wenn dich jemand dazu drängt, ihn beziehungsweise sie an diesen Stellen zu berühren oder ihm oder ihr einen (Zungen-) Kuss zu geben. Bei anderen Handlungen wird es schwieriger. Denn sexueller Missbrauch kann schon bei Worten anfangen. Das ist zum Beispiel so, wenn dir jemand sagt, dass er deinen Po ganz toll findet oder, wenn du ein Mädchen bist, dass du schon eine schöne Brust hast. Wenn dieser jemand dir das mal sagt, solltest du es eher als Kompliment verstehen und dich freuen. Doch wenn er es dir ständig sagt, obwohl du ihn darauf hingewiesen hast, dass du das nicht möchtest, ist es Missbrauch.

Richtig schwierig wird es, wenn es um sexuellen Missbrauch in der Familie geht. Das kommt leider häufiger vor, als man denkt. Väter, Onkel oder Brüder und manchmal auch Mütter oder andere weibliche Verwandte bitten dann ein Kind, sich vor ihnen auszuziehen, berühren es an intimen Stellen oder schlafen sogar mit ihm. Anderseits können manche Handlungen und Situationen als Missbrauch interpretiert werden, obwohl sie es nicht sind. Zum Beispiel wenn dein Vater gerne mit dir badet. In den meisten Familien ist das vollkommen normal. Doch wenn dein Vater dich dabei zwingt, ihn etwa am Penis anzufassen oder dich an deinen Geschlechtsorganen anfasst, ist das nicht normal. Ebenso ist es nicht normal, wenn dein Vater dich ständig bittet, dich auszuziehen, damit er dich angucken kann und deine Mutter und deine Geschwister das nicht wissen sollen.

Was normal und in Ordnung ist und was nicht, hängt vor allem davon ab, wie es dir dabei geht. Viele Kinder wissen allerdings nicht genau, ob das, was passiert, noch angenehm ist oder nicht, gerade wenn es der Vater ist oder eine andere Person, die das Kind gut kennt. Denn dann vertraut man dem anderen ja. Außerdem unternimmt man viel zusammen. Dadurch hat derjenige viele Gelegenheiten, sich ganz langsam „vorzutasten", also von einem normalen Berühren und Angucken in einen Missbrauch überzugleiten. So fängt es oft sehr spielerisch mit kleinen Berührungen beim „normalen" Kuscheln an und steigert sich dann, so dass die Gefühle des Kindes und vielleicht auch die von zufälligen Beobachtern sehr verwirrt werden. Das hat auch die Autistin Alexandra erlebt:

> *„Es hat angefangen, als ich erst fünf Jahre alt war. Ich wollte ja kuscheln, aber irgendwann wurde es einfach irgendwie zu eng. Ich wollte weg, aber er hat mich an sich gedrückt. Ich hatte ihn doch lieb, deswegen wollte ich nicht, dass er traurig ist, wenn ich weggehe, aber bleiben wollte ich doch auch nicht, nicht so." (Persönlicher Bericht)*

Obwohl gerade sexueller Missbrauch sehr weh tut, reden viele Kinder beziehungsweise Jugendliche nicht darüber. Erst recht nicht, wenn ein Familienmitglied ihnen wehgetan hat, aber oft auch dann nicht, wenn es ein Fremder war. Das liegt zum einen daran, dass das Thema Sex, wie schon gesagt, bis heute ziemlich tabu ist und Erwachsene darüber weder reden, noch davon hören wollen.

Doch es gibt noch mehr Gründe, warum sich missbrauchte Kinder und Jugendliche nicht trauen, über das Erlebte zu sprechen.

Erstens glauben Kinder oft, dass sie „kein Recht" hätten, „Nein" zu sagen, oder denken wie Alexandra, dass sie denjenigen „doch lieb" haben oder zumindest mögen. Sie können es nicht richtig einordnen: Ist derjenige nun nett oder böse? Sie mögen den Täter, aber hassen gleichzeitig das, was er tut.

Zweitens bekommen sie von demjenigen, der sie missbraucht, oft mehr Beachtung als von anderen und werden von ihm „wie ein Erwachsener behandelt". Das macht sie stolz. Betroffene Kinder und Jugendliche wollen dann oft nicht, dass diese Person bestraft wird. Sie wollen diese vermeintlich gute und besondere Behandlung nicht verlieren. Das ist ein besonderes Risiko bei Kindern und Jugendlichen mit Autismus: Weil sie relativ wenige Freunde haben, möchten sie nicht auch noch auf diesen vermeintlichen „Freund" verzichten.

Drittens glauben viele betroffene Kinder und Jugendliche, sie hätten selbst etwas falsch gemacht und dass sie so eine demütigende Behandlung mit irgendwas verdient hätten, weil sie schlecht seien. Sie geben sich die Schuld. Manche Täter reden ihnen das sogar ein. Sie sagen zum Beispiel etwas wie „Das geschieht dir nur recht", „Das macht dir doch Spaß" oder „Die Mama wird krank, wenn du jemandem davon erzählst".

Aber was passiert, ist niemals deine Schuld! Was passiert, liegt allein in der Verantwortung des Täters! Das gilt auch dann, wenn du bis zu einem bestimmten Punkt mitmachen wolltest oder wenn du dich gegen den Willen deiner Eltern mit jemandem verabredet hast.

Viele missbrauchte Kinder schweigen zudem, weil sie denken, dass sie die einzigen sind, denen so etwas passiert, und dass ihnen sowieso niemand glauben wird. Wenn dir jemand so wehtut, ist es aber ganz wichtig, dass du weißt: DU BIST NICHT ALLEIN!

Leider gibt es nämlich viel zu viele Kinder, denen so etwas passiert. Und das wird auch anderen Menschen langsam immer bewusster. Sie werden dir zuhören und glauben. Daher ist am allerwichtigsten: **SPRICH DARÜBER!** Denn sonst bleibt es nicht bei einem Vorfall, sondern der Missbrauch geht manchmal über Jahre weiter.

Rede deshalb mit jemandem, dem du vertraust. Gib nicht auf, auch wenn du erst zwei, drei, vier oder noch mehr Leute ansprechen musst; du wirst jemanden finden, der dir glaubt und dir helfen kann. Wenn dir kein Familienmitglied, Freund oder Bekannter einfällt, geh zu einer Beratungsstelle. Genau wie beim Mobbing, kann es bei Missbrauch krank machen, wenn du deine Probleme in dich hineinfrisst* und nicht darüber redest.

Du kannst auch selbst etwas dafür tun, das Risiko, dass dir so etwas passiert, zu verringern – zumindest in Bezug auf Fremde.

Tipp

GEHE NIE MIT FREMDEN MIT! Auch wenn Sie dir Schokolade, Computerspiele oder sonst etwas versprechen. Oder wenn sie fragen, ob du ihnen hilfst, ihren weggelaufenen Hund zu suchen oder Ähnliches. Du darfst sogar unfreundlich sein, wenn dich jemand auf der Straße anspricht und dir sagt, dass du mitkommen sollst. Lauf einfach weg oder ruf notfalls um Hilfe.
Steig nicht zu einem Fremden ins Auto, auch nicht wenn derjenige sagt, dass er ein Bekannter oder Kollege deiner Eltern sei und dich nach Hause bringen solle. Außerdem solltest du zu Hause Fremden nicht die Tür aufmachen, wenn deine Eltern es dir nicht ausdrücklich erlaubt haben.

Tipp

GIB NIE IM INTERNET PERSÖNLICHE DATEN VON DIR HERAUS! Also nicht deinen vollen Namen, deine Adresse, Schule usw., ohne dass deine Eltern davon wissen. BENUTZE KEINE WEBCAM ohne Erlaubnis deiner Eltern! Denn in Chatrooms weißt du nie, ob die Person, mit der du dir schreibst, wirklich diejenige ist, die sie vorgibt zu sein. Immer wieder geben sich Erwachsene als Kinder aus und erfragen persönliche Dinge von chattenden Kindern, um sie schlimmstenfalls, etwa auf dem Weg zur Schule, abzufangen und zu entführen. Oder sie fangen plötzlich an, „merkwürdige" intime Sachen zu erzählen oder zu fordern, zum Beispiel dass du dich ausziehen oder deine Geschlechtsteile beschreiben sollst.

Tipp

Ziehe dich nie in der Öffentlichkeit aus! Fasse keinen Fremden aus Neugier an (vor allem nicht an Po, Busen, Vagina oder Penis)! Benutze zum Beispiel im Schwimmbad immer eine Umkleidekabine. Ausziehen in der Öffentlichkeit oder Anfassen kann auf andere so wirken, als ob du mit ihnen Sex haben möchtest.

Diese Darstellungen und Tipps haben dir hoffentlich keine Angst gemacht. Die meisten wollen nichts Schlechtes von dir. Dennoch ist es wichtig, dass du dir gewisser möglicherweise gefährlicher Situationen bewusst bist und dich entsprechend selbst schützt. Auch andere Kinder und Jugendliche bemerken häufig nicht, dass jemand nicht nett ist, obwohl er vordergründig so tut. Für autistische Kinder und Jugendliche gilt das jedoch in besonderem Maße. Denn sie selbst sind meistens ehrlich (ehrlicher als Kinder und Jugendliche es normalerweise sind) und glauben daher, dass andere Menschen ebenso ehrlich sind.

Tipp

Um zu lernen, wie man nette Personen von nur scheinbar netten unterscheidet und „sichere" von „unsicheren" Situationen, könntest du ein soziales Kompetenztraining machen. Dabei lernst du unter anderem mit Hilfe von Rollenspielen, in welchen Situationen du Nein sagen darfst.

Außerdem könntest du, wie schon im Kapitel über Mobbing beschrieben, einen Selbstverteidigungskurs machen, um dich im Notfall wehren zu können und um dich sicherer zu fühlen. Oft bieten Beratungsstellen und Polizei solche Kurse speziell für Kinder beziehungsweise Jugendliche an.

Du solltest trotz dieser Schilderungen keine Angst vor Sexualität an sich haben; sie kann eine sehr schöne Sache sein. Eine Zeit lang nahmen Wissenschaftler zwar an, Autisten hätten überhaupt kein Interesse an Sex, aber das stimmt selbstverständlich nicht. Schon alleine die Tatsache, dass es Autisten gibt, belegt das Gegenteil: Schließlich wird Autismus oft vererbt. Wenn du autistisch bist, dann war es also mit einiger Wahrscheinlichkeit auch irgendeiner deiner Vorfahren, vielleicht sogar einer deiner Eltern. Derjenige hatte ganz offensichtlich Kinder; sonst würde es dich ja gar nicht geben. Autisten können sogar sehr gute Liebhaber sein. Sarah Hendrickx sagt über ihren autistischen Partner Keith Newton jedenfalls:

> *„Er ist ein selbstsicherer Liebhaber. Ich habe keine Ahnung, wo er das gelernt hat. Manchmal fühlt es sich so an, als würde er in der Privatsphäre und Sicherheit des Schlafzimmers zu einem anderen Menschen." (Newton/Hendrickx 2007, 40)*

Und Keith erklärt ihr auch, warum er so selbstsicher ist:

> *„Die Mechanismen [jemand anderem sexuellen Genuss zu bereiten] sind so einfach. Es ist alles eine Frage von Aktion und Reaktion. Die Reaktion kommt meistens schnell und ist nicht schwer zu interpretieren [weil der andere lustvoll stöhnt oder Ähnliches macht und nicht nur den Gesichtsausdruck leicht ändert]. Es ist eine Situation, die mich mit genügend Informationen versieht,*

um gut funktionieren zu können. Wenn die Menschen nur in allen sozialen Situationen so reaktionsfähig wären, wäre die Welt viel einfacher für mich." (Newton/Hendrickx 2007, 41)

Zum Weiterlesen

Bücher

- Bass, E., Davis, L. (2011): Trotz allem. 15. Aufl. Orlanda Frauenverlag, Berlin
- Eder, S., Kettl, S. (2012): Lorenz wehrt sich – Hilfe für Kinder, die sexuelle Gewalt erlebt haben. Riedenburg, Salzburg
- Geisler, D. (2011): Mein Körper gehört mir. Loewe, Bindlach
- Heighway, S., Webster, S. K. (2016): Relationship Building and Sexual Awareness for Kids with Autism: The S.T.A.R.S. Approach. Future Horizons, Arlington
- Lache, L. (2016): Sexualität und Autismus: Die Bedeutung von Kommunikation und Sprache für die sexuelle Entwicklung. Psychosozial-Verlag, Gießen
- Newport, J., Newport, M. (2002): Autism / Asperger's and Sexuality: Puberty and Beyond. Future Horizons, Arlington
- Attwood, S. (2008): Making Sense of Sex: A Forthright Guide to Puberty, Sex and Relationships for People with Asperger's Syndrome. Jessica Kingsley Publishers, London
- Westheimer, R., Lehu, P. A. (2007): Sex für Dummies. Wiley, Weinheim an der Bergstraße
- Weber, A. (2006): „Im Chat war er noch so süß". Verlag an der Ruhr, Mülheim an der Ruhr
- Weber, A. (2013): Das erste Mal – wird's heut passieren? Verlag an der Ruhr. Mülheim an der Ruhr

Internet

- www.hilfeportal-missbrauch.de
  Hilfe für von Missbrauch Betroffene und deren Angehörige
- www.loveline.de
  Jugendportal der Bundeszentrale für gesundheitliche Aufklärung. Informiert über Liebe, Sex, Verhütung und körperliche Veränderungen in der Pubertät.
- https://www.gegen-missbrauch.de/
  (Selbst-)Hilfe für von Missbrauch Betroffene und deren Angehörige
- www.wildwasser.de
  Hilfe für von sexuellem Missbrauch Betroffene und deren Angehörige
- www.zartbitter.de
  Tipps für Kinder und Jugendliche zur Prävention von sexuellem Missbrauch

Kapitel 6

Pflichten

6.1 Schule – Wie komme ich in der Schule besser klar?

6.2 Beruf – Werde ich jemals einen Job haben?

6.1 Schule – Wie komme ich in der Schule besser klar?

Über die Schulzeit sagen die meisten Erwachsenen später zwei Dinge:

- Erstens: Es ist die schönste Zeit des Lebens.
- Zweitens: Zum Glück ist es vorbei.

Genauso widersprüchlich wie diese beiden Aussagen ist die Schulzeit. Die Schule hat positive und negative Seiten – für autistische wie für nichtautistische Menschen.

Was bedeutet Schule für dich und was verbindest du damit? Vermutlich nervt dich an der Schule, dass du nicht alleine sein darfst, stimmt's? Statt dich deinem Spezialinteresse zu widmen, musst du Dinge lernen, die dich gar nicht interessieren. Ebenso kann es nerven, wenn du dich mit Dingen beschäftigen sollst, die du schon längst weißt, zum Beispiel weil du dich für Musik interessierst und bereits viele Bücher darüber gelesen hast und Instrumente längst spielen kannst.

Und du musst mit anderen Menschen zusammen sein. Gerade in den Pausen ist es laut, überall Menschen … Auf Klassenfahrten hast du nicht mal nachts deine Ruhe und dir fehlt deine gewohnte Umgebung. Mit den Themen, über die deine Mitschüler reden, kannst du wenig anfangen. Oder du weißt einfach nicht, wie du dich einer Gruppe anschließt, um mit ihnen die Pausen zu verbringen. Vielleicht wirst du sogar gehänselt.

Für autistische Menschen wie dich ist die Schulzeit oft anstrengender als für Nichtautisten (nicht unbedingt inhaltlich, aber sozial). Trotzdem musst du zumindest für die Zeit der Schulpflicht (das heißt mindestens neun Jahre, in manchen Bundesländern auch zehn oder zwölf Jahre) da irgendwie durch. Du kannst die Schule nicht einfach vorzeitig beenden. Aber du kannst versuchen, besser damit umzugehen. Die Schulzeit kann erträglich und sogar manchmal schön werden. Vielleicht helfen dir unsere Erklärungen und Tipps dabei.

Aber fangen wir vorne an: Auf was für einer Schule bist du? Autistische Kinder können nämlich entweder eine „normale" Schule besuchen oder eine Förderschule, auf der nur Schüler mit geistigen oder körperlichen Behinderungen oder Lernschwierigkeiten sind. Dann gibt es noch eine Zwischenmöglichkeit: Einige Autisten besuchen hauptsächlich eine Förderschule und gehen für einige Fächer auf eine normale Schule, meist ein Gymnasium, um dort am Unterricht teilzunehmen. Oft wächst dabei mit der Zeit der Anteil der Fächer, die sie am Gymnasium besuchen. So können sie sich langsam eingewöhnen und irgendwann vielleicht nur noch auf die normale Schule gehen.

In einigen Ländern gibt es zudem Schulen speziell für Autisten. Ein Beispiel hierfür sind in Deutschland die Schule des Vereins „Die gute Hand" in der Nähe von Köln und die Schule am Friedrichshain in Berlin. Außerdem gibt es einige Schulen, die zumindest eine Klasse ausschließlich für Autisten haben oder sonst besonders auf die Aufnahme autistischer Schüler vorbereitet sind. Hierzu zählt zum Beispiel die Anna-Freud-Schule in Köln, zu der auch ein Internat gehört.

Insgesamt gibt es keine feste Regel, welche Schule für Autisten am besten ist. Falls du noch in der Grundschule bist, wirst du demnächst auf eine andere Schule wechseln müssen (man nennt sie weiterführende Schulen, da sie nach der Grundschule kommen): entweder die Haupt- oder Realschule, das Gymnasium, eine Gesamtschule oder eben eine Förderschule. Wenn du schon gewechselt hast, wirst du sicher wissen, dass auf der neuen Schule manches etwas anders ist. Sie ist vermutlich viel größer und unübersichtlicher und es gibt viel mehr Kinder und Lehrer. Den Lehrern bleibt oft weniger Zeit, auf die persönlichen Sorgen einzelner Schüler zu achten und eine angemessene Einzelbetreuung zu leisten. Heute wird in der Schule zwar viel Wert auf die sogenannte Inklusion gelegt, das heißt die gleichberechtigte Beschulung von Schülern mit und ohne Behinderung in einer Schulform. Da die Klassen jedoch oft sehr groß sind, bleibt bisher trotzdem häufig kaum Zeit, jedem einzelnen Schüler die richtige Unterstützung zukommen zu lassen.

Daher könnte es gut für dich sein, zumindest vorübergehend auf eine spezielle Förderschule für Menschen mit Behinderungen zu gehen. Dort sind die Klassen kleiner und die Lehrer können sich besser um dich kümmern. Zudem gibt es weitere „Helfer" wie Psychologen und Erzieher, die dir dabei helfen, dich in die Klasse zu integrieren oder zu lernen, wie man mit anderen Menschen in Kontakt kommt, oder Therapeuten, die zum Beispiel mit dir an deinem Körperbewusstsein arbeiten. Außerdem haben dort alle Schüler Probleme und machen sich daher weniger übereinander lustig.

Von positiver Erfahrung mit einer Körperbehindertenschule erzählt Caroline (sie hat hochfunktionalen Autismus und keine Körperbehinderung):

„Auf der alten [Schule] ging es mir sehr, sehr schlecht. Sport war die reine Hölle für mich. […] Ich merkte immer, dass ich anders bin, habe dann zum Glück mit Erfolg gewechselt; nach der zehn [10. Klasse] auf die Anna-Freud-Schule in Köln. Bin nun in der zwölf und jetzt macht die Schule mir Spaß. Bereue den

Schulwechsel nicht. Bin nicht mehr alleine mit meinen Schwierigkeiten und Beeinträchtigungen. Da wir eine Körperbehindertenschule sind, hat jeder gewisse Schwierigkeiten. Werde zum ersten Mal in meinem Schulleben nicht mehr geärgert, sogar der Sportunterricht ist nicht mehr die Hölle. Hab zwar motorische Probleme, aber das ist nicht schlimm. Referate ohne Auslachen und ohne Angst. […] 26 [Schüler] in einer Jahrgangstufe, daher kleine Kurse, wo ich mich ohne Probleme melden kann. Habe mich durch den Schulwechsel positiv verändert. Stufenfahrt in Hamburg war total gut – keine Probleme. Zum ersten Mal auf einer Klassenfahrt froh, glücklich und zufrieden mit keinem Heimweh. […] Ich bin so froh, dass ich auf die Anna-Freud-Schule gewechselt bin!!!!!!!!!!!!!!" (Persönliches Interview, Fragebogen)

Trotz der Vorteile einer Förderschule erweist es sich zumindest für Asperger-Autisten häufig als gut, auf eine ganz „normale" Schule zu gehen. Denn zum einen sind Förderschulen oft eher für frühkindliche Autisten geeignet. Kinder mit Asperger-Syndrom und anderen hochfunktionalen Autismusformen fühlen sich manchmal eher unterfordert. Und zum anderen ist es ein Nachteil von Förderschulen, dass man dort oft nur einen Hauptschulabschluss oder die Mittlere Reife machen kann. Wenn du studieren möchtest, müsstest du also anschließend ohnehin noch eine Regelschule (also keine Schule für Schüler mit Behinderung) besuchen, um dort das Abitur oder Fachabitur zu machen.

Tipp

Sinnvoll für den Besuch von Regelschulen kann die Begleitung durch eine Hilfsperson (Schulbegleiter) sein, die dir zumindest am Anfang hilft, dich in der neuen Umgebung und mit den neuen Leuten zurechtzufinden.

Der Unterricht an normalen Schulen ist zwar in der Regel anstrengender als an Förderschulen, doch es gibt mehrere solcher Sonderrechte wie den Schulbegleiter, die du als autistischer Schüler eingeräumt bekommen kannst.

Tipp

Eventuell darfst du statt mündlichen oder praktischen Arbeiten eine schriftliche Arbeit machen. Denn viele Autisten drücken sich lieber schriftlich als mündlich aus. Möglich ist es vielleicht auch, längere Bearbeitungszeiten bei Klassenarbeiten zu bekommen.

Tipp

Vielleicht darfst du zudem bei Klausuren sowie generell im Klassenzimmer auf einem Laptop schreiben statt mit der Hand. Denn autistische Menschen haben aufgrund der mangelnden Körperkontrolle oft Schwierigkeiten mit dem Schreiben per Hand, kommen aber gut mit Computern zurecht.

Im Schulalltag hilft es dir vielleicht außerdem, wenn in den Klassenräumen statt sehr hellen Lampen etwas weniger stechendes Licht verwendet wird, du dich an einen etwas dunkleren Platz setzen darfst oder die zu deinem Platz nächstgelegene Lampe ausgemacht wird. Frag einfach, ob es möglich ist. Am Ende des Kapitels sind außerdem ein paar Bücher aufgeführt, die du deinen Lehrern empfehlen könntest und mit denen sie sich über die besonderen Bedürfnisse autistischer Schüler informieren können.

Tipp

Außerdem könntest du darum bitten, eine Art Rückzugsraum in der Schule zu bekommen. Wenn du rechtzeitig merkst, dass dir gleich alles zu viel wird, kannst du dorthin gehen und dich beruhigen. Vielleicht kannst du mit deinem Lehrer ein Zeichen vereinbaren, damit er weiß, dass du gehen musst. Eine Idee ist eine „STOP-Karte", ein Stoppzeichen wie ein Verkehrsschild, das du auf ein Stück Papier malen kannst. Du findest eine solche Karte auch im Anhang. Ebenso könntest du darum bitten, die Pausen im Klassen- oder Computerraum oder in der Schulbücherei verbringen zu dürfen, statt zu den lärmenden Mitschülern auf den Schulhof zu müssen. Ferner könntest du fragen, ob du von Gruppenarbeit befreit wirst.

Tipp

Wenn du motorische Probleme hast, könntest du ebenfalls um eine Befreiung vom Sportunterricht bitten. Alternativ könntest du fragen, ob du im Sportunterricht ein spezielles Trainingsprogramm bekommen kannst oder ob es möglich ist, deine Leistung anders zu bewerten als die deiner Mitschüler.

Es gibt noch viel mehr Möglichkeiten, den Besuch einer normalen Schule für dich angenehmer zu gestalten, zum Beispiel in Bezug auf den Wechsel von Unterrichtsräumen. Viele Autisten haben nämlich ein Problem damit, dass man auf einem Gymnasium oder einer Realschule häufig den Klassenraum wechseln muss. Es fällt ihnen schwer, sich in der Schule zu orientieren und beispielsweise den Weg vom Englischraum in den Chemieraum zu finden.

Tipp

Besorge dir einen Gebäudeplan der Schule (zum Beispiel bei dem Direktor) oder gestalte dir selbst einen und zeichne deine Wege ein. Am besten farbig: Rot die Raum-Route für Montag, blau den Weg für Dienstag und so weiter. Du kannst die Wege auch am Anfang des Schuljahres mit einem Lehrer abgehen und dir auf einem Zettel notieren. Dann musst du später nur noch ablesen, wo du lang musst.

Den meisten autistischen Schülern hilft es schon sehr viel, wenn sie immer den gleichen Sitzplatz im Raum haben und sich nicht bei jeder Stunde neu orientieren müssen.

Tipp

Wenn du deinen Lehrern das Problem erklärst, ist es sicher möglich, dass du in jedem Raum den gleichen Platz hast, zum Beispiel immer ganz vorne, wenn du dich dort am besten konzentrieren kannst oder ganz hinten, damit die anderen sich nicht über dich lustig machen. Falls es dich irritiert, wenn deine Mitschüler dir sehr nahe kommen, ist es vielleicht auch möglich, dass du deinen Stuhl und Tisch ein bisschen abseits von den anderen stellen darfst. Und vielleicht hilft es dir, wenn du mit dem Gesicht zur Wand sitzt, so dass du dich auf die Sätze deines Lehrers konzentrieren kannst und nicht von zu vielen Seh-Eindrücken abgelenkt wirst.

Tipp

Für Hausaufgaben und Unterrichtsmaterialien sind oft Merkzettel hilfreich. Denn vielen Autisten fällt es schwer, beispielsweise sinnvoll zu planen, wann sie wie ihren Schulranzen packen sollen. Haben sie deshalb häufiger mal etwas nicht dabei, halten manche Lehrer sie für faul und unengagiert. Notiere dir etwa auf deinem Stundenplan, welche Bücher und sonstige Dinge wie Taschenrechner, Lineal, Pinsel o. Ä. du mitnehmen musst. Und trage in jeder Stunde deine Hausaufgaben in ein spezielles Heft oder eine Hausaufgaben-App ein, am besten für den Tag,

Tipp

bis zu dem du die Aufgabe erledigt haben musst. Wenn du jeden Nachmittag in dein Heft schaust, was bis zum nächsten Tag erledigt sein muss, vergisst du nichts mehr.

Tipp

Du könntest ebenfalls einen Mitschüler bitten, dir bei Organisatorischem zu helfen. Wenn du jemanden findest, der das machen mag, kann dich dieser Mitschüler von einem Raum zum anderen begleiten oder dich jeden Tag daran erinnern, welche Hausaufgaben du machen musst.

Tipp

Wenn ein Schulwechsel bevorsteht, könntest du bitten, dir das Gebäude in den Ferien oder an einem Wochenende, bevor die Schule beginnt, in Ruhe anschauen zu dürfen. So kannst du dich schon ein bisschen an die neue Umgebung gewöhnen und in Ruhe mit ihr vertraut machen, statt das am ersten Schultag zwischen lauter unbekannten Menschen machen zu müssen. Dadurch kannst du dich besser auf die fremde Umgebung einstellen und dich am ersten Schultag auf die neuen Mitschüler konzentrieren, statt alle Energie zu brauchen, um dich in den neuen Räumlichkeiten zu orientieren.

Auch Klassenfahrten kannst du dir mit einigen Tipps erleichtern:

Tipp

Manchmal fahren bei Klassenfahrten Eltern als Begleitung mit. Vielleicht könnte das deine Mutter oder dein Vater sein? Eventuell kannst du auch in der Jugendherberge oder dort, wo ihr übernachtet, ein Einzelzimmer bekommen. So könntest du zwischendurch deine Ruhe haben. Du musst vielleicht auch nicht jeden Ausflug mitmachen, oder du darfst die Klassenfahrt verkürzen und zum Beispiel statt fünf nur zwei Tage mitfahren.

Wenn eine bevorstehende Klassenfahrt allzu schlimm für dich ist, musst du bestimmt überhaupt nicht mitfahren, sondern darfst für die Zeit des Klassenausflugs eine Parallelklasse besuchen. Einfach zu Hause bleiben geht nämlich nicht. Es sind ja keine Ferien.

Doch bei allem solltest du zunächst versuchen, ob es nicht auch ohne Sonderregelung geht. Klassenausflüge sind nämlich wichtig, um sich gegenseitig besser kennenzulernen und die Gemeinschaft zu stärken. Außerdem kann es sich für dich lohnen, dich der herausfordernden Situationen zu stellen. Wenn du so etwas geschafft hast, wächst dein Selbstbewusstsein. Und es trainiert dich für später. Schließlich wirst du in deinem Leben vielen fordernden Situationen begegnen und nicht immer werden andere auf dich Rücksicht nehmen können. Wenn du nie an einem Klassenausflug teilnimmst, werden sich deine Mitschüler außerdem wundern, warum du eine „Extrawurst"* bekommst und sich darüber ärgern oder sich über dich lustig machen, jedenfalls dann, wenn sie nicht über deinen Autismus Bescheid wissen. Daher könnten eigentlich als Erleichterungen gedachte Maßnahmen (wie an Ausflügen nicht teilnehmen oder die Pause drinnen verbringen) die Schulzeit insgesamt schlimmer statt angenehmer machen. Du solltest es immer erst ohne die Sonderbehandlungen versuchen.

Wichtig, um die Schulzeit erträglich zu gestalten, ist jedenfalls immer der Umgang mit den Mitschülern und Lehrern. Viele Tipps findest du dazu schon im Kapitel „Mobbing".

Außerdem solltest du Arbeitsmaterialien mit deinen Mitschülern teilen, wenn es erforderlich ist. Also etwa den einzigen Klassencomputer nicht zu lange für dich besetzen.

Tipp In Bezug auf Lehrer solltest du vermeiden, sie ständig zu verbessern. Lehrer machen auch mal Fehler. Aber nicht alle können damit umgehen, kritisiert zu werden.

Zudem verstehen manche Lehrer nicht, warum Autisten oft in einem Fach oder auch in mehreren Fächern sehr gut sein können und in anderen gar nicht klarkommen. Sie halten den autistischen Schüler dann für faul. Doch die ungleichen Leistungen liegen meist nicht an Faulheit, sondern etwa daran, dass du eine Fremdsprache wie Latein aufgrund ihrer Logik verstehst, aber im Deutschunterricht Probleme hast, weil es um fantasievolles Schreiben geht. Wenn du selbst weißt, warum du in einem Fach trotz aller Anstrengung nicht zurechtkommst, erläutere dem Lehrer deine Schwierigkeiten. Anschließend wird er dich hoffentlich verstehen und nicht mehr für faul halten. Vielleicht hat er sogar eine Idee, wie er dir helfen kann, besser zu werden, oder ihr könnt zusammen darüber nachdenken.

Tipp Bei Referaten ist es gut, wenn du sie vorher einem Mitschüler oder deiner Familie vorträgst, um zu überprüfen, ob deine Klasse das Referat verstehen wird. Denn es könnte sein, dass du dich so in das Thema eingearbeitet hast, oder es dich schon vorher so sehr interessiert hat, dass du nun wesentlich mehr weißt als deine Mitschüler und das Referat deshalb für sie zu viele Informationen enthält.

Vielen Autisten hilft es, wenn komplexe Aufgaben in kleine Einzelschritte aufgeteilt werden. Durch die Teilschritte lässt sich die Bearbeitung besser planen und die Aufgabe macht daher gleich viel weniger Angst.

Tipp

Du könntest deinen Lehrer bitten, mit dir die einzelnen Aufgabenschritte zu identifizieren und dir die die Schritte aufzuschreiben. Anschließend kannst du sie nach und nach abarbeiten und abhaken. So eine Aufgabenstrukturierung ist vor allem sinnvoll, wenn du eine Projektarbeit über mehrere Wochen machen sollst. Dann solltest du dir genau überlegen, was bis wann erledigt sein sollte.

Mündliche Beteiligung ist meist etwas, das Autisten nicht sehr mögen. Sie verstehen den Unterrichtsstoff und schreiben gute Klausuren, aber ihre Zeugnisnote ist weniger gut, weil sie sich im Unterricht zu wenig melden. Zu diesen Autisten gehört auch die hochfunktionale Autistin Sabine:

„Die Arbeiten / Klausuren waren immer ganz in Ordnung, dafür ging es mündlich nicht so gut. Ich hatte einfach keine Lust, mich zu melden." (Persönliches Interview, Fragebogen)

Doch wenn du dich in der Schule nicht meldest, stellst du dir selbst ein Bein*. Denn die mündliche Beteiligung im Unterricht fließt in die Zeugnisnote ein und gute Zeugnisnoten sind wichtig, um später einen Platz an der Universität zu bekommen oder eine Arbeitsstelle.

Tipp

Nimm dir für jede Unterrichtsstunde eine gewisse Anzahl von Meldungen vor. Zum Beispiel dreimal pro Stunde in Physik und einmal in Deutsch.

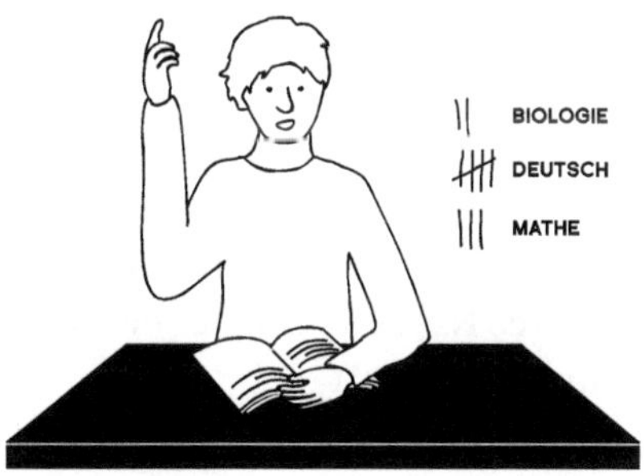

Bei einer Sache jedoch gibt es weder Tipps für Autisten noch für Nichtautisten: Das Problem, dass dich manche Fächer vermutlich nicht interessieren. Doch wie alle Schüler musst du da durch und auch für Fächer lernen, die du nicht magst. Wenn die Schule vorbei ist, kannst du dann einen Beruf wählen, der zu deinen Interessen passt.

Tipp

Manche Fächer werden in der Schule langweilig präsentiert, obwohl die Inhalte eigentlich ganz spannend sind. Schau doch mal Wissenschaftssendungen wie „Quarks & Co" (WDR), besuche einen sogenannten Science Slam (dort werden wissenschaftliche Erkenntnisse

Tipp unterhaltsam und kurz präsentiert) oder schau, ob du bei YouTube Videos findest zu Themen, die ihr gerade in der Schule behandelt. Vielleicht macht dir das Lernen so mehr Spaß.

Zum Weiterlesen

Bücher

- Lawson, W. (2001): Understanding and Working with the Spectrum of Autism. Jessica Kinsely Publishers, London
- Müller, D. (2014): Keine Panik, … es ist doch nur Schule!: Autismus und Schule im Zeitalter von Inklusion Ein Erfahrungsbericht aus Sicht einer Schulbegleitung. Books on Demand
- Sainsbury, C. (2009): Martian in the playground. Sage Publications, New York
- Schicha, R. (2015): Außerirdische Reportagen vom Schulalltag: Ein junger Autist beschreibt seinen Schulalltag. www.Autismus-Buecher.de

Für Lehrer

- DuCharme, R., Gullotta, T.P. (Hrsg.) (2014): Asperger Syndrome: A Guide for Professionals and Families. Springer, Berlin
- Matzies-Köhler, M. (2015): Autismus: Adlerblick und Tunnelsicht 2: Tipps für Lehrer. CreateSpace Independent Publishing Platform
- Sautter, H., Schwarz, K., Trost, R. (Hrsg.) (2012): Kinder und Jugendliche mit Autismus-Spektrum-Störung; Neue Wege durch die Schule. Kohlhammer, Stuttgart
- Schirmer, B. (2016): Schulratgeber Autismus-Spektrum-Störungen: Ein Leitfaden für LehrerInnen. 4. Aufl. Ernst Reinhardt, München
- Schuster, N. (2020): Schüler mit Autismus-Spektrum-Störungen. 5. Aufl. Kohlhammer, Stuttgart

Internet

- www.autismus.de/fileadmin/RECHT_UND_GESELLSCHAFT/Leitlinien_des_Bundesverbandes_autismus_Deutschland_e.V._zur_inklusiven_Beschulung_von_Schuelern_mit_ASS.pdf
  Leitlinien zur inklusiven Beschulung von Schülern mit Autismus-Spektrum-Störungen

6.2 Beruf – Werde ich jemals einen Job haben?

„Autisten können bis in bedeutende Stellungen aufsteigen und so erfolgreich sein, dass man vielleicht daraus schließen könnte, dass zu bestimmten Leistungen nur diese Menschen fähig sind. Es ist, als, wenn sie die Fähigkeit haben, ihre Schwächen auszugleichen. Ihre … Entschlossenheit und Kraft …, ihre Detailfokussierung und Zielstrebigkeit … kann sehr wertvoll sein und zu außerordentlichen Leistungen in dem von ihnen gewählten Bereich führen."

Patricia Howlin

Noch gehst du vermutlich zur Schule, doch spätestens in einigen Jahren musst du dich entscheiden, was du danach machen möchtest. Wozu hättest du Lust? Würdest du gerne auf die Universität gehen? Computerprogrammierer werden? Arzt, Buchhändler oder Bäcker? Oder würdest du lieber gar nicht arbeiten, weil da etwas Großes und Unbekanntes auf dich zukommt und du Angst hast, damit nicht fertig zu werden? Damit wärst du nicht alleine. Vielen Autisten (aber auch anderen jungen Leuten) macht der Gedanke an die Zukunft und vor allem an das Berufsleben Angst.

Die Autistin Alexandra Brown beispielsweise fühlte sich überfordert:

„Ich kann mich erinnern, in der Grundschule immer wieder gefragt worden zu sein, was ich gerne werden würde, wenn ich groß bin. Die meisten Kinder hatten irgendeine Idee oder eine Person, der sie nacheiferten, aber ich konnte mir nichts vorstellen. […] Ich versuchte, einige Ideen zu entwickeln, aber als geborener Pessimist war ich mir meiner Grenzen wohl immer bewusst und wollte nichts in Erwägung ziehen, das nicht realistisch war." (Edmonds / Beardon 2008, 43)

Dabei ist es ziemlich realistisch, dass du später einem Beruf nachgehen kannst. Es wäre vor allem gut für dich. Denn Menschen, die arbeiten, werden seltener depressiv. Zudem berichten einige Autisten davon, durch den Beruf sicherer im Umgang mit anderen Menschen geworden zu sein. So schreibt der Asperger-Autist Neil Shephard:

„Du wirst eine neue Welt betreten, … Leute treffen, machen, was du nicht machen möchtest, neue Fähigkeiten entwickeln, auf Herausforderungen treffen und diese hoffentlich meistern, und ich werde nicht lügen und sagen, dass alles einfach sein wird, da es das nicht sein wird – dennoch ist es das wert und kann sogar tatsächlich Spaß machen." (Edmonds/Beardon 2008, 56)

Wie in der Schule und sonst im Leben werden Autisten in Betrieben und Unternehmen nicht immer von allen Kollegen willkommen geheißen und sofort freundschaftlich aufgenommen. Aber inzwischen wissen viele Chefs und Unternehmen, dass Autismus Vorteile haben kann. Vor allem der Blick für Details kann dich im Berufsleben für Arbeitgeber besonders attraktiv machen. Unter anderem das Berliner Unternehmen „auticon" und die Schweizer „Asperger AG" vermitteln daher speziell Menschen aus dem Autismus-Spektrum als Arbeitskräfte, vor allem für das Testen und Optimieren von Software.

Selbstverständlich findet nicht jeder autistische Mensch Gefallen an einem Computer-Job. Um dich aus den tausenden Berufsmöglichen vom Archäologen bis zum Zahnarzt für einen konkreten Beruf zu entscheiden, solltest du zunächst versuchen, herauszufinden, wo deine Interessen und Stärken liegen und wo deine Schwächen.

Tipp

Mach dir (eventuell zusammen mit deinen Eltern oder Freunden) eine Liste mit deinen Interessen, Stärken und Schwächen. Versuche, so genau wie möglich zu sein. Beispielsweise könnte die Liste so aussehen:

Interessen	**Stärken**	**Schwächen**
Technik, vor allem Uhren	willensstark	Umgang mit Menschen
Tiere, vor allem Reptilien	zielstrebig	ungeduldig
…	…	…
usw.	usw.	usw.

Vielleicht siehst du aus deiner Liste schon direkt, was für ein Beruf für dich infrage kommen könnte.

Obwohl grundsätzlich kein Ziel unmöglich ist, gibt es Berufe, die mehr und andere, die weniger geeignet sind für Menschen mit Autismus.

Als Verkäufer oder Lehrer müsstest du zum Beispiel ständig im Kontakt mit anderen Menschen sein. Wenn deine Körpersprache nicht sehr ausgeprägt ist, ist auch der Beruf des Schauspielers nicht unbedingt geeignet. Ebenso könnten dich Jobs überfordern, bei denen du viele Menschen „unter dir hast"*, bei denen du also als Abteilungsleiter oder Ähnliches deinen Kollegen Anweisungen geben und den Überblick über viele Dinge haben musst.

Aber es gibt auch viele Berufe, die deinen Bedürfnissen und Fähigkeiten gerecht werden und in denen du vielleicht sogar besser bist als Nichtautisten.

Tipp Besonders gut geeignet sind in der Regel Berufe, bei denen du eher alleine und selbstständig arbeiten kannst statt im Team.

Als Bibliothekar zum Beispiel könntest du in einer sehr ruhigen Umgebung arbeiten, so dass deine Sinne nicht so sehr überreizt werden. Sehr vorteilhaft für den Beruf ist ein gutes Gedächtnis für Details (wo zum Beispiel welches Buch steht), das du vermutlich hast.

Oder wie wäre es mit einem Beruf als Musiker, Stadtplaner, Web-Designer oder Mathematiker in der Wissenschaft, zum Beispiel an einer Uni? Weitere Berufe, denen Autisten gut nachgehen können, sind Lektor (das ist ein „Bücherkorrigierer" bei einem Verlag), Fotograf, Filmvorführer im Kino, Technischer Zeichner, Bürokauffrau / -mann und Tierpfleger.

Tipp Gut geeignet sind meist regelbasierte Jobs, bei denen du nicht ständig mit wechselnden Aufgaben konfrontiert wirst und neue, kreative Lösungen finden musst, sondern dich an einem eher schematischen Vorgehen orientieren kannst.

Viele Autisten üben mit Freude Berufe und Tätigkeiten aus, die für viele andere Menschen kaum infrage kommen, weil sie viel mit Routine zu tun haben und relativ wenig Abwechslung bringen. Zum Beispiel Buchhalter oder monotone Tätigkeiten am Fließband einer Fabrik.

Viele Spezialinteressen lassen sich zum Beruf ausbauen. Von der anerkannten Tierwissenschaftlerin Temple Grandin haben wir dir ja schon im Kapitel über Spezialinteressen erzählt. Auf ähnliche Weise arbeitet die Autistin Dawn Prince-Hughes mit ihrem „Spezialinteresse". Sie ist studierte Anthropologin (das heißt „Menschenwissenschaftlerin") und erforscht das Verhalten ihrer Lieblingstiere, nämlich der Gorillas. Wenn du dich auch für Tiere interessierst, könntest du später Biologie studieren und dich auf deine Lieblingstierart spezialisieren. Oder du machst im Zoo eine Ausbildung zum Tierpfleger und wählst ein Spezialgebiet wie Aquaristik oder Terraristik.

Allerdings solltest du bedenken, dass du im Beruf auch „etwas machen" musst, also Aufgaben zu erledigen hast und dich nicht nur nach Lust und Laune mit deinem Spezialinteresse auseinandersetzen kannst. Damian behielt seinen Job an einem Flughafen zum Beispiel nicht, weil er sich zu sehr für die Flugzeuge interessierte. Das Betrachten der Flugzeuge hielt ihn ständig von seinen Aufgaben ab.

Der Engländer Daniel Tammet ist besonders sprachbegabt und hat eine Online-Plattform entworfen, um anderen Menschen Sprachen beizubringen. So ein Job ist ideal: Daniel Tammet kann zu Hause arbeiten, sich seine Zeit dabei frei einteilen und hat mit seinen Kunden keinen direkten Gesprächskontakt. Solche Schreibtisch-Jobs sind in der Regel eine der besten Arbeitsmöglichkeiten für Autisten.

Dennoch gibt es auch autistische Menschen, die in bestimmten sozialen Berufen sehr glücklich werden. Häufig sind das Berufe, in denen man weniger mit Gleichaltrigen umgehen muss, zum Beispiel Alten- oder Kinderpfleger. Die sozialen Anforderungen sind etwas geringer, weil man mit Menschen arbeitet, die auch bestimmte Schwächen haben.

Dale Gardner betreut beispielsweise Kinder mit unterschiedlichen Behinderungen. Er möchte die Erfahrungen aus seinem Kampf mit dem Autismus nutzen, um anderen zu helfen.

Tipp

Um herausfinden, welcher Beruf der richtige für dich ist, ist es in jedem Fall sinnvoll, ein Praktikum zu machen, bevor du dich für einen Ausbildungsweg oder Studiengang entscheidest. Dadurch kannst du schon mal in die Arbeitswelt reinschnuppern und ausprobieren, ob der Beruf etwas für dich wäre.

Es gibt noch weitere Möglichkeiten, um Berufe auszuprobieren: Für Menschen mit Behinderung generell, also nicht nur für Autisten, gibt es einige Förder- und Vorbereitungsprogramme und spezielle Einrichtungen, in denen geschaut wird, welcher Beruf zu dir passen könnte. Hierzu gehören zum Beispiel die Berufsbildungswerke (BBW). Dort würdest du in einer kleinen Gruppe ausgebildet werden. Außerdem gibt es sogenannte Werkstätten für behinderte Menschen (WfbM), die speziell auf die Bedürfnisse von behinderten Menschen zugeschnittene Arbeitsplätze haben und in diesem sehr geschützten Bereich auf einen „normalen" Berufsalltag vorbereiten sollen. Asperger-Autisten sind dort allerdings meist unterfordert.

Tipp

Außerdem gibt es neben Firmen wie auticon, die gezielt autistische Menschen einstellen, andere Firmen, die autistische Menschen ausbilden, etwa die Salo Holding AG mit Hauptsitz in Hamburg und verschiedenen Standorten in Deutschland.

Die Salo AG hilft autistischen Menschen, auf dem normalen Arbeitsmarkt einen Arbeitsplatz zu finden. Dazu gibt es zunächst Einführungskurse wie Handwerkkurse oder Sozialtrainings, die an das angepasst sind, was du kannst. Zur Salo AG gehört das norddeutsche Wohn- und Arbeitsprojekt „AuReA". Bei AuReA kannst du unter der Woche in einem Internat wohnen. Salo und Partner organisieren auch Praktika, vermitteln zu Arbeitgebern und betreuen dich am Arbeits- oder Ausbildungsplatz, wenn einer für dich gefunden wurde. So ist immer jemand da, den du und dein Arbeitgeber um Rat fragen können.

Ähnliche Hilfe gibt es in der Regel in „normalen" größeren Unternehmen durch einen Integrationsbeauftragten, der sich um Menschen kümmert die aus verschiedenen Gründen Probleme mit einem normalen Arbeitsablauf haben. Auch er ist immer ansprechbar und kann dir helfen.

Beim Studium gibt es etwas weniger Hilfe. Dennoch gibt es an jeder Universität einen Beauftragten für Studierende mit Beeinträchtigung, von dem du dich beraten lassen kannst.

Für Autisten kann der berufliche Alltag vor allem aufgrund ihrer besonderen Wahrnehmung anstrengend sein – auch wenn der Job eigentlich gut passt. Genau wie in der Schule gibt es im Berufsleben einige Tricks, um besser klarzukommen.

Tipp

Wenn dir das Berufsleben (sozial) zu anstrengend sein sollte, könntest du (zunächst) in Teilzeit arbeiten, also jeden Tag nur ein paar Stunden statt acht oder nur drei Tage die Woche statt fünf.

Christine Preißmann beispielsweise ist Ärztin und Psychotherapeutin und hat es durch Teilzeitarbeit geschafft, den Job ihren Bedürfnissen anzupassen. Sie arbeitet nicht wie viele andere Menschen 40 Stunden pro Woche, sondern weniger:

> *„Ich habe eine Teilzeitstelle mit 75 Prozent der regulären Arbeitszeit. Das ist gut für mich, ich habe es mir so gewünscht. Allerdings habe ich manchmal ein schlechtes Gewissen und schäme mich ein bisschen deswegen, weil mein Vater ja immer voll gearbeitet hatte und die meisten anderen Leute, die ich kenne, auch eine Vollzeitstelle haben. Aber ich wüsste gar nicht, wie ich das schaffen sollte, ich brauche so viel Zeit für mich und habe das Gefühl, ich komme nicht weiter, wenn ich sie mir nicht nehme." (Preißmann 2005, 28)*

Den Weg des Teilzeitjobs gehen mehrere Autisten. Schämen musst du dich nicht, weil du vielleicht etwas anders arbeitest als Kollegen. Das ist vollkommen okay. Auch andere Menschen arbeiten in Teilzeit, zum Beispiel weil sie mehr Zeit für ihre Familie brauchen. Und es ist ganz verständlich, dass Autisten manchmal das Chaos im Beruf zu viel wird und sie eine Auszeit brauchen.

Tipp

Wenn du später einen Beruf hast, der nur schwer in Teilzeit machbar ist, kannst du über die Jobsharing-Plattform Tandemploy versuchen, eine andere Person zu finden, die sich die Arbeitsstelle mit dir teilt. Ihr habt dann zu zweit eine Vollzeitstelle und sprecht euch ab, wer wann arbeitet und welche Aufgaben erledigt. Eine solche Arbeitsplatzteilung ist zwar nicht in allen Berufen möglich, zum Beispiel nicht bei juristischen Berufen, aber in vielen durchaus. Euer Arbeitgeber muss selbstverständlich einverstanden sein.

Es gibt weitere Möglichkeiten außer Teilzeitarbeit, die Arbeitswelt für Autisten angenehm zu gestalten. So musst du in Zeiten von Internet und E-Mail bestimmt nicht mehr so oft zu Teambesprechungen und Konferenzen, wie Menschen das früher mussten.

Tipp

Es ist überlegenswert, den Arbeitgeber einzuweihen und zu sagen, dass man autistisch ist. Dadurch könntest du später beispielsweise um einen ruhigen abgedunkelten Raum bitten, statt in einem lauten und hellen Großraumbüro mit vielen anderen Kollegen sitzen zu müssen (schau bitte vorher in das Kapitel „Sich outen"). Für die meisten Autisten ist es vor allem wichtig, klare Anweisungen zu bekommen, welche Aufgaben sie erledigen sollen, wie sie das tun sollen und bis wann. Auch um solch klare Anweisungen kannst du später deinen Vorgesetzen bitten. Es ist sogar möglich, vom Staat einen Arbeitsassistenten oder eine Arbeitsassistentin zu bekommen. Das ist eine Person, die bei der Arbeit hilft und zum Beispiel die Kommunikation mit Kollegen abnimmt oder Arbeitsabläufe strukturiert.

Zu solchen Unterstützungen ist ein Chef vermutlich besonders bereit, wenn er deine Fähigkeiten und Stärken kennt. Diese solltest du bereits im Bewerbungsgespräch betonen, denn das Bewerbungsgespräch ist die Hürde, um einen Job zu bekommen. Während des Bewerbungsgesprächs stellst du dich dem potenziellen späteren Chef vor und er oder sie entscheidet, ob du als Mitarbeiter eingestellt werden sollst. Wenn du bei einem solchen ersten Kennenlernen nur sagst „Ich habe Autismus und kann nicht gut mit anderen zusammenarbeiten", wirst du wahrscheinlich nicht eingestellt werden. Aber wenn du gleichzeitig erzählst, wie ausdauernd und engagiert du arbeiten kannst, gleicht das den Minuspunkt mangelnder Teamfähigkeit vielleicht aus. Autisten haben eine Menge positiver Eigenschaften, die du in einem Bewerbungsgespräch schildern kannst und die sicher viele Chefs zu würdigen wissen, zum Beispiel Ehrlichkeit, Loyalität und Pünktlichkeit.

Tipp

Übe das Bewerbungsgespräch mit deinen Eltern, Betreuern oder einem Berufsberater vom Arbeitsamt beziehungsweise einem freiberuflichen Bewerbungstrainer (auch Coach genannt). Der andere mimt den Chef und stellt dir Fragen. In einem solchen Rollenspiel kannst du zeigen, wie du dich bei einem tatsächlichen Vorstellungsgespräch verhalten würdest.

In solchen Rollenspiele kannst du gleichzeitig lernen, zwischen den Zeilen zu lesen*. Das ist nämlich gerade bei Bewerbungsgesprächen wichtig, denn Arbeitgeber stellen manchmal „gemeine" Fragen, um die Schwächen der Bewerber zu erkennen. Generell solltest du nicht zu viel über Privates wie deine Familie oder Hobbys sprechen. Zudem ist der äußere Eindruck wichtig. Daher besprich bei einem tatsächlichen Bewerbungsgespräch auf jeden Fall vorher mit jemandem, was du anziehst. Und du solltest dich vorher gut über den Job, also das Unternehmen, den Verein, das Amt oder wo auch immer du dich bewirbst, informieren.

Tipp

Eine Möglichkeit für den Jobeinstieg kann außerdem Freiwilligenarbeit sein. Das bedeutet, dass man nur ein paar Stunden die Woche arbeitet und kein Geld dafür bekommt.

Freiwilligenarbeit ist vor allem in sozialen Berufen üblich, zum Beispiel in Umweltschutzorganisationen und Altenheimen. Dein Arbeitgeber kann dich so erst einmal kennenlernen und sich von deinen Fähigkeiten überzeugen. Und dann bietet er dir hoffentlich einen richtigen Job an. Wenn dir die Arbeit Spaß macht und du kein Geld brauchst, ist Freiwilligenarbeit auch über längere Zeit okay, allerdings nicht, wenn du das Gefühl hast, dass deine Arbeitskraft nur ausgenutzt und nicht gewürdigt wird oder du Geld für Essen, Miete usw. brauchst.

Wenn du gerne studieren möchtest, kommt für dich vielleicht eine Fachhochschule (manchmal auch Hochschule für Angewandte Wissenschaften genannt) statt einer Universität in Betracht. Denn Fachhochschulen sind normalerweise kleiner als Universitäten und der Unterricht ist ähnlich geregelt und strukturiert wie an der Schule. Du bekommst also mehr Anhaltspunkte von außen (feste Stundenpläne und Ähnliches) und hast recht feste Klassen. So musst du dich weder immer wieder mit neuen Leuten auseinandersetzen, noch deine Zeit für die Organisation des Studiums verwenden, statt dich mit den Inhalten zu beschäftigen. Viele Autisten fühlen sich deshalb dort besser aufgehoben als an einer Universität.

Tipp Eine weitere Möglichkeit ist das Fernstudium. So kannst du zu Hause lernen und musst nur ab und zu zur Hochschule, etwa für Prüfungen. Das verlangt aber sehr viel Disziplin und Organisationstalent. Denn es gibt niemanden, der kontrolliert, ob, was und wie viel du wann lernst.

Tipp Ob ein Studium generell etwas für dich ist, kannst du in einem sogenannten Schnupperstudium oder einer Kinderuni testen. Unter diesen Namen öffnen viele Unis ihre Türen einmal im Jahr für Schüler, die sich das Unileben von Innen anschauen möchten.

Wenn du sehr gut in der Schule bist, gibt es sogar die Möglichkeit, bereits während der Schulzeit parallel zu studieren. Ein Studium gefällt jedenfalls einigen Autisten sehr gut: Vielleicht weil die Wissenschaft mit ihren Theorien ein bisschen Ordnung in die sonst oft chaotisch erscheinende Welt bringt.

Doch egal ob Studium oder Ausbildung, Vollzeit- oder Teilzeitjob: Arbeit kann sehr viel Spaß machen. Du musst nicht gleich wissen, was du machen möchtest, aber irgendwann findest sicher auch du deinen Weg. So hat auch Alexandra Brown, die, wie eben geschildert, als Kind noch nicht wusste, was sie einmal werden möchte, schließlich eine Lösung gefunden. Erst wollte sie sich als Lehrerin versuchen. Doch vor dem ersten Job bekam sie heftige Panik. Warum will ich eigentlich Lehrerin werden, fragte sie sich. Schließlich hatte sie die Schule gehasst. Der Grund für ihren Berufswunsch war, dass sie gerne Kontakt zu Kindern hat. Nun arbeitet Alexandra Brown in der Schulbücherei. Dort ist es ruhiger als im Klassenzimmer und sie muss keine Gruppe von Kindern bändigen. Dennoch arbeitet sie mit Kindern zusammen.

Zum Weiterlesen

Bücher

- Bissonnette, B. (2013): Asperger's Syndrome Workplace Survival Guide: A Neurotypical's Secrets for Success. Jessica Kingsley Publishers, London
- Hendrickx, S. (2008): Asperger Syndrome and Employment. Jessica Kingsley Publishers, London

- Fast, Y. (2004): Employment for Individuals with Asperger Syndrome or Non-Verbal Learning Disability: Stories and Strategies. Jessica Kingsley Publishers, London
- Grandin, T. (2012): Different … Not Less: Inspiring Stories of Achievement and Successful Employment from Adults with Autism, Asperger's, and ADHD. Future Horizons, Arlington
- Willey, L.H. (2014): Ich bin Autistin, aber ich zeige es nicht – Leben mit dem Asperger Syndrom. Rad und Soziales, Hannover
- Meyer, R. (2000): Employment Workbook for Adults with Asperger Syndrome. Jessica Kingsley Publishers, London

Internet

- www.twofold.swiss/team
  Schweizer Unternehmen, das Dienstleistungen in den Bereichen Webdesign, Webentwicklung, Web-Testing und Grafik anbietet und dafür Menschen mit Asperger-Syndrom beschäftigt
- www.aspies.de/arbeit.php
  Auf dieser Unterseite der Homepage des Selbsthilfe-Vereins Aspies gibt es eine Linksammlung mit Arbeitgebern und Ausbildungsstätten, die Menschen mit Autisten beschäftigen.
- www.autismuslink.ch
  Schweizer Stiftung, die Jobcoaching und Beratung für Jugendliche und junge Erwachsenen mit Autismus anbietet
- www.auticon.de
  Auticon ist wie die Asperger AG ein Unternehmen, dass Menschen mit Autismus als Software-Berater vermittelt.
- www.autworker.de
  Beratung, Coaching und Workshops für Autisten sowie für Unternehmen, die Menschen mit Autismus als Mitarbeiter beschäftigen (möchten)
- www.bagbbw.de
  Plattform aller Berufsbildungswerke in Deutschland
- www.informatik-und-autismus.ch
  IT-Ausbildung in der Schweiz für junge Menschen mit leichter Benachteiligung, insbesondere Asperger-Syndrom
- www.enableme.de/de
  Informationen und Erfahrungsaustauch für Menschen mit Behinderung, u.a. zur Arbeitssuche
- www.salo-ag.de
  Förderprogramm, das Menschen mit Asperger-Syndrom, hochfunktionalem Autismus oder atypischen Autismus bei der Integration in den Arbeitsmarkt helfen möchte

- www.komsem.de
  Informationen zu Rechten von Schwerbehinderten im Berufsleben
- www.werkstaetten-im-netz.de
  Informationen über und Suche von Werkstätten für behinderte Menschen

Kapitel 7

Wer bin ich?

7.1 Sich outen – Wem soll ich erzählen, dass ich autistisch bin?

7.2 Sich ändern – Muss ich versuchen, „normal“ zu werden?

7.3 Zukunft – Wie werde ich wohl als Erwachsener leben?

7.1 Sich outen – Wem soll ich erzählen, dass ich autistisch bin?

Seitdem du weißt, dass du autistisch bist, hat sich vermutlich einiges aufgeklärt, worüber du dich schon immer gewundert hast, oder? Zum Beispiel warum andere Menschen so gerne etwas gemeinsam unternehmen, während du gerne alleine bist, oder warum andere Menschen sich von hellem Licht und lauten Geräuschen weniger gestört fühlen als du. Die Diagnose bringt für Betroffene und ihre Angehörigen meist Licht ins Dunkel*. Genauso kann es manchmal hilfreich sein, wenn andere Menschen davon erfahren, dass du autistisch bist. Doch welche Menschen genau? Wer muss von deinem Autismus wissen und wer besser nicht? Deine Lehrer beziehungsweise der Chef? Mitschüler oder Kollegen? Bekannte im Sportverein?

Ob man von seinem Autismus erzählen sollte und wenn ja, was, lässt sich nicht so einfach beantworten. Denn das hängt vor allem davon ab, wie ausgeprägt der Autismus bei dir ist, welche Schwierigkeiten du genau hast und wie extrem diese Schwierigkeiten sind. Wenn du zum Beispiel in der Schule große Probleme mit lauten Geräuschen, dem Finden der Räume oder dem Sportunterricht hast, ist es vermutlich gut, wenn deine Lehrer davon wissen. Erstens können sie dir dann helfen und zweitens verstehen sie sonst dein „merkwürdiges" Verhalten nicht. Bei großen Schwierigkeiten kann es manchmal sogar gefährlich sein, nicht darüber zu sprechen. Eine Überforderung im Sporttraining etwa kann schlimmstenfalls zu Verletzungen führen.

Wenn die Probleme hingegen relativ klein sind, kannst du vielleicht alleine damit umgehen, vielleicht mit Hilfe einiger der Tipps aus diesem Buch. Solche Mittel und Wege zur Bewältigung schwieriger Situationen nennt man übrigens „Coping-Strategien".

Vielleicht hast du das Glück, eine Arbeits-, Lern- oder Hobbyumgebung gefunden zu haben, in der deine Schwächen (fast) gar nicht auffallen, deine Stärken dafür umso mehr zur Geltung kommen. Auch dann ist es nicht unbedingt notwendig, über deinen Autismus zu sprechen.

Ob du andere einweihst, ist keine Frage eines Entweder-Oder – entweder niemanden einweihen oder alle. Zunächst solltest du nur einigen Menschen davon erzählen, nämlich denen, die oft und eng mit dir zusammen sind.

Manche Autisten erzählen aber auch fremden Menschen von ihrer Diagnose, und zwar immer dann, wenn sie merken, dass der andere sich über sie wundert. So erzählt ein Asperger-Autist von einer Kreuzfahrt, die er mal gemacht hat. Dabei saß er beim Essen immer mit denselben Leuten am Tisch und die wunderten sich, dass er jeden Abend das Gleiche aß: Steak und Eis. Für Autisten ist so etwas ja nicht ungewöhnlich, doch die anderen Leute am Tisch fanden das merkwürdig und fragten sich, warum er das tat. Also erzählte er einfach, dass er autistisch ist (s. Murray 2006, 226). Es gibt noch mehrere solcher Situationen, in denen du selbst Fremden deine Diagnose offenbaren kannst oder sogar solltest, zum Beispiel, wenn dich ein Polizist anspricht, weil du angeblich etwas falsch gemacht hast, du aber nicht weißt, was.

Erzählen oder nicht? In Bezug auf den Arbeitsplatz hängt das auch davon ab, ob du einen Schwerbehindertenausweis hast. Ein Schwerbehindertenausweis ist sozusagen ein offizieller Nachweis für bestimmte Einschränkungen im Alltag, welche die meisten Menschen nicht haben. Der Ausweis wird auf Antrag ausgestellt, wenn ein Grad der Behinderung von mindestens 50 festgestellt wird. Bei Autisten ist das zumindest in der Kindheit beziehungsweise der Jugend häufig der Fall. Mit so einem Ausweis kommt man zum Beispiel manchmal billiger in Schwimmbäder oder ins Museum oder man darf kostenlos mit der Bahn fahren und Ähnliches.

Tipp

Findest du, dass sich das schlimm anhört: „Schwerbehindertenausweis“? Hast du dadurch das Gefühl, als minderwertig angesehen zu werden? Falls ja, mache dir klar, dass der Ausweis nur ein Stück Papier ist, das nichts an dir ändert, dir aber Vorteile bringen kann.

Die Gerichte in Deutschland sind sich etwas uneinig, ob man seinem Arbeitgeber mitteilen muss, dass man schwerbehindert im Sinne des Gesetzes ist (das ist man, wenn man einen Schwerbehindertenausweis hat). Früher musste man so eine Schwerbehinderung auf jeden Fall angeben – nicht unbedingt, welche Behinderung man hat, aber zumindest die Tatsache der Schwerbehinderung selbst.

Seit einigen Jahren gibt es ein neues Gesetz (das sogenannte Allgemeine Gleichbehandlungsgesetz, kurz AGG), welches verhindern soll, dass unter anderem Schwerbehinderte ausgegrenzt werden. Das AGG sagt allerdings nicht klar, ob man Behinderungen wie Autismus nun angeben muss oder nicht. Nach dem AGG kommt es vor allem darauf an, ob sich die Behinderung nachteilig auf die Arbeit auswirkt oder nicht. Ob ein Arbeitgeber bereits im Bewerbungsgespräch nach einer Schwerbehinderung fragen darf, haben die Gerichte bisher nicht eindeutig geklärt. Doch einige Monate nach der Einstellung darf der Arbeitgeber diese Frage stellen. Daher ist es wohl meist besser, dem möglichen Chef direkt von der Behinderung zu erzählen.

Dass Arbeitgeber nach der Einstellung nach einer Schwerbehinderung fragen dürfen, liegt übrigens daran, dass Betriebe von mindestens 20 Mitarbeitern verpflichtet sind, fünf Prozent der Stellen mit schwerbehinderten Menschen zu besetzen. Auch daher kann es ganz sinnvoll sein, von Anfang an, offen mit der Behinderung umzugehen. Zudem bekommen schwerbehinderte Arbeitnehmer Sonderrechte wie mehr Urlaub und einen besonderen Kündigungsschutz. Doch um jene zu erhalten, muss der Arbeitgeber selbstverständlich von der Schwerbehinderung wissen.

Bei Mitschülern oder Arbeitskollegen musst du selbst entscheiden, wie wichtig es dir ist, dass sie von deiner Autismus-Diagnose wissen. Du solltest versuchen abzuschätzen, ob sie vielleicht mehr Rücksicht auf dich nehmen oder dich stärker ausgrenzen würden.

Wenn du jemandem sagen möchtest, dass du autistisch bist, sollte dir vorher klar sein, dass viele Leute nicht wissen, was Autismus ist (zumindest wissen es die meisten nicht genau). Noch weniger Menschen kennen das Asperger-Syndrom. Der erwachsene Asperger-Autist Neil Shepherd hat folgende Situation erlebt:

> *„Eine Frau, der ich davon erzählte, antwortete mit voller Ernsthaftigkeit: ‚Oh mein Gott. Das ist schlimm – wie lange haben sie noch?'" (Edmonds / Beardon 2008, 56)*

Die Frau meinte, wie lange er noch zu leben hätte. Das heißt, sie dachte, das Asperger-Syndrom wäre eine tödliche Krankheit. Andere Menschen glauben womöglich, Autismus sei ansteckend, oder sie denken, alle Autisten wären geistig behindert. Du solltest anderen daher versuchen, so einfach wie möglich zu erklären, was Autismus ist. Dabei musst du nicht zwingend alle Diagnose-Kriterien aufzählen. Wichtiger ist es, die Dinge zu erwähnen, die deine Mitmenschen beim Zusammensein mit dir direkt betreffen. Also vielleicht, dass du extrem auf Geräusche reagierst, oder dass du Anweisungen gerne schriftlich hättest, weil dich gesprochene Sprache mit all ihrer Gestik und Mimik überfordert. Von deinem Drang nach Routinen musst du hingegen vielleicht nicht unbedingt erzählen. Ebenso wenig davon, dass du nur bestimmte Speisen essen magst oder nur bestimmte Kleidung tragen kannst.

Tipp

Um zu erfahren, was anderen wichtig ist, könntest du jemanden fragen, beispielsweise einen Mitschüler, was er gerne über dich und / oder Autismus wissen würde.

Nun stellt sich die Frage, wie du es anderen erzählst. In Bezug auf die Schule gibt es da mehrere Möglichkeiten:

Tipp

Dein Lehrer könnte eine Unterrichtsstunde über Kommunikation machen. Da merkt zunächst jeder Schüler, wie er kommuniziert und dass es jeder auf eine etwas andere Weise macht. Danach könnte dein Lehrer den anderen erklären, dass es Menschen gibt, die generell sehr große Probleme haben, mit anderen Menschen zu kommunizieren. Dabei müsste das Wort Asperger-Syndrom nicht mal fallen. Ebenso könnte dein Lehrer eine Stunde zu Behinderungen im Allgemeinen machen, ohne direkt auf Autismus einzugehen. Vielleicht ruft das bei deinen Mitschülern schon etwas mehr Verständnis für dich hervor. Am besten ist es, wenn dein Lehrer deine Mitschüler anleitet, auch über ihre eigenen Schwächen und Fähigkeiten nachzudenken. Denn jeder Mensch hat irgendwo Probleme und kann manche Dinge nicht so gut.

Ihr könnt auch eine Stunde direkt zu Autismus machen. Ebenso könntet ihr ein Buch im Unterricht lesen, das von einem Autisten handelt. Wenn du Geschwister hast, könnte vielleicht dein Bruder oder deine Schwester in die Schule kommen und im Unterreicht erzählen, was Autismus für diejenigen bedeutet, die mit einem Autisten zusammenleben, und auf was man dabei achten sollte.

Tipp

Um Fremden deinen Autismus mitzuteilen, könntest du immer Zettel dabei haben, die du ihnen dann einfach nur in die Hand drücken musst, statt alles genau zu erzählen. Auf so einem Zettel könnte ebenfalls stehen, wie derjenige am besten mit dir kommunizieren kann. Ein Muster für so einen Infozettel findest du als „Ausweiskärtchen" im Anhang.

Wenn du jemanden einmal davon erzählt hast, solltest du deinen Autismus aber nicht immer als „Ausrede" nehmen. Also nicht gleich sagen „Das kann ich nicht, denn ich bin autistisch". Die erwachsene Autistin Dinah Murray sagt, das wäre wie „wenn man einen Rollstuhl benutzt, obwohl man nur einen verstauchten Knöchel hat" (*Murray 2006, 122*; mehr dazu im nächsten Kapitel über „Sich ändern").

Ganz abgesehen davon, ob und wie du anderen von deinem Autismus erzählst, damit sie auf dich Rücksicht nehmen, kann es schön sein, interessierten Menschen wie Psychologiestudierenden zu schildern, was Autismus für dich bedeutet und wie du die Welt wahrnimmst. Denn sie werden deinen Erzählungen ganz gewiss interessiert und ohne Vorurteile zuhören. Dadurch kannst du erfahren, dass nicht alle Menschen negativ auf eine Behinderung reagieren. Du musst dich nicht verstecken.

Zum Weiterlesen

Internet

- Viele Infos zum Thema gibt es beim Bundesverband Autismus Deutschland e.V. unter www.autismus.de

7.2 Sich ändern – Muss ich versuchen, „normal" zu werden?

„Der Autismus scheint mich nicht frei lassen zu wollen. Der Autismus versucht, mich zu berauben, des Lebens, der Freundschaften, davon sozial zu sein, zu teilen, Interesse zu zeigen, meine Intelligenz zu nutzen, gerührt zu sein. […] Er versucht, mich lebendig zu begraben. […] Aber ich kann den Autismus kontrollieren … Ich werde ihn kontrollieren … er wird nicht mich kontrollieren."
(Donna Williams)

Hast du schon mal den Ausdruck **Neurodiversität** oder **Neurodiversity** gehört? Das bedeutet in etwa, dass alle Menschen ein unterschiedliches Nervensystem haben, wobei unterschiedlich nicht besser oder schlechter bedeutet, sondern einfach nur anders. Anhänger der Idee der Neurodiversity meinen, Autismus und andere normalerweise als Krankheiten oder Behinderungen bezeichneten Erscheinungen seien eben keine Krankheiten oder Behinderungen, sondern nur eine andere Form der Wahrnehmung und des Lebens *(Murray 2006, 126)*. So schreibt Jasmine Lee O'Neill:

„Es ist definitiv nicht mein Wunsch, meinen Autismus abzulegen oder zu ‚überwinden'. Das ist ohnehin eine völlig blödsinnige von Nichtautisten erfundene Herangehensweise. […] Autisten und Autistinnen haben allen Grund, auf das, was sie sind, stolz zu sein. Aus dem Autismus kann große Kraft erwachsen." (O'Neill 2001, 14, 22)

Da zahlreiche Autisten wie Jasmine Lee O'Neill dem Autismus mit Selbstbewusstsein begegnen, sprechen Anhänger der Neurodiversity auch von **Autistic Pride** (Pride bedeutet in etwa Stolz). Jedes Jahr am 18. Juni feiern sie den Autistic Pride Day, um darauf aufmerksam zu machen, dass sie von der Gesellschaft mit ihren Eigenheiten akzeptiert werden wollen.

Ist Autismus nun eine Krankheit oder Behinderung oder nicht? Sollte man also Autismus in irgendeiner Form therapieren oder besser einfach akzeptieren?

Wie die Antworten auf diese Fragen für dich lauten, musst du selbst entscheiden. Es gibt sowohl Autisten, die ihre Andersartigkeit als Behinderung wahrnehmen und versuchen, dagegen anzukämpfen, als auch Autisten, die froh sind, so zu sein, wie sie sind, und nicht den Wunsch haben, in die Welt der Nichtautisten vorzudringen. Für und gegen beide Meinungen gibt es gute Gründe – und für dich liegt die Antwort vielleicht irgendwo dazwischen.

Ob du versuchst, dich und dein Leben ein bisschen zu verändern, hängt vor allem davon ab, wie sehr du selbst unter dem Autismus leidest. Den Asperger-Autisten Lukas, hat sein Autismus jedenfalls manchmal geärgert:

> *„Ich wollte aber immer ‚wie die anderen' sein und bemühte mich stets darum. Jeder Versuch [der Kontaktaufnahme] geriet über kurz oder lang zu einem Krampf, bei dem ich mir überlegen musste, was ich sagen sollte. Es funktionierte einfach nicht wie bei den anderen." (Persönliches Interview, Fragebogen)*

Sicher sollst du dich nicht komplett „umkrempeln"*. Ob du dich änderst oder nicht, ist keine Frage von Entweder-Oder. Du kannst auch nur einige Verhaltensweisen oder Äußerlichkeiten ändern. Zum Beispiel könntest du darauf achten, anderen Leuten nicht zu viel von deinem Spezialinteresse zu erzählen, aber du kannst dich weiter damit beschäftigen, statt dich künftig einem Thema zu widmen, das dich gar nicht interessiert.

Tipp Du kannst vielleicht zwischen sozial notwendigem und sozial gewünschtem Verhalten unterscheiden. Optimal wäre es, wenn du die gleichen Interessen wie deine Mitmenschen hättest. Notwendig ist es, dass du Rücksicht auf andere nimmst und verstehst, dass sie andere Interessen haben als du und du daher besser nicht nur von deinem Interesse erzählst. Du musst kein optimales Verhalten anstreben, aber vielleicht das sozial notwendige – sozusagen soziale Überlebensfähigkeiten.

Dass du dich nicht komplett umkrempeln musst, ist ebenso klar wie der Umstand, dass du es gar nicht kannst. Du wirst immer ein Mensch mit Autismus bleiben, denn eine wirkliche Heilung gibt es zumindest bisher nicht. Damit hast du auch Stärken, die man überhaupt nicht „wegmachen" sollte. Aber um einige der Probleme, die Autisten gemeinhin haben, aus dem Weg zu räumen, gibt es verschiedene Möglichkeiten. Das merkst du schon, wenn du durch dieses Buch blätterst. Zum Beispiel findest du Tipps, wie du mehr Kontakt zu Gleichaltrigen bekommst oder besser mit deinem Körper umzugehen lernst. Außerdem kannst du dich einer Selbsthilfegruppe anschließen (siehe dazu hinten im Buch unter „Was sonst noch wissenswert ist") und dort von anderen

Autisten lernen. Oft wirst du in kleinen Schritten vorankommen. Das ist vollkommen in Ordnung.

Wenn du erst mal mit Erfolg einen kleinen Schritt gemacht hast, zum Beispiel einen Tag lang eine Routine auszulassen, wirst du vielleicht bemerken, dass es dich schon viel weniger Überwindung kostet, den nächsten Schritt zu gehen, zum Beispiel auch auf andere Routinen mal zu verzichten.

Wenn du fähig bist, dich auf die äußere Welt einzustellen, wirst du dich vermutlich sehr viel freier fühlen. Wenn du erst einmal gelernt hast, dich umzustellen, bedeutet das allerdings nicht, dass du es dann auch immer tun musst. Du und deine innere Welt werden immer bleiben. An der Welt der Nichtautisten teilnehmen zu können, ist eine Fähigkeit, kein Muss. Wendy Lawson schreibt dazu:

> *„Als ich noch nicht erwachsen war, war mir weder klar, wie ich auf andere reagiere, noch wie sie auf mich reagieren. Jetzt verstehe ich soziale Interaktion wesentlich besser und habe normalerweise die Fähigkeit zu wählen, ob ich in meiner eigenen Welt leben möchte, oder mich der Welt der anderen anschließe." (Howlin 2004, 105)*

So ist es zum Beispiel gut, wenn du weißt wie man einen Small Talk führt (siehe Kapitel „Small Talk"). Aber du musst diese Fähigkeit nicht immer nutzen. Wenn du keine Lust hast, ein Gespräch mit jemandem zu führen, weil du dich vielleicht müde fühlst, dann zwing dich nicht dazu. Auch nichtautistische Menschen möchten nicht immer mit anderen reden und lassen es dann, das ist gar nicht schlimm. Wichtig ist dann nur, dass du dich nicht einfach von jemandem weg drehst und den Raum verlässt. Entschuldige dich stattdessen höflich, zum Beispiel indem du sagst: „Ich bin müde, ich möchte jetzt gerne meine Ruhe haben. Bitte lass uns später reden." Dann weiß der andere Bescheid und hält dich nicht für unhöflich.

An dir zu arbeiten und in die Welt da draußen einzutauchen, ist vor allem wichtig, wenn du später arbeiten und alleine leben möchtest. Denn langfristig entwickeln sich die Autisten am besten (das heißt, sie werden am selbstständigsten), die es selbst als Herausforderung sehen, ihren Autismus zumindest teilweise zu überwinden. Der Erfolg hängt allerdings nicht nur von dir ab, sondern auch davon, wie sehr deine Mitmenschen dich dabei unterstützen. Denn wie sollst du wissen, was an dir so „merkwürdig" ist, dass andere Menschen oft nichts mit dir zu tun haben wollen, wenn es dir niemand sagt. Das Wichtigste, das du zum Verändern brauchst, ist Feedback von anderen.

Tipp

Bitte deine Mitmenschen, dir zu sagen, wenn du ungewöhnlich reagierst oder sie etwas an dir sehr stark stört.

Wie du bereits in mehreren Kapiteln gelesen hast – etwa zu Familie, Routinen oder Körperhygiene – betrifft die Frage, ob du dich in irgendeiner Form verändern solltest, nicht nur dein eigenes Wohlbefinden. Auch aus Liebe oder Rücksicht auf deine Mitmenschen könntest du dich verändern wollen. Autistische Menschen können für ihre Umgebung schließlich manchmal etwas anstrengend sein. Vor allem für Geschwister ist es oft nicht einfach, eine autistische Schwester oder einen autistischen Bruder zu haben. Dadurch, dass Autisten meist mehr Hilfe brauchen, haben viele Eltern weniger Zeit für die Geschwister. Daher solltest du manchmal einen Schritt auf deine Familie zugehen und kompromissbereit sein.

Rücksicht nehmen heißt nicht, dass sich nur eine Seite auf die andere einstellen muss. Du musst behutsam mit deinen Mitmenschen umgehen, aber deine Mitmenschen auch mit dir. Denn selbstverständlich sollst du nichts machen müssen, womit es dir schlecht geht. Aber umgekehrt musst auch du dir klarmachen, dass deine Umgebung nicht autistisch ist und andere Bedürfnisse und Wünsche hat als du. Wenn du darauf keine Rücksicht nimmst, nehmen dich deine Mitmenschen vielleicht als egoistisch und gefühllos wahr. Und das bist du nicht und so möchtest du vermutlich auch nicht gesehen werden.

Wer sich wie weit auf wen einstellt und was du versuchen solltest, an dir zu ändern, hängt immer ganz vom Einzelfall ab: Davon, wie sehr dich selbst gewisse Dinge an dir stören, davon, wie sehr andere sich durch deine autistischen Verhaltensweisen gestört fühlen, und schließlich davon, wie schwer dir die Umstellung fallen würde. Am besten ist daher: Sprecht gemeinsam darüber, zumindest in Bezug auf Menschen, die dir nahestehen wie Familie oder Freunde.

Und sei nicht enttäuscht, wenn es mal nicht so gut funktioniert, wie du es dir selbst gewünscht hättest. Am meisten zählt der gute Wille. Denn manchmal klappt selbst eine noch so kleine Veränderung trotz aller Anstrengung nicht. Daher denke immer daran: Es ist schön, wenn du es schaffst, an bestimmten Verhaltensweisen zu arbeiten und Erfolg dabei hast. Aber du brauchst kein schlechtes Gewissen zu haben, wenn du es nicht schaffst. Denn du tust ja nichts mit böser Absicht, sondern es ist Teil deines Autismus. Oder würdest du sagen, ein Blinder muss ein schlechtes Gewissen haben, weil er nicht sehen kann und deshalb jemanden braucht, der ihm Schilder vorliest?

Deine Familie hat dich ganz sicher auch mit allen deinen „autistischen Macken" lieb, selbst wenn jene manchmal anstrengend sind.

Mache auch dir selbst immer klar: Du bist richtig so, wie du bist! Wichtig ist, dass du dich akzeptierst. Vielleicht kannst du es sehen wie Julia:

„Ich sehe so viel Trennendes (Anm. in Bezug auf Nichtautisten), aber ich denke, es ist wichtig, auch das Verbindende zu sehen. Auch wenn ich anders fühle, bin ich kein Alien. Ich bin ein Mensch wie sie. […] Ich bin anders und doch gleich.

Ich habe immer wieder zwischen den Extremen geschwankt: ich fühlte mich minderwertig oder den anderen überlegen. Doch ich versuche, alle Menschen als gleich anzusehen. […] Es gibt etwas, das ich gut kann und etwas, das ich schlecht kann. Für mich bedeutet erwachsen werden, herauszufinden, was das ist." (Persönliches Interview, Fragebogen).

Zum Weiterlesen

Bücher

- Horng, M. (2016): 30 Minuten Gewohnheiten ändern. GABAL, Offenbach
- O'Neill, J. L. (2001): Autismus von innen. Hans Huber, Bern
- Silberman S. (2016): Geniale Störung. Die geheime Geschichte des Autismus und warum wir Menschen brauchen, die anders denken. Dumont Verlag, Köln
- Vermeulen, P. (2013): Ich bin was Besonderes: Arbeitsmaterialien für Kinder und Jugendliche mit Autismus-Spektrum-Störungen. modernes lernen, Dortmund

7.3 Zukunft – Wie werde ich wohl als Erwachsener leben?

„Ich wünsche mir so sehr eine Perspektive für mein Leben. Ich weiß nicht, wie es weitergehen wird, weder beruflich noch privat."

(Christine Preißmann)

Die Zukunft ist meist ziemlich unbekannt. Daher kann sie Angst machen. Das geht vielen Menschen so, aber bei Autisten ist diese Angst häufig besonders groß. Denn als Autist weiß man oft noch weniger, wie gut man das Leben meistern wird, zum Beispiel, ob man alleine leben kann, ob man selbst für seinen Lebensunterhalt sorgen kann oder ob man einen Partner findet. Über all diese Dinge hast du bereits viel in diesem Buch gelesen. Für Autisten ist das Leben oft etwas schwieriger als für andere Menschen, sonst wäre dieses Buch nicht notwendig. Aber es gibt Möglichkeiten, mit den Problemen klarzukommen. Was heute noch ganz schwierig aussieht, ist morgen oder in einer Woche oder einem Jahr schon ganz einfach. Autisten sind gerade in Alltagsdingen oft Spätzünder*. Aber spät heißt nicht nie. Das Leben kann für Autisten genauso schön und erfüllend sein wie für Nichtautisten.

Gerade bei Asperger-Autisten weiß man noch nicht viel darüber, wie sie sich entwickeln, wenn sie bereits von Kindheit an lernen, mit ihren Schwierigkeiten umzugehen. Denn das Asperger-Syndrom ist noch nicht lange als medizinische Diagnose anerkannt und entsprechend wenige wissenschaftliche Untersuchungen gibt es. Aber es gibt einige Menschen, die erst als Erwachsene erfahren haben, dass sie Asperger-Autismus haben. Und die waren zu diesem Zeitpunkt bereits verheiratet und berufstätig oder hatten gar Kinder. Ein eindeutiges Zeichen dafür, wie gut auch autistische Menschen ihr Leben als Erwachsene in den Griff bekommen können.

Wenn ein Autist die Diagnose sehr früh erfährt, geht das möglicherweise noch besser. Laut Studien entwickeln sich Autisten besonders gut, wenn sie es selbst als Herausforderung ansehen, die Probleme ihres Autismus zu überwinden *(Howlin 2004, 45)*.

Das ist ganz logisch: Wenn man motiviert ist, sich anstrengt und außerdem früh die richtige Unterstützung dabei bekommt, schafft man viel mehr. Glaube also nicht, dass du eh nie einen Partner oder einen Job haben wirst. Sondern glaube an deine Stärken und daran, dass du sehr vieles erreichen kannst, wenn du nur willst! Dabei ist es wichtig, dass du möglichst viel und gute Unterstützung bekommst, etwa von deinen Eltern oder in der Schule.

Schauen wir uns zunächst die Frage des Wohnens an. Noch wohnst du sicher bei deinen Eltern. Aber schon wenn du studieren möchtest, musst du vielleicht in eine andere Stadt ziehen und dann entweder ganz alleine leben oder in einer Wohngemeinschaft oder in einem Wohnheim. Vielleicht auch zusammen mit einem Partner, aber du musst dich auf jeden Fall viel mehr selbst um alles kümmern und deinen Alltag viel mehr alleine organisieren als jetzt. Du wirst einkaufen und saubermachen müssen oder selbst Arzttermine für dich vereinbaren. Doch alleine leben heißt nicht, ohne Hilfe leben. Du kannst trotzdem Hilfe von deiner Familie oder Freunden bekommen. Zum Beispiel indem deine Nachbarn für dich mit kochen oder indem ein Freund dich morgens per Telefonanruf weckt, damit du nicht verschläfst. Alternativ könntest du sogenanntes Essen auf Rädern bekommen, bei dem fertig gekochte Mahlzeiten vorbei gebracht werden, und eine Putzfrau anstellen.

Tipp Du kannst das Alleinleben lernen. Damit anfangen kannst du bereits jetzt, zum Beispiel indem du immer mehr Aufgaben im Haushalt deiner Familie selbst erledigst, Arzttermine für dich selbst vereinbarst und vielleicht auch mal ein Wochenende ganz allein zu Hause bleibst. Später, etwa zum Studium oder während der Ausbildung, könntest du dir vielleicht zunächst eine Wohnung in der Nähe deiner Eltern suchen. Das wird dir Sicherheit geben. Du könntest anfangs nur die Nächte in deiner eigenen Wohnung verbringen, aber tagsüber noch bei deiner Familie sein und dann nach und nach immer weniger Tage bei deiner Familie und immer mehr Zeit in deiner Wohnung verbringen.

Tipp Manche Organisationen wie die Evangelische Jugendhilfe Rendsburg bieten ein Wohnungstraining an, bei dem du auf das Alleinleben vorbereitet wirst.

Tipp Es gibt auch spezielle Wohngemeinschaften für Autisten sowie Angebote für Betreutes Wohnen. Betreutes Wohnen bedeutet, dass es Sozialarbeiter oder andere Unterstützer gibt, die im Alltag helfen und für Fragen zur Verfügung stehen. Die Adressen findest du im Anhang.

Für manche Autisten mag weniger das Alleinleben das Problem sein, sondern viel mehr, überhaupt woanders zu wohnen – sei es in einer neuen Stadt oder nur in einer neuen Wohnung. Dort wirst du dich nicht so gut auskennen wie in deinem jetzigen Zuhause. Anfangs können dich die vielen neuen Eindrücke eventuell überfordern. Umzuziehen kann daher Angst machen. Vielleicht kennst du das, weil du schon mal umgezogen bist. Dann wirst du aber sicher ebenfalls gemerkt haben, dass man sich an eine neue Umgebung gewöhnen kann, oder? Irgendwann ist sie nicht mehr neu und dann fühlt man sich genauso wohl wie zuvor in der alten Stadt beziehungsweise Wohnung.

Tipp Wenn du umziehst, besorge dir vorher Fotos von dem neuen Haus, um dir alles genau anzuschauen. Vielleicht kannst du auch viele Möbel aus deiner alten Wohnung mitnehmen und dein Zimmer genauso wie vor dem Umzug einrichten. Dann ist es nicht ganz so anders.

Wenn du älter wirst, möchtest du vielleicht auch einen festen Partner haben. Im Kapitel über Liebe hast du bereits erfahren, dass es viele Autisten gibt, die eine Beziehung haben. Es ist sogar gut möglich, dass du mal heiratest, wenn du das möchtest. Allerdings musst du es keinesfalls. Denke nicht, nur weil andere Menschen heiraten, musst du das auch tun. Auch immer mehr Nichtautisten entscheiden sich gegen eine Ehe. Man muss noch nicht einmal mit einem Partner zusammenleben, wenn man einen hat.

Manchmal wird es einfacher, einen Partner zu finden, wenn man älter ist. Das Gleiche gilt für Freundschaften. Viele Autisten haben schon als Kinder lieber Kontakt mit Erwachsenen als mit anderen Kindern. Das liegt unter anderem daran, dass es den meisten Menschen im Erwachsenenalter leichter fällt, mit „etwas anderen" Personen wie Autisten umzugehen. Und bei der Arbeit wirst du Erwachsene um dich herum haben statt wie jetzt in der Schule Kinder. Außerdem lernen Autisten immer mehr dazu, je älter sie werden, gerade im sozialen Bereich, also da, wo es um den Umgang mit anderen Menschen geht.

Du magst dich vielleicht ebenfalls fragen, ob du später selbst Autofahren wirst. Vermutlich ja, wenn du es möchtest. Warum auch nicht! Schließlich funktioniert der Verkehr nach klaren Regeln. Manchen Autisten fällt Autofahren sogar leichter als Bus- oder Zugfahren, da sie im Auto nicht eng mit anderen, unbekannten Menschen zusammensitzen müssen. So geht es Christine Preißmann:

„Ich bin sehr froh, dass ich einen Führerschein habe, ich fahre sehr gern mit meinem Auto spazieren. Dort fühle ich mich wohl und sicher, insbesondere dann, wenn es mir nicht so gut geht und ich mir eine Zugfahrt nicht zutraue, weil dort so viele Menschen auf engem Raum sind und eine Rückzugsmöglichkeit fehlt. In meinem Auto dagegen kann ich die Leute um mich herum abschalten und immer dann eine Pause einlegen, wann ich es möchte." (Preißmann 2005, 62)

Manche Menschen glauben allerdings, Autisten könnten nicht gut Autofahren, zum Beispiel weil im Straßenverkehr Augenkontakt wichtig ist. Außerdem muss man sehr viele Dinge gleichzeitig tun: Auf den Verkehr achten, schalten, lenken, kuppeln ... Dieses „Multitasking" fällt vielen Autisten schon bei Alltagsaufgaben schwer. Zusätzlich können Lichter blenden oder Geräusche sehr laut sein und irritieren. Tatsächlich gibt es für Autisten also gewisse Hürden beim Autofahren. Doch wie das Beispiel von Christine Preißmann zeigt, ist es auch für Autisten nicht unmöglich, Auto zu fahren. So schreibt der autistische Jim Sinclair:

„Im Mai 1989 fuhr ich [selbst im Auto] 1200 Meilen zur zehnten jährlichen TEACCH-Konferenz, wo ich lernte, dass Autisten nicht Auto fahren können." (Howlin 2004, 335)

Wenn du möchtest, kannst du alles schaffen. Lass dir nie einreden, du könntest etwas nicht. Man sollte seine Grenzen kennen, aber das dauert oft bis lange ins Erwachsenenalter. In keinem Fall ist dein Autismus eine Grenze. Er ist eine Erklärung, warum du manches anders machst oder für manches länger brauchst. Aber er ist nicht von vornherein ein Grund, dass du etwas nicht kannst und nie können wirst.

Zum Weiterlesen

Internet

- www.lebenshilfe.de
  Homepage der Bundesvereinigung Lebenshilfe (Selbsthilfevereinigung für Menschen mit geistiger Behinderung). Mit vielen Informationen zu verschiedenen Themen wie Arbeit, Wohnen und Partnerschaft. Auch ein Blick auf die Bücherliste lohnt sich.

Kapitel 8

Was sonst noch wissenswert ist...

8.1 Was sagt der Intelligenzquotient über einen Menschen aus?

8.2 Wie viele Autisten gibt es eigentlich?

8.3 Warum ist Lügen manchmal gut und manchmal schlecht?

8.4 Muss ich an Gott glauben?

8.5 Warum trinken Menschen Alkohol?

8.6 Was ist eine Selbsthilfegruppe?

Nun hast du fast das ganze Buch gelesen und hoffentlich viel dabei gelernt und erfahren. Doch es gibt noch einige Dinge, auf die wir bislang nicht oder nur wenig eingegangen sind, die sich aber viele Autisten fragen. Daher findest du hier zum Schluss noch einige kurze Erläuterungen zu diesen weiteren Fragen.

8.1 Was sagt der Intelligenzquotient über einen Menschen aus?

Die autistischen Störungen unterscheiden sich untereinander (auch) darin, wie hoch der sogenannte Intelligenzquotient (IQ) der Betroffenen ist. Frühkindliche Autisten haben häufig einen eher niedrigen IQ und gelten daher in der Regel als geistig behindert. Asperger- und HFA-Autisten haben hingegen einen normalen IQ, manche sogar einen extrem hohen und gelten dann als hochbegabt.

In der Psychologie ist allerdings sehr umstritten, was Intelligenz eigentlich ist und was ein IQ-Test aussagt. Grob gesagt ist Intelligenz die Fähigkeit, sich an neue Situationen und Anforderungen der Umwelt anzupassen sowie die Umwelt zu verstehen und zu verändern. IQ-Tests versuchen, verschiedene Bereiche, in denen Problemlösungen gefragt sind, abzudecken. Je nachdem, wie gut jemand abschneidet, wird er als geistig behindert (IQ < 70), durchschnittlich intelligent (IQ = 70–114), überdurchschnittlich intelligent (IQ = 114–129) oder hochbegabt (IQ > 130) bezeichnet. Diese Einteilungen sind recht willkürlich vorgenommen. Allerdings sind IQ-Tests sehr gut untersucht und man kann sagen, dass ziemlich sicher nur zwei Prozent der Weltbevölkerung einen IQ von 130 oder mehr erreichen.

Intelligenztests können keine eine Aussage darüber treffen, wie gut jemand tatsächlich im Leben zurechtkommt. Auch jemand mit einem IQ von 130, also jemand, der hochbegabt ist, kann in der Schule sitzen bleiben* oder nicht fähig sein, alleine zu leben.

Viel interessanter als dieser sogenannte Gesamt-IQ sind daher die einzelnen Teilbereiche der IQ-Tests. Ein guter IQ-Test besteht nämlich aus verschiedenen Untertests, für die jeweils ein Einzelwert bestimmt wird. Das IQ-Profil, das sich daraus ergibt, ist für Ärzte und Psychologen das eigentlich Interessante. Denn hier kann man viel eher ablesen, wo jemand möglicherweise auch im echten Leben Probleme hat, als am Gesamt-IQ, zum Beispiel ob jemand gut rechnen und schlecht schreiben kann oder umgekehrt. Autisten sind oft in einigen Teilbereichen sehr gut und in anderen sehr schlecht.

Die richtige Bewertung eines IQ-Tests ist gerade bei Autismus sehr schwierig. So bekommen Autisten manchmal in solchen Tests einen eher geringen IQ bescheinigt. Dabei wissen sie eigentlich die Antworten auf die Fragen, haben aber Probleme, die Formulierung der Testfragen richtig zu verstehen. Oder sie konnten sich nicht ausreichend sprachlich ausdrücken. Das schlechte Ergebnis ist dann nicht in einer mangelnden Intelligenz begründet, sondern in Kommunikationsproblemen. Manchmal kann es auch an Leseschwierigkeiten oder bei Höraufgaben an Hörschwierigkeiten liegen. Manche Menschen schneiden schlecht bei einem IQ-Test ab, weil sie sich in Wahrheit unterfordert gefühlt haben von den Aufgaben.

Ein IQ-Test sagt also noch nicht viel über jemanden aus: Weder darüber, wie gut er etwas kann, noch darüber, inwiefern er es weniger gut kann. Und er sagt erst recht nichts darüber aus, was du für ein Mensch, wie liebenswert du bist.

8.2 Wie viele Autisten gibt es eigentlich?

Das ist eine gute Frage und leider gibt es keine eindeutige Antwort. Denn es gibt viele Menschen, die autistisch sind, aber noch nicht als solche erkannt (diagnostiziert) wurden. Das liegt vor allem daran, dass sie sehr „hochfunktional" sind und dann nicht das Bild eines Autisten erfüllen, das viele Menschen haben. Man kann aber davon ausgehen, dass etwa ein Prozent aller Menschen irgendwo im Autismusspektrum liegen. Und es gibt etwa viermal so viele Jungen und Männer mit Autismus wie Frauen. Manchen Menschen merkt man ihren Autismus bereits als ganz kleinem Säugling an. Bei vielen fällt es aber erst auf, wenn sie 18 Monate oder älter sind. Rückblickend sagen die Eltern dennoch fast immer, dass ihre autistischen Kinder schon als Babys „irgendwie anders" waren. Sogar schon während der Schwangerschaft oder bei der Geburt scheint es regelmäßig Probleme zu geben.

Übrigens wird auch vielen berühmten Menschen nachgesagt, sie seien autistisch (gewesen). Zum Beispiel den Naturwissenschaftlern Albert Einstein, Marie Curie, Isaac Newton und Charles Darwin. Oder Künstlern wie Beethoven und Michelangelo. Auch von Bill Gates und Steven Spielberg wird behauptet, sie seien autistisch. Allerdings sind solche „Diagnosen" mit Vorsicht zu betrachten. Denn erstens leben die meisten der soeben aufgezählten Persönlichkeiten nicht mehr. Und Diagnosen nach dem Tod sind eigentlich unmöglich. Und zweitens werden den berühmten Persönlichkeiten oft auch andere Krankheiten zugeschrieben (wie AD(H)S oder Schizophrenie), weil manche Menschen glauben, dass es die Krankheiten irgendwie aufwertet, wenn sehr berühmte und vor allem sehr intelligente Menschen diese Krankheit haben beziehungsweise hatten.

8.3 Warum ist Lügen manchmal gut und manchmal schlecht?

Eigentlich sollte man nicht lügen. Autisten machen es auch meistens nicht. Manche können es nicht einmal, sie sind immer ehrlich. Aber auch wenn Ehrlichkeit eigentlich etwas sehr Schönes ist, sind Lügen manchmal angebrachter. Denn häufig wollen andere Menschen gar nicht die Wahrheit hören. Man darf also schwindeln, beziehungsweise die Wahrheit ein bisschen umschreiben, um andere nicht zu kränken. Man sagt zum Beispiel eher nicht „Dein T-Shirt ist hässlich", sondern lieber „Dein T-Shirt ist ungewöhnlich", weil man nicht möchte, dass der T-Shirt-Besitzer traurig ist.

Wenn du mal eine Liebesbeziehung zu einer Frau hast, die dich fragt, ob sie die allerschönste Frau ist, würdest du vermutlich mit „Nein" antworten wollen. Entweder, weil du schon schönere Mädchen gesehen hast oder weil du ja gar nicht alle Frauen auf der Welt kennst und daher nicht wissen kannst, ob deine Freundin die schönste ist. Dennoch solltest du „Ja" sagen. Das ist einfach ein Zeichen dafür, wie sehr du deine Freundin magst. Man nennt das dann eine Notlüge.

Notlügen können auch erlaubt sein, wenn jemand nicht erfahren soll, dass du autistisch bist. Wenn dich zum Beispiel jemand fragt, warum du keinen Körperkontakt magst, dann brauchst du nicht jedem zu erzählen, dass du Autismus hast. Du kannst einfach sagen „Ich bin gerade etwas krank und möchte Sie nicht mit meinen Viren anstecken". Oder wenn du etwa bei einer Schulveranstaltung oft zwischendurch rausgehen möchtest, um auf der Toilette kurz deine Ruhe zu haben. Dann könntest du vielleicht sagen, dass du eine Blasenentzündung hast und daher so oft raus musst.

Allerdings sollten das alles nur Ausnahmen sein. In den allermeisten Fällen ist Ehrlichkeit die beste Wahl. Vielleicht schätzen dich Freunde und Kollegen später sogar besonders, wenn du ihnen auch unangenehme Dinge offen sagst. Denn ansonsten könnten sie jene nicht verändern. Suche hierfür aber im Zweifel einen ruhigen Moment und ein Gespräch zu zweit, in dem keine anderen Personen dabei sind und zuhören.

8.4 Muss ich an Gott glauben?

Autismus und Religion – das scheint sich fast zu widersprechen. Religion hat mit Dingen zu tun, die man nicht sieht und nicht nachweisen kann. Autisten wollen hingegen meist Sicherheit, Ordnung und Erklärungen. Außerdem sind religiöse Texte voller Symbole, voller Dinge, die nicht wörtlich gemeint sind. Gott ist zum Beispiel nicht wirklich im Himmel, nicht in dem blauen Himmel, den wir über uns sehen. Ebenso isst man bei einem christlichen Gottesdienst ja nicht wirklich „Christi Leib" oder trinkt sein „Blut", sondern nur dünne Teigscheibchen und Wein. Die Religion an sich scheint also zunächst eher „Autismus-ungeeignet".

Andererseits bestehen Religionen meist aus vielen Ritualen. Das Trinken von „Christi Blut" ist ja auch so ein Ritual. Ebenso sind die Abläufe bei religiösen Zeremonien klar strukturiert. Man weiß immer, was als nächstes passiert. Genau genommen strukturiert die Religion sogar das ganze Jahr: Feste wie Weihnachten und Ostern im Christentum, Chanukka im Judentum oder Ramadan im Islam kommen jedes Jahr wieder und machen einem klar, welche Jahreszeit gerade ist, beziehungsweise wie viel Zeit schon wieder vergangen ist. Auch die Ruhe an religiösen Orten ist im Grunde genau das Richtige für Autisten. Ebenso gefällt manchen Autisten die religiöse Gemeinschaft. Sie finden dort Freunde. In solchen Gemeinschaften werden nämlich meist alle als gleichwertig akzeptiert. Da gibt es kein Hänseln und keine blöden Sprüche, weil du manchmal etwas anders bist. Christine Preißmann schreibt zum Beispiel über das Anzünden von Kerzen in einer Kirche:

> *„Ich freue mich an dem Licht und vor allem daran, dass meine Kerze ganz selbstverständlich unter den anderen Kerzen stehen darf, dass sie nicht abseits stehen muss, dass sie genauso ist wie die anderen Kerzen, dass sie dazugehört." (Preißmann 2005, 33)*

Aber ob du religiös sein musst? Nein, das musst du nicht. Manchen Menschen hilft es, an etwas Religiöses oder an eine höhere Macht zu glauben. Sie fühlen sich nicht so einsam, wenn sie glauben, dass irgendwo jemand ist, der immer auf sie aufpasst, oder sie sind von der Vorstellung beruhigt, dass verstorbene Angehörige im Jenseits „weiterleben". Aber den Glauben an etwas kann man nicht erzwingen. So gibt es viele Menschen, die nicht religiös sind. Andere sind es nur nach außen, sie gehen also in die Kirche, Synagoge, Moschee oder an andere religiöse Orte oder bezeichnen sich als gläubig, aber in Wirklichkeit machen sie sich nicht so viel aus der Religion und ihren Vorschriften.

Und ob ein Autist ein guter Religionsanhänger sein kann? Warum nicht! Nächstenliebe ist in vielen Religionen eine der obersten Regeln. Autisten zeigen zwar oft wenig Interesse an anderen Menschen und deren Wohlergehen. Aber sie schaden ihnen in der Regel auch nicht, jedenfalls wohl so gut wie nie absichtlich. Allerdings solltest du vorsichtig sein, wenn du in Kontakt mit dir bisher unbekannten religiösen Gemeinschaften oder Lehren kommst. Denn da Autisten meist eher leichtgläubig sind, laufen sie vielleicht häufiger Gefahr, an eine Sekte zu geraten.

8.5 Warum Trinken Menschen Alkohol?

Vermutlich „prahlen" in deiner Klasse ab und zu Mitschüler damit, dass sie am Wochenende ganz viel Bier oder Schnaps getrunken haben. Denn gerade in der Pubertät versuchen viele Jugendliche, Alkohol zu trinken. Sie mögen das Gefühl, wenn man ganz locker und lustig wird. Und sie fühlen sich stark, wenn sie den Alkohol aushalten können, ohne dass ihnen schlecht wird. Auch viele Erwachsene trinken Alkohol. Meistens, um abends von der Arbeit zu entspannen oder um auf einer Party gut drauf zu sein. Denn durch Alkohol verliert man Hemmungen. Man tanzt zum Beispiel, auch wenn man sich normalerweise dafür schämen würde, weil man es eigentlich nicht gut kann. Oder man fängt eher an zu flirten, obwohl man sich das sonst nicht trauen würde.

Nur weil andere Alkohol trinken, musst du das allerdings noch lange nicht tun, weder jetzt, noch wenn du älter wirst. Immer mehr Menschen verzichten auf Alkohol, weil er ungesund ist. Zudem vertragen Autisten Alkohol manchmal schlechter als nichtautistische Menschen. Die Sinneseindrücke werden dann noch verwirrender.

Außerdem kann Alkoholkonsum für dich problematisch sein, weil es manchen Autisten noch schwerer als nichtautistischen Menschen fällt, das richtige Maß abschätzen zu können. Ein Glas Wein mag in Ordnung sein, aber wenn du mehr trinkst, kann dir sehr, sehr übel werden. Daher lass es am besten einfach sein. Egal was andere dazu sagen.

8.6 Was ist eine Selbsthilfegruppe?

In einer Selbsthilfegruppe kannst du dich mit anderen Autisten treffen. Ihr könnt dann über eure Schwierigkeiten reden, Tipps austauschen oder einfach nur ein paar nette Stunden miteinander verbringen. Vielleicht findest du dort sogar einen Freund oder gleich mehrere.

Christine Preißmann berichtet sehr positiv über ihre Erfahrung mit einer solchen Gruppe:

> *„Ich habe in der Gruppe andere Betroffene mit denselben Schwierigkeiten, denselben Sorgen und ähnlichen Gedanken gefunden. Ja, ich habe wohl erstmals in meinem Leben Menschen gefunden, die mir Freunde geworden sind, die mich nicht ausnutzen und mich nicht nur als Lückenbüßer behandeln, wenn für sie gerade niemand sonst als Gesellschaft zur Hand ist. Ich habe erstmals die Möglichkeit, mich mit Gleichaltrigen über anfallende Schwierigkeiten auszutauschen, aber auch, ihnen von schönen Erlebnissen zu berichten. Ich genieße das sehr. […] Nie hätte ich gedacht, dass es mir möglich sein würde, an einer Gruppe teilzunehmen, mich in einer Gruppe wohlzufühlen und mich nach einiger Zeit sogar dort einzubringen." (Preißmann 2005, 66)*

Manchen Menschen gefallen Selbsthilfegruppen allerdings nicht so gut, denn manchmal sind es eher „Selbstbemitleidungs-Gruppen". Die Teilnehmer reden dann eher darüber, wie schlecht es ihnen geht als darüber, wie sie etwas ändern könnten. Du musst daher nicht unbedingt zu so einer Gruppe gehen.

Selbsthilfegruppen gibt es übrigens für alles Mögliche, nicht nur für Autismus. Zum Beispiel für depressive oder körperbehinderte Menschen, für drogenabhängige Personen und für Eltern, deren Kinder gestorben sind. Meistens sind Selbsthilfegruppen betreut, das heißt, es gibt jemanden, der das Gespräch eröffnet und leitet oder gemeinsame Aktivitäten plant. Denn manchmal reden die Gruppenmitglieder nicht nur, sondern unternehmen gemeinsam etwas, einen Ausflug, ein Grillfest oder einen Bastelnachmittag. Manchmal werden gerade in Selbsthilfegruppen für Autisten auch Ausflüge an Orte geplant, wo ganz viele Menschen sind, beispielsweise in ein Einkaufszentrum, um gemeinsam mit dieser Herausforderung fertig zu werden.

Kontakt zu einer Selbsthilfegruppe kannst du über ein Autismus-Therapiezentrum bekommen oder über KISS. KISS steht für Kontakt- und Informationsstelle für Selbsthilfegruppen. KISS gibt es in den meisten größeren Städten. Am besten du fragst bei der Stadtverwaltung nach oder noch einfacher, du googelst es. Auch im Anhang des Buches findest du einige Adressen und Internetseiten von Selbsthilfegruppen. Zudem sind im Anhang Internetforen und Chats für Autisten aufgeführt. Denn sich im Internet mit anderen autistischen Menschen auszutauschen, ist ebenfalls eine Art Selbsthilfegruppe.

Sprich aber wieder zuerst mit deinen Eltern oder einer anderen erwachsenen Vertrauensperson darüber, bevor du das erste Mal an einer Selbsthilfegruppe teilnimmst. In vielen Gruppen für Kinder und Jugendliche ist es sogar möglich, dass dich deine Eltern oder jemand anders beim ersten Besuch begleitet.

Anhang

1 Redewendungen und Metaphern

2 Glossar

3 Internet

4 Hilfreiche Adressen (Auswahl)

5 Ausweiskärtchen

6 „STOP"-Karte

1 Redewendungen und Metaphern

Hier findest du einige Redewendungen und Metaphern. Das sind Sätze und Ausdrücke, die eine übertragene Bedeutung haben und von vielen Menschen häufig benutzt werden. Außerdem findest du einige Wörter mit doppelter beziehungsweise übertragener Bedeutung sowie umgangssprachliche Ausdrücke. Die hier aufgeführten Redewendungen und Metaphern sind allerdings nur eine sehr kleine Auswahl. Es gibt viel, viel mehr. Wenn es dich interessiert und du mehr Ausdrücke lernen und verstehen möchtest, könntest du dir zum Beispiel einen Duden über Redewendungen schenken lassen.

Du solltest die Redewendungen und Metaphern nicht unbedingt selbst anwenden. Denn es ist nicht immer ganz leicht, zu erkennen, wann die Ausdrücke wirklich passen. Aber zumindest wirst du sie mit dieser Liste verstehen können, wenn jemand anders sie benutzt. Vielleicht hilft dir die Liste aber auch tatsächlich so gut, dass du nach und nach ein Gefühl dafür bekommst, wann du die Ausdrücke selbst anwenden kannst.

Übrigens unterscheiden sich die Ausdrücke nach Sprache. Man kann einen Satz meist nicht direkt ins Englische oder eine andere Sprache übersetzen, weil es in anderen Sprachen ganz andere Redewendungen und Metaphern gibt.

A	
etwas *abblasen*	etwas absagen
jemanden *abblitzen lassen*	eine Bitte oder einen Wunsch abschlagen, häufig in Bezug auf Flirten benutzt
sich *einen abbrechen*	sich stark bemühen; bei etwas, das schwierig ist
etwas *abchecken*	untersuchen, beobachten, erkunden, sich darüber informieren
sich *vom Acker machen*	weggehen
auf etwas *abfahren*	etwas gut finden
abgebrüht sein	dreist sein, mutig sein

abhängen	entspannen, nichts tun
jemanden *anbaggern*	jemanden anflirten
auf Achse sein	unterwegs sein
sich etwas *abschminken* („Das kannst du dir abschminken")	auf etwas nicht hoffen
eine Antenne für etwas haben	etwas bemerken
bei Adam und Eva anfangen	sehr ausschweifend erzählen oder erklären
sich einen *Ast lachen*	sehr lachen
der *Allerwerteste*	der Po
affig sein	albern sein
die *Ärmel hochkrempeln*	anfangen zu arbeiten
eine *alte Schachtel*	eine ältere Frau
ein *alter Hase*	jemand mit viel Erfahrung
jemanden *anpumpen*	jemanden um Geld bitten
angeheitert sein	… von Alkohol
Der Apfel fällt nicht weit vom Stamm/Baum	Wie der Vater/die Mutter sein
in den *sauren Apfel beißen*	etwas tun, das man nicht mag
aufgekratzt sein	aufgeregt, hyperaktiv sein z. B. umherlaufen und ständig reden
jemanden *auf den Arm nehmen*	veralbern, einen Scherz mit jemandem machen
Arschbombe	im Schwimmbad vom Sprungturm springen und dabei mit dem Po zuerst auf dem Wasser aufkommen
Arschgeweih	Tätowierung am Steißbein
jemanden mit etwas *aufziehen*	jemanden mit etwas ärgern, hänseln
sich *aufbrezeln*	sich stylen, schön machen
jemandes *Augapfel sein*	von jemandem sehr gemocht und beschützt werden

etwas *aufmöbeln, aufmotzen*	etwas schön machen
ein *Auge* auf jemanden *werfen*	jemanden mögen und mit ihm zusammen sein wollen
„Da musst du früher aufstehen."	„Mich kannst du nicht überlisten."
etwas *auslöffeln*	die Konsequenzen für etwas tragen
B	
etwas (nicht) *gebacken kriegen*	etwas (nicht) schaffen
Backpfeife	Ohrfeige
„Da tanzt/steppt der Bär."	Da ist viel los.
nur Bahnhof verstehen	nichts verstehen
Ballerina	nicht nur Bezeichnung für eine Balletttänzerin, sondern auch für einen Damenschuh (der aussieht wie die Schuhe von Tänzern)
jemanden ein *Loch in den Bauch fragen*	zu viel fragen
blaumachen	nicht zur Schule oder zur Arbeit gehen
kein Bein auf dir Erde kriegen	sagt man, wenn es irgendwo sehr voll ist
sich selbst *ein Bein stellen*/jemandem *ein Bein stellen*	sich selbst bzw. jemand anderem eine Möglichkeit verbauen, sich/jemanden behindern
sich die *Beine in den Bauch stehen*	lange warten
über den Berg sein	etwas überstanden haben (meist eine Krankheit)
eine *schöne Bescherung*	sagt man, wenn etwas gar nicht schön ist
jemandem seine *Briefmarkensammlung zeigen*	mit jemandem schlafen; sagt man oft, wenn ein Mann eine Frau in seine Wohnung bittet mit dem Vorwand, ihr seine Briefmarkensammlung zu zeigen
auf eigenen Beinen stehen	selbstständig sein
Bindfäden regnen	stark regnen (so dass man keine einzelnen Tropfen mehr zieht, sondern nur noch „Regen-Fäden")

Birne	auch Kopf
„Darf ich bitten?"	sagt man bei der Aufforderung zum Tanz
wenn *Blicke töten* könnten	können sie natürlich nicht, sagt man aber oft, wenn jemand sehr böse oder sauer drein schaut
kein *Blatt vor den Mund nehmen*	alles offen und ehrlich sagen; auch Dinge, die andere eigentlich nicht hören wollen
das *Blaue vom Himmel herunter versprechen*	große Versprechungen machen, die meistens nicht eingehalten werden
blauäugig sein	naiv sein
Blinddate	Verabredung, mit jemanden den man nicht kennt oder zuvor noch nicht gesehen hat (z. B. eine Internetbekanntschaft)
Blut geleckt haben	Gefallen an etwas gefunden haben (wie ein Vampir an Blut)
ein *Brett vorm Kopf* haben	etwas nicht verstehen
etwas durch die *rosarote Brille* sehen	zu optimistisch sein, naiv
Brillenschlange	Brillenträger
Brand haben / Brand löschen	durstig sein / Durst stillen
den *Braten riechen*	etwas ahnen
einen Braten in der Röhre haben	schwanger sein
ein *Buch mit sieben Siegeln*	etwas Unverständliches
büffeln	lernen
die *Bürgersteige sind hochgeklappt*	sagt man manchmal, wenn in einem Ort abends nichts mehr los ist; keiner ist unterwegs, also braucht man die Bürgersteige nicht und könnte sie hochklappen (was natürlich tatsächlich nicht geht)
C	
chillen	entspannen

D	
einen *Dachschaden haben*	„verrückt" sein
einen *draufmachen*	feiern
Däumchen drehen	warten
dick auftragen	übertreiben
jemanden *dissen*	jemanden schlecht machen
sich etwas *durch den Kopf gehen lassen*	über etwas nachdenken
Drahtesel	Fahrrad
durchmachen	eine Nacht durchfeiern ohne zu schlafen
E	
im Eimer sein	kaputt sein
die *Spitze des Eisbergs* (sein)	nur der Anfang (sein)
wie ein *Elefant im Porzellanladen*	ungeschickt
Erbsenzähler	jemand, der sehr genau ist; negativ gemeint
Eselsbrücke	ein Merksatz; das zu Merkende mit etwas besser Merkbarem verbinden
Extrawurst	Sonderbehandlung
F	
roter Faden	Leitlinie, Struktur, z. B. Grundidee, die sich durch ein Referat oder einen Aufsatz zieht
Farbe bekennen	eine Meinung klar äußern
etwas passt wie die *Faust aufs Auge*	etwas passt ganz genau
sich *in die Falle hauen*	schlafen gehen
„Das fehlte mir gerade noch."	„Das passt mir gar nicht."
ins Fettnäpfchen treten	versehentlich etwas sagen, was dem anderen peinlich ist oder ihn traurig macht
sein *Fett wegkriegen* / abbekommen	seine gerechte Strafe bekommen

Feuer und Flamme sein	begeistert sein
Fliege	auch Bezeichnung für eine Schleife am Hals bei Männern, ähnlich einer Krawatte, getragen bei festlichen Anlässen
eine *Fliege machen*	abhauen
einen *Frosch im Hals* haben	momentan nicht sprechen können
es hat *gefunkt* zwischen ihnen	sie sind ineinander verliebt
G	
geil	eigentlich sexuell erregt; in anderen Zusammenhängen: toll
Geld zum Fenster hinaus werfen	Geld für unnütze Dinge ausgeben; verschwenderisch sein
Geld auf die hohe Kante legen	sparen
„Du kannst mich mal gern haben."	„Lass mich (damit) in Ruhe."
Das starke Geschlecht / das schwache Geschlecht	Männer / Frauen
jemanden für sich / etwas *gewinnen*	jemanden umwerben, so dass er zustimmt (z. B. wenn ein Junge mit einem Mädchen zusammen sein möchte, oder man jemanden überzeugen möchte, etwas Bestimmtes zu tun)
auf Granit beißen	nicht weiter kommen
ins Gras beißen	sterben
graue Maus	ein unscheinbares Mädchen / eine unscheinbare Frau
graue Zellen	Gehirn
seinen *Grips anstrengen*	sein Gehirn anstrengen
„Das kannst du deiner Großmutter erzählen."	„Das glaube ich dir nicht."
bei jemanden ist der *Groschen gefallen*	jemand hat etwas verstanden
wie Hund und Katze	völlig verschieden, verfeindet

H	
haargenau	so genau, wie ein Haar fein und dünn ist (also sehr genau)
Haare auf den Zähnen haben	zäh, robust und hart im Nehmen sein
an den Haaren herbeigezogen	abwegig, unlogisch
Hahn im Korb	einziger Mann unter Frauen
einen *(dicken) Hals kriegen*	wütend, genervt werden
Hals über Kopf	überstürzt
Hand aufs Herz	mal ehrlich
die *Hand ausrutschen*	jemanden im Affekt schlagen
um die Hand anhalten	einen Heiratsantrag machen
Hand und Fuß haben	gut durchdacht, vollständig
zwei linke Hände haben	ungeschickt sein
in festen Händen sein	einen festen Partner haben
das *Handtuch schmeißen / werfen*	aufgeben
Der *Haussegen (hängt schief)*	Stimmung im Haus / der Familie (ist schlecht)
auf etwas / jemanden *heiß sein*	mögen, haben wollen
aus *heiterem Himmel*	ganz plötzlich
hin *helles Köpfchen*	kluger Mensch
jemandem das *Herz brechen*	jemanden sehr verletzen
ein Herz für etwas haben	etwas mögen, sich für etwas engagieren
Herz in die Hose rutschen	Angst haben
das *Herz auf der Zunge / den Lippen* tragen	offen sagen, was man empfindet
im *siebten Himmel* sein	verliebt sein
etwas in sich *hineinfressen*	über etwas nicht reden und sich dadurch selbst emotional belasten
Hinz und Kunz	jeder (beliebige, gewöhnliche Mensch)

einen hoch kriegen	eine Erektion bekommen
hören („Du hörst wohl nicht richtig?!")	folgsam sein
sich *auf den Hosenboden setzen*	sich anstrengen
die *Hosen anhaben*	bestimmen
mit jemandem ein Hühnchen zu rupfen haben	etwas (Negatives, Ärgerliches) mit jemandem klären müssen
Hummeln im Hintern haben	nicht still sitzen können; sehr aktiv sein
J	
Jacke wie Hose	egal
„Das juckt mich nicht."	„Das ist mir egal."
junges Gemüse	Jugendliche, junge Leute
K	
einen *Kater haben*	Kopfschmerzen, weil man zu viel Alkohol getrunken hat
die *Katze im Sack kaufen*	nicht wissen, was man bekommt
geknickt sein	enttäuscht sein
sich in etwas *reinknien*	sich anstrengen, engagieren
das Gelbe vom Ei	das Beste
jemanden *kalt erwischen*	unvorbereitet erwischen; im negativen Sinn
jemanden *ins kalte Wasser werfen*	jemanden eine neue, schwierige Aufgabe geben, ohne Hilfe oder Vorbereitung
mit *offenen Karten* spielen	keine Geheimnisse haben
die *Klappe halten*	nichts sagen
kleinkariert sein	pingelig, konservativ sein
sich *einen Knoten (ins Taschentuch) machen*	eine Methode um etwas nicht zu vergessen
„Komm du mir nach Hause."	„… dann gibt es Ärger / Schimpfe."
sich *keinen Kopf machen*	nicht darüber nachdenken

Kopf in den Sand stecken	aufgeben, ohne Hoffnung sein
jemandem *den Kopf waschen*	jemanden zurechtweisen
den *Kopf verlieren*	außer sich, in Panik sein; unüberlegt handeln
Es platzt einem der Kragen	wütend sein
drei Kreuze machen	erleichtert sein
Kuckuckskind	Kind eines anderen Vaters, das in einer Familie großgezogen wird
eine *ruhige Kugel schieben*	nichts / wenig tun; nichts / wenig zu tun haben
L	
jemanden etwas *an die Backe labbern*	zu viel reden
Langfinger	Dieb
am *laufenden Band* *läuft bei dir*	ohne Unterbrechung Du kannst das wirklich gut.
„Mich *laust der Affe*."	„Das kann ich gar nicht glauben." Ausruf des Erstaunens
Leib und Blut Christi	so werden im Gottesdienst Wein und Hostie (dünne Brotscheibe) genannt; sie sollen ein Symbol für Leib und Blut Christi sein
eine *Leiche im Keller haben*	etwas Unschönes, Böses getan haben
Leseratte	jemand, der viel liest
jemandem *die Leviten lesen*	belehren, ausschimpfen
Licht ins Dunkel bringen	etwas erklären, offenbaren
Licht am Ende des Tunnels sehen	Hoffnung auf Besserung haben
Lieschen Müller	durchschnittliche weibliche Person
jemanden / etwas *links liegen lassen*	nicht beachten
Löcher in die Luft starren	mit den Gedanken woanders sein, abwesend und unkonzentriert wirken
den *Löffel abgeben*	sterben

jemanden *wie Luft behandeln*	nicht beachten
unter die Lupe nehmen	genauer betrachten (ohne Lupe)
M	
Mauerblümchen	unscheinbares Mädchen
Milchgesicht	jemand, der jung aussieht
miteinander gehen	mit jemandem eine Liebesbeziehung haben; sagt man bei Jugendlichen
miteinander schlafen	Sex miteinander haben
auf / hinter dem *Mond leben*	uninformiert sein, etwas nicht mitbekommen, nicht wissen was „in" ist
Moos	auch Ausdruck für Geld
aus einer Mücke einen Elefanten machen	übertreiben
Muschi	Ausdruck für Vagina (auch für Katzen, aber in Bezug auf Katzen lieber nicht benutzen wegen der Zweibedeutung)
N	
die *Nadel im Heuhaufen suchen*	etwas tun, das ohne Aussicht auf Erfolg scheint
etwas *an den Nagel hängen*	etwas aufgeben
mit etwas *auf die Nase fallen*	scheitern
jemandem etwas aus der Nase ziehen müssen	viele Fragen stellen müssen, weil der andere nur ganz kurz antwortet statt von sich aus mehr zu erzählen
wie ein *nasser Sack*	ohne Körperspannung
nicht Nein sagen können	keine Bitte abschlagen können
Niete	Versager
eine *Nummer schieben*	miteinander schlafen

O	
sich *aufs Ohr hauen*	schlafen gehen
jemandem *(s)ein Ohr schenken*	zuhören
„Du hast wohl Bohnen in den Ohren."	„Du hörst wohl nicht." gemeint: „Warum hörst du nicht?" „Hör endlich zu!"
sich etwas *hinter die Ohren schreiben*	sich etwas merken
die *Ohren steif halten*	tapfer sein
Ohrwurm	ein Lied, dass einem nicht mehr aus den Gedanken geht, das man ständig summt
großer Onkel	großer Zeh
das (stille) Örtchen	Toilette
wenn Ostern und Pfingsten auf einen Tag fallen	nie
Otto Normalverbraucher/Normalbürger	ein durchschnittlicher Mensch
sich outen	etwas Persönliches bekennen; oft benutzt, wenn man seine Homosexualität preisgibt
P	
da boxt der Papst	da ist viel los
Patentrezept/Lösung	generelle Lösung, die alle Unterfälle umfasst
Peanuts	Kleinigkeiten
wo der Pfeffer wächst	ganz weit weg
gepfeffert (z.B. „gepfefferte Preise")	hoch, dreist, extrem
„Ich glaub', mich tritt ein Pferd."	„Das ist kaum zu glauben."
mit jemandem *Pferde stehlen* können	auf jemanden vertrauen können
die *Pimpernellen kriegen*	genervt sein
Pudding in den Armen/Beinen haben	keine Kraft haben
bis in die Puppen	bis spät in die Nacht

R	
Rabenmutter/Rabeneltern	Mutter/Eltern, die sich nicht gut um ihre Kinder kümmert/kümmern
jemandes *rechte Hand* sein	jemandes engster Helfer sein
reif für die Insel sein	urlaubsreif sein
einen *Rettungsring* um den Bauch haben	einen dicken Bauch, Speck am Bauch haben
jemanden *riechen* können	jemanden mögen
Rockzipfel-Kind („an Mutters Rockzipfel hängen")	jemand, der immer bei seiner Mutter sein will, sich nicht von ihr lösen kann
sich die *Rosinen rauspicken*	sich nur das Beste nehmen
ein *rotes Tuch* für jemanden sein	jemanden sehr wütend machen, so wie beim Stierkampf der Stier durch das Tuch wütend wird (übrigens in Wirklichkeit nicht durch die Farbe, sondern durch das Schwingen des Tuches)
S	
jemanden *mit Samthandschuhen anfassen*	ganz vorsichtig behandeln
nicht ganz sauber sein	leicht „verrückt", ungewöhnlich sein
eine Sause machen	feiern
ein *Schäferstündchen* miteinander verbringen	miteinander schlafen
über den eigenen Schatten springen	etwas wagen
sein Licht unter den Scheffel stellen	in Bezug auf seine Fähigkeiten untertreiben
sich etwas schenken können	auf etwas verzichten können
sich nichts schenken	bei einem Wettbewerb/Sportwettkampf vollen Einsatz zeigen
auf dem Schlauch stehen	etwas nicht verstehen
Schmetterlinge im Bauch haben	verliebt sein
jemandem eine *schmieren*	eine Ohrfeige geben

nicht von der schnellen Truppe sein	lange brauchen
sich *von der Schokoladenseite zeigen*	nur seine positiven Eigenschaften zeigen
eine *Schraube lockern haben*	„verrückt", ungewöhnlich sein
der letzte Schrei sein	sehr modern, „in" sein
jemanden in eine Schublade stecken	jemandem eine feste Rolle (meist mit Vorurteilen) zuschreiben, ohne den Mensch als Individuum zu beachten; verallgemeinern
Schürzenjäger	ein Mann, der ständig um Frauen wirbt
sich den Schuh anziehen	Verantwortung übernehmen; akzeptieren, wenn andere ein vorurteilsbehaftetes Bild von einem haben
„Schwamm drüber."	„Vergessen wir es."
Schwarzarbeit	arbeiten, ohne Steuern zu zahlen
Schwarz-Weiß-Denken	Alles für entweder sehr schlecht oder vollkommen gut halten; keine Zwischenstufen kennen
schwarzfahren	Zug, Bus oder U-Bahn ohne Fahrkarte nutzen
schwarzmalen	pessimistisch sein
Schwein haben	Glück haben
sitzen bleiben	in der Schule eine Klasse wiederholen müssen
schnacken	sich unterhalten, plaudern
wie *Schuppen von den Augen* fallen	etwas plötzlich verstehen
Schwuchtel	abfälliger Begriff für Homosexuelle
Seelenklempner	Psychiater; Psychotherapeut (abfälliger Begriff)
Seemannsgarn spinnen	lügen, flunkern
Seitensprung	obwohl man einen Partner hat, mit jemand anderem schlafen
ein *Spargel(tarzan)* sein	dünn sein

Spätzünder	jemand, der sich spät entwickelt
seine *Sprache verlieren*	sprachlos sein, aber nur zwischenzeitlich, z. B. weil man von etwas sehr überrascht ist
jemandem die *Sprache verschlagen*	jemanden derart überraschen, dass er sprachlos ist
auf etwas/jemanden stehen	jemanden gut finden (vom anderen Geschlecht)
für jemanden die *Sterne vom Himmel holen*	alles für jemanden machen
Stimmbruch	Veränderung der Stimme bei Jungen in der Pubertät
vom Storch gebissen	schwanger
gegen den Strom schwimmen	anders sein als die meisten
Stuhlgang	Kot; mit Stuhl ist die Toilette gemeint, zu der man „geht"
sturmfrei (e Bude)	Die Wohnung / das Haus ganz für sich haben, weil alle anderen Bewohner unterwegs sind
süß sein	auch lieb, nett sein
T	
seine *Tage haben*	menstruieren, d. h. aus der Vagina bluten; bei Frauen ab der Pubertät alle vier Wochen bis sie ca. 50 Jahre alt sind
in den Tag hinein leben	keine Pläne haben; nichts Sinnvolles tun
nicht mehr alle Tassen im Schrank haben	„verrückt" sein
großer Teich	der Atlantik
den Teufel an die Wand malen	pessimistisch sein
sich zum Teufel scheren	Aufforderung wegzugehen
nicht richtig *ticken*	verrückt sein
Tomaten auf den Augen haben	etwas nicht sehen oder bemerken, was eigentlich offensichtlich ist

jemandem *stehen alle Türen offen*	jemand hat alle Möglichkeiten
„Mach die Tür von außen zu."	„Geh raus."
U	
etwas für *etwas übrig haben*	sich für etwas interessieren
vom anderen Ufer sein	homosexuell sein
sich umkrempeln	sich verändern
in *anderen Umständen* sein	schwanger sein
Land der unbegrenzten Möglichkeiten	USA
fliegende Untertasse	UFO
jemanden *unter* oder *über sich* haben	im Berufsleben Ausdruck für Hierarchie und Weisungsbefugnis
V	
Veilchen	auch blaues Auge
etwas oder jemanden *als etwas verkaufen*	sich oder etwas besonders positiv darstellen
sich *verpissen*	weggehen (abfälliger Ausdruck)
verschissen haben	es sich mit jemanden / etwas verdorben haben
etwas verschwitzen	vergessen
Vitamin B	B wie Beziehungen; Kontakte, die hilfreich sind z. B. um an einen Job zu kommen
einen *Vogel haben*	„verrückt" sein
W	
den Wald vor lauter Bäumen nicht sehen	nur Details wahrnehmen, aber keinen Gesamtüberblick haben
gegen eine Wand laufen	bei etwas nicht weiterkommen
sich *warm anziehen*	sich auf etwas vorbereiten, meist auf Ärger, Strafe oder Ähnliches
Nahe am Wasser gebaut haben	schnell anfangen zu weinen

noch an den Weihnachtsmann glauben	naiv sein
auf gleicher Wellenlänge sein	sich gut verstehen, ähnlich sein
sich *in die Wolle kriegen*	sich streiten
aus allen Wolken fallen	überrascht sein
Wurzeln schlagen	heimisch werden; zu lange stehen bleiben
X	
xyz	Stellvertreterausdruck für Unbekanntes oder Unwichtiges und Herkömmliches
Z	
Zähne zusammenbeißen	etwas Unangenehme ertragen
Wink mit dem Zaunpfahl	Hinweis
zwischen den Zeilen lesen	verstehen, was eigentlich mit den Worten gemeint ist
Zuckerschlecken („Das ist kein Zuckerschlecken.")	anstrengend sein
zusammen sein	ein Liebespaar sein

2 Glossar

AD(H)S: Aufmerksamkeits-Defizit-(Hyperaktivitäts)-Störung; gekennzeichnet durch Schwierigkeiten bei der Konzentration und bei Hyperaktivität auch durch eine große Bewegungsunruhe

Alexithymie: „Gefühlsblindheit"; Gefühle können weder bei anderen noch bei sich selbst adäquat wahrgenommen werden

Angst: Natürliches Gefühl; kann in Form von Panikattacken (verbunden mit Herzrasen, Übelkeit u. Ä.) krankhaft sein

Asperger-Syndrom: Hochfunktionale Form des Autismus mit mindestens durchschnittlicher Intelligenz

Atypischer Autismus: Ein Syndrombild, bei dem nicht alle Kriterien einer autistischen Störung erfüllt werden; in der Regel schwere geistige Behinderung

Auditory Integration Training (AIT): Eine Therapie, um Reize über die Ohren besser wahrnehmen zu können bzw. weniger empfindlich zu sein

Autismus: Spektrum von tiefgreifenden Entwicklungsstörungen, die durch Schwierigkeiten in den Bereichen Wahrnehmung, Kommunikation und Sozialverhalten gekennzeichnet sind

Autismusspektrum: Zusammenfassung aller autistischen Syndrome

Autistic Pride: Schlagwort, mit dem für die gesellschaftliche Akzeptanz von Autisten geworben wird (vgl. Neurodiversität)

Autogenes Training: Entspannungsverfahren, eine Art Selbsthypnose

Berufsbildungswerk (BBW): Ausbildungsstelle auch speziell für Menschen mit Behinderungen

Coping: „bewältigen", Sammelbegriff für Maßnahmen zur Stressbewältigung; allgemein: mit etwas zurechtzukommen

Depression: Zustand krankhafter Schwermut und Trauer, oft verbunden mit körperlichen Symptomen wie Appetitlosigkeit

Detailfokussierung: siehe Zentrale Kohärenz

Diagnostik: Feststellen einer Erkrankung

Echolalie: Unmittelbares Nachsprechen von Wörtern oder ganzen Sätzen „wie ein Echo"

Emotion: Gefühlsausdruck

Empathie: Einfühlungsvermögen

Ergotherapie: Therapie, mit deren Hilfe vor allem Alltagsfähigkeiten trainiert werden

Exekutive Funktionen: Fähigkeiten, Handlungen sinn- und planvoll auszuführen

Frühkindlicher Autismus: „Typisches" Erscheinungsbild des Autismus, meist verbunden mit geistiger Behinderung und kaum Verbalsprache

Gefühlsblindheit: siehe Alexithymie

Gen: Erbinformation

Gestik: Körpersprache

Hochfunktionaler Autismus (HFA): auch High-Functioning-Autism; frühkindlicher Autismus auf hohem Funktionsniveau, d. h. mit mindestens durchschnittlicher Intelligenz; nicht klar vom Asperger-Syndrom zu trennen

Homosexualität: Liebe zwischen Partnern gleichen Geschlechts

Idiosynkratischer Sprachgebrauch: Schaffung von eigenen Wörtern

Integrationsbeauftragter: Person z. B. in Betrieben, die sich dort für Menschen mit Behinderung einsetzt

Intelligenz: Kognitive Fähigkeit zum Problemlösen (Durchschnitt: mind. 70 IQ-Punkte)

Intermodulare Störung: Schwierigkeit, in einer Situation Gelerntes auf eine neue Situation zu übertragen

Irlen-Syndrom: Reizverarbeitungsstörung im Bereich des Sehens; behandelt mit Brillen mit bestimmten farbigen Gläsern

Kanner-Autismus: siehe Frühkindlicher Autismus

Komorbiditäten: Begleiterkrankungen, die nicht Symptom der „Haupterkrankung" sind

LGBTQ: Lesbisch, Schwul, Bisexuell, Transgender und Queer

Logopädie: Sprachtherapie

Mandelkerne: Teil des Gehirns, das besondere Bedeutung bei der Verarbeitung von Gefühlen hat

Masturbation: Selbstbefriedigung

Mentalizing: Fähigkeit, sich in einen anderen hineinzuversetzen; siehe auch Theory of Mind

Mimik: Gesichtsausdruck

Missbrauch (physisch, emotional, sexuell): Misshandlungen, angefangen bei Worten bis hin zu schwersten körperlichen Verletzungen

Mobbing: Hänseln, Niedermachen, vor allem in Beruf und Schule

Motorisch: Körperbewegungen betreffend

Neurodiversität: Neurologische Vielfalt (sieht Autismus als eine Spielart des Lebens, nicht als Behinderung oder Krankheit)

Nonverbale Kommunikation: Jede Verständigung ohne Worte, vor allem durch Mimik und Gestik

Petting: Gegenseitiges Streicheln, häufig vor dem Sex

Prosopagnosie: Gesichtsblindheit

Reizverarbeitung: Verarbeitung von sensorischen Außeneindrücken im Gehirn

Savant: „Wissender"; nahezu übermenschliche Fähigkeiten auf einem Gebiet (v. a. Mathematik, Kunst, Musik) bei in der Regel gleichzeitiger geistiger Behinderung, auch Inselbegabung genannt

Sensorisch: Die Sinnesorgane betreffend

Sensorische Integration: Training der Sinnesorgane, weniger empfindlich auf Reize zu reagieren

Small Talk: „Kleines Gespräch", das weniger der Information, als der Kontaktaufnahme dient, häufig über Themen wie das aktuelle Wetter

Social Stories: „Soziale Geschichten"; Training anhand von Comics, um soziale Situationen zu erlernen

Soziale Interaktion: Miteinander umgehen

Spezialinteresse: Intensive Beschäftigung mit einem besonderen Gebiet; vor allem beim Asperger-Syndrom

Spiegelneurone: Nervenzellen, die möglicherweise mit sozialen Fähigkeiten wie Mentalizing in Verbindung stehen

Stereotypien: Wiederholte funktionslose Handlungen

TEACCH: Teaching and Education of Autistic and Related Communication Handicapped CHildren; Therapieansatz bei der Behandlung autistischer Störungen

Testosteron: Männliches Hormon

Theory of Mind (auch: Mentalizing): Fähigkeit, sich eine Vorstellung (= Theorie) über die Gedanken- und Gefühlswelt eines anderen machen zu können

Tiefgreifende Entwicklungsstörungen: Oberbegriff für bestimmte Krankheitsbilder, u. a. Autismus

Trauma: Verletzung, auch seelischer Art

Werkstätten für behinderte Menschen (WfbM): Beschützte und besonders betreute Arbeitsplätze für behinderte Menschen mit dem Ziel einer Eingliederung auf dem „normalen" Arbeitsmarkt

Zentrale Kohärenz, schwache: Schwäche, Dinge in einen Gesamtzusammenhang einzuordnen; Detailfokussiertheit

3 Internet

„Mein Rückzugsort Nr. 1! Am Computer sitze ich immer, wenn ich Ruhe brauche und mal abschalten muss."

Philipp, 17 Jahre; Persönlicher Bericht

Man könnte meinen, das Internet sei extra für Autisten erfunden worden – so sehr trifft es ihre Bedürfnisse: Übers Internet kann man Kontakt zu anderen Menschen aufnehmen, ohne dabei auf Tonfall, Gestik und Mimik achten zu müssen. Dazu bieten sich besonders Chaträume und Foren an, die oft zu einem bestimmten Thema geführt werden.

Hier findest du eine Auswahl an Internetseiten, die über Autismus informieren, und außerdem Chaträume und Internetforen, die für Kinder und Jugendliche geeignet sind.

Wenn du ins Internet gehst, denk aber bitte zuerst an Folgendes:

Gib auf keinen Fall Personalien wie deinen richtigen Namen, Adresse oder Telefonnummer bekannt und stelle keine Fotos oder Videos ins Netz – erst recht nicht ohne das Wissen deiner Eltern!

Wenn du dich mit jemanden aus dem Internet in der wahren Welt verabreden und treffen möchtest, besprich es bitte vorher mit deinen Eltern!

Denn: Nicht jeder Mensch, der nett erscheint, ist ein Freund (blättere noch einmal zurück zu den Kapiteln über Familie, Freundschaft, Liebe, Mobbing und Missbrauch).

PS. Hoffentlich sind alle Internetseiten noch erreichbar, wenn du sie dir anschauen willst. Wir haben sie 2020 überprüft. Bei der ein oder anderen kann es passieren, dass sie inzwischen offline gegangen ist oder der Inhalt verändert wurde.

I. Internetseiten mit allgemeinen Informationen zum Autismus

www.aspies.de

Seite des Selbsthilfe-Vereins Aspies e. V. Unter anderem aktuelle Termine sowie Adressen von Selbsthilfegruppen und Autismustherapiezentren

www.autismus.de

Homepage des Bundesverbands „Autismus Deutschland“. Viele Informationen, Links und Materialien; nicht nur für Betroffene und Angehörige, sondern auch für fachwissenschaftlich Interessierte

www.autismus.ch

Homepage des Schweizer Verbandes „Autismus deutsche Schweiz“. Mit interessanten Publikationen zum bestellen

www.autismus-kultur.de

Autismus-Kultur bezeichnet sich selbst als Netzwerk von Personen, die sich wissenschaftlich und politisch mit Autismus beschäftigen. Die Seite informiert über normative Wertungen von Autismus, Stichwort Neurodiversity / Autistic Pride

II. Internetseiten einzelner Autisten

www.danieltammet.net

Homepage des englischen Autisten und Autors Daniel Tammet (Jahrgang 1979) (auf Englisch)

www.dietmarzoeller.de

Webseite des Autisten Dietmar Zöller (Jahrgang 1969)

www.templegrandin.com

Homepage der amerikanischen Tierexpertin und Autistin Temple Grandin (Jahrgang 1947) (auf Englisch)

III. Facebook-Seiten über Autismus (deutschsprachig)

akku – Autismus, Kunst und Kultur

über Kunst und kulturelle Ausdrucksformen von Menschen mit Autismus

Asperger Syndrom: Der unsichtbare Autismus

Umfangreiche Infos speziell zum Asperger-Syndrom

Autismus | Menschen in unserer Mitte

Infos und Berichte zum Thema Autismus

Autismus macht Schule

Verschiedene aktuelle Infos zum Thema Autismus, vorrangig für Eltern und Lehrer

Autismus mit all seinen Facetten

Erfahrungsberichte in Form von Zeichnungen, Fotos, Gedichten und Gedanken

Elternforum Autismus

Eltern autistischer Kinder finden hier Infos und Unterstützung. Nach eigenen Angaben für Eltern gedacht, die gegen Anpassung jeglicher Art sind

IV. Online-Hilfsangebote

1) Sorgentelefon oder -chat:

www.nummergegenkummer.de

Kostenlose Telefonberatung für Kinder, Jugendliche und Eltern bei Kummer – egal welchen Ursprungs (z. B. Mobbing, Liebeskummer oder Einsamkeit, Telefon: 116111)

www.u25-deutschland.de

Beratung für Kinder und Jugendliche von geschulten Gleichaltrigen (16–25 Jahre), speziell bei Suizidgedanken

2) Komorbiditäten (häufige Begleiterkrankungen von Autismus):

www.adhs-deutschland.de

Informationen über das „Aufmerksamkeits-Defizit-(Hyperaktivität)-Syndrom"

www.angstselbsthilfe.de

Information, Beratung und Selbsthilfe bei Angsterkrankungen

www.fideo.de

Fideo steht für „Fighting Depression Online" und bietet speziell für junge Menschen ab 14 Jahren Informationen zum Thema Depression. Es gibt auch ein Diskussionsforum zum Austausch mit anderen Betroffenen

www.deutsche-depressionshilfe.de

Homepage der „Stiftung Deutsche Depressionshilfe". Informationen, Rat, Adressen, und Infotelefon; allerdings nicht gezielt für Kinder und Jugendliche

www.open-mind-akademie.de

Informationen und Coaching zu Hochsensibilität und Hochbegabung

3) Sexueller Missbrauch:

www.hilfeportal-missbrauch.de

Hilfe für Betroffene und deren Angehörige

https://www.gegen-missbrauch.de/

Informationen zur Prävention

www.wildwasser.de

Hilfe für Betroffene und deren Angehörige

www.zartbitter.de

Informationen zur Prävention

V. Online-Informationen über Selbsthilfegruppen und Freizeitreffen im „realen / offline Leben"

www.aspies.de/adressen.php

Verzeichnis von Autismus-Selbsthilfegruppen in ganz Deutschland (allerdings nicht nur speziell für Kinder und Jugendliche)

www.autismus-aachen.de/de/autdoor/allgemeines

Unter dem Namen „autdoor" organisiert das Autismustherapiezentrum Aachen regelmäßig verschiedene Freizeittreffen und Ausflüge

www.autismushamburg.de

Jugendtreff für Jugendliche ab 12 Jahren im Raum Hamburg

www.autkom-obb.de

Homepage des Autismus Kompetenzzentrums Oberbayern. Unter anderem einmal pro Woche offenes Treffen für Jugendliche und Erwachsene mit Autismus in München, zudem Freizeitangebote wie Kreativwerkstatt und Schachspielen

www.lebenmitautismus.de
Freizeittreffs und Ferienfreizeiten für Kinder mit Autismus aus Bonn und dem Rhein-Sieg-Kreis

www.nakos.de
Homepage der „Nationalen Kontakt- und Informationsstelle zur Anregung und Unterstützung von Selbsthilfegruppen" (NAKOS). Datenbank zur Suche von Selbsthilfegruppen (auch speziell Asperger-Syndrom); Hilfe bei der Gründung einer eigenen Selbsthilfegruppe

www.schon-mal-an-selbsthilfegruppen-gedacht.de
Hier findest du explizit Selbsthilfegruppen für Jugendliche sowie Tipps, wie du als junger Mensch eine Selbsthilfegruppe gründen kannst. Die Seite wird ebenfalls von NAKOS geführt.

www.shg-asperger-syndrom.de
Monatliches Treffen für Jugendliche mit Asperger-Autismus in Mönchengladbach.

www.traumdisco-berlin.de
Monatliche inklusive Disko für Jugendliche und junge Erwachsene in Berlin (initiiert von Eltern von Kindern mit Autismus und Down-Syndrom)

VI. Online-Chats für Autisten (allerdings meist nicht speziell für Kinder und Jugendliche)

1) Internetforen

www.asperger-forum.ch
Schweizer Seite mit Foren zu verschiedenen Themen

www.aspies.de
Seite des Selbsthilfe-Vereins Aspies e.V. Auf der Seite gibt es neben Informationen auch ein gutbesuchtes Selbsthilfeforum und eine Notfallnummer für Hilfe in Krisen

www.autismusforumschweiz.ch
Schweizer Seite mit vielen aktuellen Informationen über Autismus. Unter „community" gibt es Foren zu verschiedenen Themen.

www.autismus.ra.unen.de

Foren für Autisten und Angehörige zu verschiedenen Themen; betrieben vom Verein Auties e.V.

www.enableme.de/de

Verschiedene Angebote für Menschen mit Behinderung allgemein (nicht nur speziell Autismus)

www.twitter.de

Der sogenannte Mikro-Blog X (früher Twitter) wird von vielen autistischen Menschen (auch vielen Eltern) genutzt, um sich mit anderen Menschen über das Leben mit Autismus auszutauschen. Einfach nach Hashtags wie #Autismus, #Asperger und #Aspie schauen

2) Facebook-Gruppen

Aspergers / Autism Young Adults 16+

Englischsprachige Facebook-Gruppe speziell für Jugendliche und junge Erwachsene mit Autismus oder Asperger-Syndrom

Asperger Syndrom (D)

Facebook-Gruppe für Menschen mit Asperger-Syndrom

Autismus Selbsthilfegruppe

Facebook-Gruppe, in der neben Autisten auch Angehörige und Autismus-Experten Mitglied sein können

4 Hilfreiche Adressen (Auswahl)

Die Liste stellt lediglich eine Auswahl an Hilfsangeboten dar und erhebt keinen Anspruch auf Vollständigkeit.

Die Adressen sind nach Postleitzahlen geordnet (in aufsteigender Reihenfolge)

I. Autismustherapiezentren
Auf der Homepage des Bundesverbands „Autismus Deutschland" findet sich eine bundesweite Adressenliste der Therapiezentren:
www.autismus.de/service-und-materialien/adressen.html

II. Schule

1) Schulen

Temple-Grandin-Schule
Lasdehner Straße 19
10243 Berlin
Telefon: 030 / 293474-231
E-Mail: sekretariat@temple-grandin.schule.berlin.de
www.temple-grandin-schule.de

Comenius Schule
Gieseler Str. 4
10713 Berlin
Telefon: 030 / 8649 950
E-Mail: sekretariat@schule-comenius.de
www.schule-comenius.de

Johannes-Brahms-Gymnasium
Höhnkoppelort 24
22179 Hamburg
Telefon: 040 / 4288 629-0
E-Mail: buero@johannes-brahms-gymnasium.de
https://johannes-brahms-gymnasium.hamburg.de

CJD Braunschweig
Georg-Westermann-Allee 76
38104 Braunschweig
Telefon: 0531 / 7078-0
E-Mail: info@cjd-braunschweig.de
www.cjd-braunschweig.de

Comenius-Schule Essen
Auf dem Loh 15
45289 Essen
Tel: 0201 / 5717 430
E-Mail: 183180@schule.nrw.de
www.comenius-schule-essen.de

Anna-Freud-Schule
Alter Militärring 96
50933 Köln
Telefon: 0221 / 5540 46-0
E-Mail: anna-freud-schule@lvr.de
www.anna-freud-schule.de

Förderschule Die Gute Hand
Jahnstraße 31
51515 Kürten
Telefon: 02207 / 708-201
E-Mail: foerderschule@die-gute-hand.de
www.die-gute-hand.de

Johannes-Schule Bonn
Rehfuesstraße 38
53115 Bonn
Telefon: 0228 / 9143 4-0
E-Mail: schule.verwaltung@jschbn.de
www.johannes-schule-bonn.de

LVR-Christophorusschule
Förderschule
Waldenburger Ring 40
53119 Bonn
Telefon: 0228 / 9879 4-0
E-Mail: 154040@schule.nrw.de
www.christophorusschule.lvr.de

CJD Christopherusschule Königswinter
Cleethorpeser Platz 12
56369 Königswinter
Telefon: 02223 / 9222-0
E-Mail: sekretariat@cjd-königswinter.de
www.cjd-koenigswinter.de

2) Schulbegleitung

Informationen und Kontakt über die Orts- und Kreisverbände der Bundesvereinigung Lebenshilfe für Menschen mit geistiger Behinderung e. V.:

Bundesvereinigung Lebenshilfe
Raiffeisenstraße 18
35043 Marburg
Telefon: 06421 / 491-0
E-Mail: zusammen@lebenshilfe.de
www.lebenshilfe.de

III. Arbeit

Auticon GmbH
Baierbrunner Straße 15
81379 München
Telefon: 089 / 2006068-0
E-Mail: info@auticon.de
https://auticon.com/de/

Salo Holding AG
Spaldingstraße 57–59 / Rosenallee 6–8
20097 Hamburg
Telefon: 040 / 2391 60
www.salo-ag.de

Dabei speziell für Menschen mit Autismus:

Rehabilitationsmaßnahme AuReA@SALO (Autismus – Rehabilitation – Arbeit)

AuReA-Kompetenzzentren von SALO+PARTNER in Berlin, Halle (Saale), Hannover, Köln, Ludwigshafen, Magdeburg, Neumünster und Schwerin
Telefon: 0385 / 4 83 81 64
E-Mail: sylvaschlenker@salo-ag.de

IV. Freizeit

Traumdisco-Berlin
Eichenallee 47–53
14050 Berlin
Telefon: 0178 / 8542 888
E-Mail: info@traumdisco-berlin.de
www.traumdisco-berlin.de

Autdoor
Fachdienst für Menschen mit Autismus
Augustastraße 78
52070 Aachen
Telefon: 0241 / 5592 72-12
E-Mail: buero@autdoor-aachen.de
www.autismus-aachen.de/de/autdoor/allgemeines

Leben mit Autismus e. V.
Geschäftsstelle Leben mit Autismus e. V.
Euskirchener Weg 39
53359 Rheinbach
Tel.: 02226 / 8940718
E-Mail: info@lebenmitautismus.de
www.lebenmitautismus.de

Autismuskompetenzzentrum Oberbayern GmbH (autkom)
Zamdorfer Straße 100
81677 München
E-Mail: info@autkom-obb.de
Telefon: 089/4522587-0
www.autkom-obb.de

Weitere aktuelle Angebote über die Homepage des Bundesverbands autismus Deutschland e.V.:

www.autismus.de/was-ist-autismus/freizeit/urlaub-und-freizeit.html

V. Wohnen

1) Wohngemeinschaften und Betreutes Wohnen

Über die Seite des Bundesverbands autismus Deutschland e.V. werden ständig aktuelle Wohnangebote veröffentlicht:
www.autismus.de/was-ist-autismus/wohnen.html

Ansprechpartner ist außerdem auch:

Bundesvereinigung Lebenshilfe e.V.
Raiffeisenstraße 18
35043 Marburg
Telefon: 06421/491-0
E-Mail: Bundesvereinigung@Lebenshilfe.de
www.lebenshilfe.de

Viele der Angebote richten sich allerdings vornehmlich an frühkindliche Autisten.

Menschen mit Asperger-Syndrom werden beispielsweise hier betreut:

ZuB Wohnhaus gGmbH
Meeraner Straße 3
12681 Berlin
Telefon: 030/55779660
E-Mail: info@zub.berlin.de
www.zub-online.de/12.htm

Therapeutische Jugendwohngruppe Husum
Berliner Straße 62
25813 Husum
Telefon: 04841 / 9042 940 bzw. speziell bei Fragen nach freien Plätzen 04331 / 138-200
E-Mail: info-rendsburg@netzwerk-nord-ost.de
www.jugendhilfe-schleswigland.de

Diakonische Stiftung Wittekindshof
Zur Kirche 2
32549 Bad Oeynhausen
Telefon: 05734 / 61-0
www.wittekindshof.de

Für Bielefeld, Lemgo und Gütersloh

autismus OWL e.V.
Herforder Straße 127
33609 Bielefeld
Telefon: 0521 / 322011
E-Mail: info@autismus-owl.de
www.autismus-owl.de

Und für Paderborn und Lippstadt

Ambulant Betreutes Wohnen Paderborn
Dessauer Straße 10
33106 Paderborn
Telefon: 05251 / 87 31 10
E-Mail: bewo@autismus-owl.de
www.autismus-owl.de/ambulante-betreuung/

moveAut

Für Köln:

Niehler Kirchweg 41
50733 Köln
Telefon: 0221 / 77 89 99 90
E-Mail: assistenz-wohnen@moveaut-koeln.de

Für Bonn:

Gustav-Heinemann-Haus (3. OG)
Waldenburger Ring 44
53119 Bonn
Telefon: 0228 / 536 99 20 40
E-Mail: assistenz-wohnen@moveaut-bonn.de

Stiftung Die Gute Hand
Heilpädagogisches Kinderdorf Biesfeld
Jahnstraße 31
51515 Kürten
Telefon: 02207 / 708-0 oder -303
E-Mail: heilpaedagogisches-kinderdorf@die-gute-hand.de oder hk.aufnahme@die-gute-hand.de
www.die-gute-hand.de

Behindertenhilfe in Stadt und Kreis Offenbach e.V.
Ludwigstraße 136
63067 Offenbach
Telefon: 069 / 8090 969-12
E-Mail: info@behindertenhilfe-offenbach.de
www.behindertenhilfe-offenbach.de

Seemann Autismus Autark gGmbH
Schnetzlerstraße 2
76137 Karlsruhe
Telefon 0721 / 95779530
E-Mail: wohnen@autismus-autark.de
www.seemann-autismus-autark.de

Autismuskompetenzzentrum Oberbayern GmbH (autkom)
Ringstraße 13
85540 Haar
Telefon: 089 / 4522587-30 oder -0
E-Mail: info@autkom-obb.de
www.autkom-obb.de

hipsy – Hilfe für psychisch Kranke e.V.
Rosenheimer Straße 38
81669 München
Telefon: 089/45224400
E-Mail: kontakt@hipsy-ev.de
www.hipsy-ev.de

Barmherzige Brüder gemeinnützige Behindertenhilfe GmbH
Eustachius-Kugler-Straße 2
93189 Reichenbach
Telefon 09464/10-207
E-Mail: stefan.schinner@barmherzige-reichenbach.de
www.barmherzige-reichenbach.de

2) Wohnungstraining

Jugendhilfenetzwerk Nord-Ost (Trainings in Husum und Rendsburg)
Aalborgstr. 17–19
24768 Rendsburg
Telefon: 04331/138-0
E-Mail: Link auf der Homepage
www.netzwerk-nord-ost.de

m|c Wohntraining
Martinsclub Bremen e.V.
Buntentorsteinweg 24/26
28201 Bremen
Telefon: 0421/5374740
E-Mail: kontakt@martinsclub.de
www.martinsclub.de/leistungen/wohnen/wohntraining/

VI. Hilfen zur Erziehung

Zum Beispiel für Köln

moveAUT Köln
Niehler Kirchweg 41
50733 Köln
Telefon: 0221/77899 9930
E-Mail: erziehungshilfe@moveaut-koeln.de

Zum Beispiel für Bonn

moveAUT Bonn
Gustav-Heinemann-Haus (3. OG)
waldenburger Ring 44
53119 Bonn
Telefon: 0228/536 99 20 40
E-Mail: erziehungshilfe@moveaut-bonn.de

5 Ausweiskärtchen

Diese Ausweiskärtchen kannst du dir kopieren. Wenn du es zum Beispiel im Portemonnaie immer bei dir trägst, wissen andere sofort Bescheid, wenn es dir schlecht geht.

Ich habe Autismus.

Ich bin nicht geistig behindert.
Sprechen Sie bitte normal und ruhig mit mir.

Ich heiße: ____________________

Wenn es mir schlecht geht,
hilft mir am meisten:

____
____
____

Ich mag dann gar nicht:

____
____
____

Bitte informieren Sie im Notfall:

____
____
____

Wichtig ist außerdem:

____
____
____
____
____
____
____

6 „STOP“-Karte

Hier findest du eine „STOP“-Karte. Du kannst sie kopieren, das STOP-Zeichen rot ausmalen und sie in deinem Portemonnaie bei dir tragen.

Die Karte kannst du immer dann (aber auch nur dann!) verwenden, wenn dir alles zu viel wird und du auch nicht mehr sprechen magst. Verabrede mit deiner Familie und deinen Freunden, dass dich alle sofort in Ruhe lassen, wenn du die Karte zeigst, und dass dich vielleicht jemand an einen ruhigen Ort begleitet. Aber benutze die Karte wirklich nur im Ernstfall! Wenn du sie zu oft und bei Nebensächlichkeiten benutzt, nimmt dich vielleicht keiner mehr ernst, auch wenn es einmal wirklich ernst ist.

Literatur

- Attwood, T. (2019): Leben mit dem Asperger-Syndrom: Von Kindheit bis Erwachsensein – alles was weiterhilft. 3. Aufl. TRIAS, Stuttgart
- Attwood, T. (2022): Das Asperger-Syndrom. 5. Aufl. TRIAS, Stuttgart
- Dubin, N. (2007): Asperger-Syndrome and Bullying – Strategies and Solutions. Jessica Kinsley Publishers, London
- DuCharme, R., Gullotta, T. P. (Hrsg.) (2014): Asperger Syndrome: A Guide for Professionals and Families. Springer, Berlin
- Edmons, G., Beardon, L. (Hrsg) (2008): Asperger Syndrome and Employment. Jessica Kingsley Publishers, London
- Gardner, N. (2010): Ein Freund namens Henry: Die ungewöhnliche Freundschaft zwischen meinem autistischen Sohn und seinem Hund. Bastei Lübbe, Köln
- Grandin, T. (2014): Ich sehe die Welt wie ein frohes Tier. Ullstein, Berlin
- Hebborn-Brass, U. (Hrsg.) (1993): Autistische Kinder in stationärer Langzeitbehandlung. Eine empirische Längsschnittuntersuchung und Erfahrungsberichte. Quintessenz, München
- Howlin, P. (2004): Autism and Asperger Syndrome – Preparing for Adulthood. Routledge, London
- Janssen, K. (1997): Mein Bruder ist ein Orkan. Beltz, Weinheim
- Murray, D. (2006): Coming out Asperger. Jessica Kingsley Publishers, London
- Newton, K., Hendrickx, S. (2007): Asperger Syndrome – A Love Story. Jessica Kingsley Publishers, London
- O'Neill, J. L. (2001): Autismus von innen. Hans Huber, Bern
- Preißmann, C. (2005): … und dass jeden Tag Weihnachten wär. Weidler, Berlin
- Prince-Hughes, D. (2005): Heute singe ich mein Leben. Ullstein, Berlin
- Rohde, K. (2005): Ich Igelkind, Nymphenburger, München
- Schäfer, S. (2020): Sterne, Äpfel und rundes Glas. 6. Aufl. Freies Geistesleben, Stuttgart
- Schirmer, B. (2020): Elternleitfaden Autismus. 3. Aufl. TRIAS, Stuttgart
- Schuster, N. (2007): Ein guter Tag ist ein Tag mit Wirsing. Weidler, Berlin
- Sellin, B. (1993): Ich will kein Inmich mehr sein – Botschaften aus einem autistischen Kerker. Kiepenheuer & Witsch, Köln
- Stacy, P. (2004): Der Junge, der die Fenster liebte. Beltz, Weinheim
- Tammet, D. (2008): Elf ist freundlich und Fünf ist laut. Patmos, Düsseldorf

Nachwort
zur ersten Auflage

„Wie sieht der Kopf von innen aus?"

In einem ausführlichen Gespräch schildert Daniel Tammet sein Leben mit dem Asperger-Syndrom. Als Hochbegabter verfügt er zwar über großartige mathematische Fähigkeiten, aber es fallen ihm auch wegen seines Autismus viele Dinge schwer, so zum Beispiel das Erinnern von Gesichtern. Für die meisten Menschen sei dies einfach, sie würden gar nicht darüber nachdenken. In Wahrheit aber sei es eine komplexe kognitive Aufgabe, und er würde sich mit Hilfe von Fotos an Gesichter und Personen wieder erinnern. Es fällt ihm schwer, Auto zu fahren, da sich seine Wahrnehmung auf Details konzentriert. Er führt aus: „Es ist wie mit Gesichtern. Man muss zwar die Details wahrnehmen, sie aber zu einem Gesamteindruck zusammenfügen. Manche Menschen sagen, mein Gehirn sei wie ein Computer. Das stimmt nicht, es ist menschlich. Ich bin ja kein Computer." Und auf die Frage, ob wir tatsächlich lernen können, glücklicher zu sein, antwortet er: „Selbstverständlich! Glücklich sein ist eine Fähigkeit, die Sie trainieren können wie einen Muskel. Mich erfüllt es, schöner Musik zu lauschen, ein Buch zu lesen oder an meine Zahlen zu denken. Das ist für mich wie Meditation. Wenn Sie jeden Tag etwas tun, das sie entspannt und Ihnen ein Gefühl von Glück beschert, dann speichert ihr Gehirn das ab. Sind Sie gestresst, ist es sehr nützlich, diese Fähigkeiten zu besitzen, Sie können sich nämlich daran erinnern, das macht Sie ruhiger. Probieren Sie es aus!".

In diesem Sinn ist das Buch von Karla Schneider und Vanessa Köneke eine „Anleitung zum Sich-besser-Verstehen und Glücklichsein". Es spricht vor allem Kinder und Jugendliche mit Entwicklungsstörungen aus dem autistischen Spektrum an, geht auf ihre besonderen Schwierigkeiten und Risiken aus Sicht der Betroffenen ein und versucht, für die alltäglichen Herausforderungen Erklärungen und Lösungen zu finden. Wer das Buch als Betroffener liest, findet eine ganze Reihe von Tipps, die dazu beitragen, mit sehr konkreten Problemen und Fragen besser zurechtzukommen: Wie kann ich mich besser verständigen und in Kontakt zu Anderen treten? Warum muss ich in Sätzen Wörter je nach ihrer Bedeutung unterschiedlich betonen? Wie kann es gelingen, Metaphern besser zu deuten und mich so auszudrücken, dass Andere nicht verwundert oder irritiert sind?

Wie kann ich mir die richtige Körpersprache aneignen, Gespräche gestalten und Mimik und Gefühle anderer Menschen richtig erkennen und darauf angemessen reagieren? Auf all diese Fragen gibt das Buch konkrete Hilfestellungen und vermeidet dabei geschickt, als Lernprogramm daherzukommen, als plattes Übungsbuch, vielmehr regt es zu neuen Erfahrungen und Vorgehensweisen an, gibt Beispiele zum Ausprobieren und Experimentieren. Es macht also im besten Sinne Mut, Rituale, Stereotypien und Ängste zu überwinden und neue Wege auszuprobieren.

Wenn es nach Daniel Tammet darum geht, „ein tieferes Verständnis zu entwickeln und sich nicht nur auf die Fakten zu konzentrieren", dann trifft dieses Buch den richtigen Ton, erleichtert eine bessere Selbstwahrnehmung anhand der vielen Beispiele und bietet alternative Perspektiven mit der notwendigen Offenheit an.

Es ist dieser Respekt vor dem Anderssein, der beim Leser die Bereitschaft hervorruft, sich intensiv mit den speziellen Wahrnehmungen, Verhaltens- und Erlebnisformen autistischer Menschen zu beschäftigen. Sie werden ihm in besonderer Intensität nahegebracht und es fällt ihm nach der Lektüre des Buches leichter, in einen Dialog mit ihnen zu treten. Doch die besondere Wirkung und Bedeutung des Buches besteht darin, dass es nicht die Welt der Autisten für Andere erklären möchte, sondern dass es für betroffene Kinder und Jugendliche geschrieben wurde und deren Fragen, Wünsche und Unsicherheiten aufgreift: Wie komme ich in der Schule besser klar? Welches ist die richtige Schule für mich? Werde ich jemals einen Job haben? Wem muss ich von meinem Autismus erzählen? Ich habe solche Angst vor der Zukunft. Wie werde ich wohl als Erwachsener leben? Diese Aspekte werden neben vielen anderen einfühlsam aufgegriffen, an Beispielen konkretisiert und mit Tipps und Hinweisen zum Weiterlesen auf mögliche Bewältigungsschritte eingegangen.

Beschäftigt man sich mit der Einschätzung und Selbstwahrnehmung von Kindern und Jugendlichen mit autistischen Entwicklungsstörungen, zeigt sich, dass sie häufig unter dem mangelnden Verständnis ihrer Umwelt leiden. In einem Buch über die Langzeitbehandlung autistischer Kinder lässt Hebborn-Brass (1993) den 25-jährigen Hanns über seine Beziehungserfahrungen berichten: „Ja, als ich Unterricht in dieser Klasse da hatte, in dem Schuljahr habe ich eine persönliche Enttäuschung erlitten. Da habe ich nämlich endgültig gepackt, dass Evelyne von mir nichts wissen wollte und ich habe mich erst mal im Zank von ihr getrennt und jemand hat zwischen mir und Evelyne vermitteln wollen und hat zu mir gesagt, ‚Du wirst auch mal eine dufte Freundin finden, da drücke ich Dir beide Daumen.' Ich sagte, ‚dann drück sie nicht ganz platt, Du brauchst sie nämlich auch noch.' Das war das zweite Mal in meinem Leben, wo ich Selbstmordgedanken hatte. (…) Ich habe auch bei den Menschen Liebe und Geborgenheit gesucht, und wenn man das nicht findet, das ist natürlich blöde. Ich habe es dann später noch geschafft, dass wir in Frieden und gegenseitiger Achtung voneinander auseinandergegangen sind. Vor allem hat sie sich dann auch über meine mangelnde Sauberkeit und Ungepflegtheit beschwert, das war eben das Haupthindernis und dann konnte ich nicht verstehen, wie sie dann mit einem pickelbesäten notorischen Blaumacher zusammen sein konnte. Den hat sie inzwischen natürlich auch nicht mehr. Sie lebt eigentlich schon lange ihr eigenes Leben."

Dass Freundschaften, Partnerschaften und sexuelle Beziehungen besonders schwierige und wichtige Themen in der Entwicklung darstellen, verdeutlicht auch das vorliegende Buch. Ohne auf „Patentrezepte" zurückzugreifen, werden alle wichtigen Fragen behandelt und ermöglichen dem Leser, eine eigene Orientierung zu finden. So erreicht das Buch sein Ziel, Betroffenen dabei zu helfen zu verstehen, woher die Probleme kommen und wie sie ihre Erfahrungen besser einordnen können, überzeugend und eindrucksvoll. Es sei aber auch Eltern, Geschwistern, Therapeuten und allen Interessierten empfohlen, weil es in besonderer Weise nicht nur die Perspektive der Betroffenen schildert, sondern aus ihrer Sicht Bewältigungsmöglichkeiten für die unterschiedlichen Problembereiche entwickelt. Insofern handelt es sich nicht nur um ein Handbuch für Betroffene, sondern es kann in besonderer Weise dazu beitragen, das gegenseitige Verständnis und den notwendigen Respekt zu vertiefen.

Berlin, im November 2016

Prof. Dr. med. Dipl.-Psych. Gerd Lehmkuhl
(ehem. Leiter der Klinik und Poliklinik für Psychiatrie, Psychosomatik und Psychotherapie des Kinder- und Jugendalters, Universitätsklinikum Köln)